高等院校立体化创新经管教材系列

证券市场分析
(第3版)(微课版)

张本照　主　编
汪文隽　王海涛　副主编

清华大学出版社
北京

内 容 简 介

本书是国家级精品视频公开课程的配套教材，也是安徽省高等学校重点教材。本书在《证券市场分析》(第 2 版)的基础上，将党的二十大精神、中央金融工作会议精神以及国务院《关于加强监管防范风险推动资本市场高质量发展的若干意见》(新"国九条")等关于证券市场发展的相关论述全面融入。同时，对《证券市场分析》(第 2 版)的有关章节进行了优化整合，新增了证券市场法律法规章节、衍生证券基础知识章节，并特别添加了证券市场发展成就篇章，对原有的量化交易相关章节进行了删除。

全书共分五篇。第一篇为证券市场基础知识篇，包括证券市场总论、股票基础知识、债券基础知识、证券投资基金基础知识和衍生证券基础知识等；第二篇为证券市场基本分析篇，包括宏观经济分析、行业及区域分析、公司分析等；第三篇为证券市场技术分析篇，包括技术分析概论、常用技术分析理论、K 线形态分析、常用技术指标等；第四篇为行为金融与证券投资组合篇，包括有效市场假说与行为金融理论、证券市场投资组合理论等；第五篇为证券市场发展成就篇，包括上海证券交易所市场发展状况、深圳证券交易所市场发展状况、新三板市场发展状况等。每章开头均设置了学习目标和案例导读，每章结尾附有本章小结和自测题。此外，本书还配备了教学课件、教学视频、教学大纲及线上资源。

本书作为经济管理类专业教材，不仅适合在高等院校财经类、工商管理类专业以及 MBA、相关培训的教学中作为教材使用，也可作为证券从业人员资格考试的参考教材，以及普通投资者提高市场分析能力的参考资料。

本书封面贴有清华大学出版社防伪标签，无标签者不得销售。
版权所有，侵权必究。举报：010-62782989，beiqinquan@tup.tsinghua.edu.cn。

图书在版编目(CIP)数据

证券市场分析：微课版 / 张本照主编. -- 3 版. --北京：清华大学出版社，2025.2.
(高等院校立体化创新经管教材系列). -- ISBN 978-7-302-68391-9
Ⅰ. F830.91
中国国家版本馆 CIP 数据核字第 2025CU8496 号

责任编辑：陈冬梅
封面设计：刘孝琼
责任校对：么丽娟
责任印制：刘 菲

出版发行：清华大学出版社
网　　址：https://www.tup.com.cn, https://www.wqxuetang.com
地　　址：北京清华大学学研大厦 A 座　　邮　编：100084
社 总 机：010-83470000　　邮　购：010-62786544
投稿与读者服务：010-62776969, c-service@tup.tsinghua.edu.cn
质量反馈：010-62772015, zhiliang@tup.tsinghua.edu.cn
课件下载：https://www.tup.com.cn, 010-62791865

印 装 者：三河市君旺印务有限公司
经　　销：全国新华书店
开　　本：185mm×260mm　　印　张：15.5　　字　数：377 千字
版　　次：2012 年 9 月第 1 版　2025 年 4 月第 3 版　　印　次：2025 年 4 月第 1 次印刷
定　　价：49.80 元

产品编号：106872-01

前　言

随着我国社会主义市场经济的持续繁荣和经济结构的不断优化，我国广大居民的收入水平不断提高，投资需求也日益旺盛，民众对财富的追求和对财富保值增值的愿望愈加强烈。随着我国证券市场规范化、市场化、国际化水平的不断提升，社会对证券投资理财人才的需求显著增加，证券投资理财知识已成为全社会关注的热点。如何有效培养证券业从业的后备人才、持续提升从业人员的专业素养，以及全面增强广大投资者的自我提升能力，已成为一个既重要又紧迫的课题。本书的编写正是为了适应这一时代的迫切需求。

新中国的证券市场起步于1981年国家发行国库券。1990年11月26日，经国务院授权、中国人民银行批准，上海证券交易所宣告成立，并于1990年12月19日正式营业，成为新中国第一家证券交易所，标志着新中国资本市场新时代的开启。1991年4月11日，深圳证券交易所也宣告成立，并于同年7月3日正式营业。这两家证券交易所的成立，不仅标志着我国证券市场由分散的场外交易进入集中的场内交易，也标志着我国证券市场由摸索发展阶段进入规范发展阶段。经过30多年的发展，我国证券市场与我国改革开放进程"一同脉动"，它不仅在股权融资、价格发现和资产配置等方面发挥了重要作用，而且推动了上市公司内部治理结构的优化升级，进一步激发了市场创业与创新的活力，上市公司数量和规模得到了显著提升。与1990年12月上市的"老八股"(第一批上市的8只股票)相比，总市值增长了约3.5万倍。根据中国上市公司协会2024年2月1日发布2023年12月统计月报显示，截至2023年12月31日，境内股票市场共有上市公司5346家，沪、深、北证券交易所分别为2263、2844、239家。分股份类型统计，仅发A股公司5113家，仅发B股公司11家，A+B、A+H等多股份类型的公司222家。A股市场市值共计85.54万亿元，稳居全球第二位，总市值规模约占我国当年GDP总量的2/3。

自2012年9月《证券市场分析》首次出版以来，在学术界和实践界均得到了广泛认可，2019年10月该书第2版出版后，进一步扩大了其影响，目前，该书已被国内数十所大专院校师生用作指定教材或参考书，这给我们带来了极大鼓励。为深入贯彻落实党的二十大精神、中央金融工作会议精神和《关于加强监管防范风险推动资本市场高质量发展的若干意见》(新"国九条")的要求，满足我国金融证券人才培养的新需求，并结合我们在教学和研究中的最新体会，我们对教材的内容进行了全面的修改、完善与补充。在修订过程中，我们力求保持第1、2版教材的鲜明特点。①理论与实践紧密结合。通过把握证券市场分析的基本原理，将理论知识与现实市场紧密融合。②应用性强。通过对证券市场分析的各种理论与方法进行充分的比较，使读者能更深入地理解并掌握它们的适用场景、优势及局限，进而做出更为科学合理的分析判断。③深入浅出。通过大量的表格、图解和具体案例，使读者更容易理解并应用证券市场分析的理论和方法。④反映最新理论和应用成果。将中国证券市场发展的新变化、新情况及时纳入教材中，提高读者对证券市场的综合分析和判断能力。新增了证券市场法律法规章节、衍生证券基础知识章节以及证券市场发展成就篇章，删除了量化交易相关章节。本次修订全面展现了在习近平新时代中国特色社会主义思想指引下我国证券市场建设和发展的辉煌成就与宝贵经验。具体来说，《证券市场分析》(第版)的修订主要内容如下。

(1) 在证券市场基础知识篇中，增加证券市场法律法规章节，详细介绍我国证券市场监管体系和法律法规体系，特别是按照 2019 年 12 月 28 日修订的《中华人民共和国证券法》的具体要求，体现了党的二十大报告和中央金融工作会议精神中关于加强和完善现代金融监管、强化金融稳定保障体系等重要精神。

(2) 在证券市场基础知识篇中，增加衍生证券基础知识的相关内容，着重介绍衍生在风险对冲与风险管理方面的应用，旨在体现党的二十大报告及中央金融工作会议精神强调的金融服务实体经济、有效防范金融风险等核心理念。

(3) 证券市场基本分析篇中，删除了量化交易的相关章节。

(4) 增加第五篇证券市场发展成就篇，本篇包括三章：上海证券交易所市场发展现状、深圳证券交易所市场发展现状、新三板市场发展现状，通过分析市场运行、市场规模、上市企业等方面，全面展示我国改革开放以来证券市场发展取得的伟大成就。

本书在修订过程中，获得了清华大学出版社的高度认可和大力支持，同时得到了安徽省教育厅和合肥工业大学教务处、经济学院以及合肥经济学院金融学院的大力支持和帮助。参与本书各章的编写人员如下：合肥工业大学/合肥经济学院张本照教授(前言、第一、六、七、九、十五、十六章、十七章)，合肥工业大学汪文隽副教授(第二、十三、十四章)，合肥工业大学王海涛副教授(第十、十一、十二章)，合肥工业大学黄顺武教授(第三、四章)，合肥工业大学张根文副教授(第八章)；合肥经济学院费爽讲师(第五章)。全书由张本照制订修订计划，并由张本照、汪文隽、王海涛共同最终统稿完成。此外，合肥工业大学经济学院金融专业 2023 级硕士研究生张择佑、赵文杰、袁文凡、朱晨晨、汪敏文、夏念暖、冯汇佳等查阅了大量的文献资料并参与了文字校对和视频制作。在此，对以上相关支持者表示衷心的感谢。

本书在修订过程中，参阅了国内外大量的相关文献，并在书后列出，在此，编者对这些作者和网站资料收集者、提供者表示衷心感谢。若有遗漏，万望见谅。由于编者水平有限，且编写时间仓促，难免存在疏漏之处，敬请证券界专家和广大读者批评指正，并提出宝贵意见，以便我们进一步修订。

编　者

目　录

第一篇　证券市场基础知识篇

第一章　证券市场总论 1
第一节　证券市场概述 1
一、证券与证券市场 1
二、证券市场参与者 6
第二节　证券发行市场 9
一、证券发行市场的概念 9
二、股票发行与承销 10
第三节　证券交易市场 14
一、证券交易概述 14
二、证券交易程序 17
本章小结 18

第二章　股票基础知识 19
第一节　股票的概念、特征和分类 19
一、股票的概念 19
二、股票的特征 19
第二节　股票的功能 20
一、股票对于发行者的基本功能 21
二、股票对于购买者的基本功能 21
第三节　股票的价值和价格 22
一、股票的价值 22
二、股票的价格 22
第四节　股票价格指数 23
一、股票价格指数的定义 23
二、股票价格指数的编制 24
三、股价平均数和股票价格指数的计算方法 24
本章小结 27

第三章　债券基础知识 28
第一节　债券概述 28
一、债券的概念与特征 28
二、影响债券价格的因素 30
三、债券与股票的比较 32
第二节　债券类别 33
一、债券的分类 33
二、政府债券 35
三、金融债券 35
四、公司债券 36
第三节　债券的评级制度 38
一、债券评级的依据和内容 38
二、债券评级的程序 39
三、债券评级的分析内容 39
四、债券等级的划分 40
第四节　债券的基本价值评估 41
一、债券估值原理 41
二、债券报价与实付价格 42
三、债券估值模型 43
四、债券收益率 44
本章小结 46

第四章　证券投资基金基础知识 47
第一节　证券投资基金概述 47
一、证券投资基金的产生和发展 47
二、证券投资基金的特点 48
三、证券投资基金与股票、债券的区别 48
第二节　证券投资基金的作用与分类 ..49
一、证券投资基金的作用 49
二、证券投资基金的分类 49
第三节　证券投资基金的当事人 54
一、证券投资基金份额持有人 54
二、证券投资基金管理人 55
三、证券投资基金托管人 56
四、证券投资基金当事人之间的关系 57
第四节　证券投资基金的费用、收入与风险 58

一、证券投资基金的费用 58
二、证券投资基金的收入及利润
　　分配 58
三、证券投资基金的投资风险 59
本章小结 60

第五章　衍生证券基础知识 61

第一节　金融远期与期货基础知识 61
一、远期合约的概念与特征 61
二、金融远期合约的主要类型 62
三、金融期货的概念与特征 64
四、金融期货的主要类型 66
五、金融期货的主要功能 67

第二节　互换基础知识 68
一、互换基本概述 68
二、利率互换 69
三、货币互换 70

第三节　金融期权基础知识 70
一、期权基本概述 70
二、期权价格及影响因素 74

第四节　可转换债券、认股权证基础
　　　　知识 76
一、可转换债券概述 76
二、认股权证概述 78
本章小结 80

第二篇　证券市场基本分析篇

第六章　宏观经济分析 81

第一节　宏观经济分析概述 81
一、宏观经济分析的意义 81
二、宏观经济分析的方法 82

第二节　宏观经济指标 83
一、国民经济的总体指标 83
二、投资指标 85
三、消费指标 86
四、金融指标 87
五、财政指标 89

第三节　证券市场的宏观经济分析 90
一、政治因素对证券市场的影响 90
二、战争及自然灾害对证券市场的
　　影响 91
三、宏观经济运行对证券市场的
　　影响 91
四、宏观经济政策对证券市场的
　　影响 95
本章小结 98

第七章　行业及区域分析 99

第一节　行业分析概述 99
一、行业分析的意义 99

二、行业的划分 100

第二节　行业的一般特征分析 102
一、行业的市场结构分析 102
二、行业的竞争环境分析 103
三、行业的生命周期分析 104

第三节　影响行业发展的主要因素 106
一、技术进步 106
二、产业政策 106
三、社会环境 107
四、经济全球化 108

第四节　行业投资的选择 110
一、行业投资选择的目的 110
二、行业投资选择的方法 110
三、行业投资的策略 111

第五节　区域分析 112
一、区域分析的含义及内容 112
二、我国经济发展的区域特征 113
本章小结 114

第八章　公司分析 115

第一节　公司基本素质分析 115
一、公司竞争地位分析 115
二、公司经营管理素质分析 117

第二节　公司财务分析 119

一、公司的主要财务报表................119
二、财务报表分析方法................120
三、财务比率分析................122
第三节 虚假财务报表鉴别................129
一、财务报表造假的动机................129
二、虚假财务报表产生的条件................131
三、虚假财务报表的类型................132
四、财务报表造假的手段................132
五、虚假财务报表的识别方法................135
本章小结................139

第三篇 证券市场技术分析篇

第九章 技术分析概论................141
第一节 技术分析的概念和要素................141
一、技术分析的概念................141
二、技术分析的要素................142
三、技术分析与基本分析的关系................145
第二节 技术分析的三大假设................146
一、市场行为包含一切信息................146
二、价格沿着趋势移动并保持趋势................146
三、历史会重演................147
第三节 技术分析的主要方法................148
一、技术指标法................148
二、支撑压力法................148
三、形态法................148
四、K线分析法................149
五、波浪理论法................149
六、循环周期法................149
本章小结................150

第十章 常用技术分析理论................151
第一节 道氏理论................151
一、道氏理论的基本要点................151
二、道氏理论的缺陷................152
第二节 波浪理论................153
一、波浪的基本形态................153
二、波浪理论的基本特点................154
第三节 移动平均线理论................154
一、移动平均线的基本概念................154
二、葛兰维尔买卖法则................156
第四节 量价理论................158
本章小结................159

第十一章 K线形态分析................160
第一节 K线理论概述................160
一、K线图的特点................160
二、单根K线分析................161
第二节 反转形态分析及应用................162
一、头肩顶................162
二、头肩底................163
三、双重顶(底)................164
四、潜伏底................164
五、V形................165
第三节 整理形态分析及应用................166
一、对称三角形................166
二、上升三角形................167
三、下降三角形................167
四、矩形................168
五、旗形................168
第四节 缺口形态分析及应用................169
一、缺口的概念................169
二、缺口的类型................169
本章小结................170

第十二章 常用技术指标................171
第一节 技术指标分析概述................171
一、技术指标法的定义................171
二、产生技术指标的方法................171
三、技术指标的应用法则................172
四、技术指标的本质................172
五、技术指标法同其他技术分析方法的关系................172
六、应用技术指标应注意的问题................172
第二节 价格类技术指标及应用................173

一、MACD 指标的原理和计算
　　　　方法 173
　　二、MACD 指标的一般研判标准 174
　　三、MACD 的特殊分析方法 175
第三节　成交量类技术指标及应用 176
　　一、VR 指标原理 176
　　二、计算公式 176
　　三、使用方法 177
　　四、VR 使用心得 177
　　五、VR 指标的特殊分析方法 177
本章小结 178

第四篇　行为金融与证券投资组合篇

第十三章　有效市场假说与行为金融理论 179

第一节　有效市场假说 179
　　一、有效市场假说的理论内容 179
　　二、有效市场假说的检验 182
第二节　行为金融理论 185
　　一、前景理论 185
　　二、后悔理论 186
　　三、行为组合理论和资产定价模型 187
第三节　行为金融理论在证券投资中的
　　　　 应用 188
　　一、反向投资策略 188
　　二、动量交易策略 188
本章小结 189

第十四章　证券市场投资组合理论 190

第一节　证券市场投资组合概述 190
　　一、证券市场投资组合的含义
　　　　和类型 190
　　二、证券市场投资组合的意义
　　　　和特点 191
　　三、证券市场投资组合管理的方法
　　　　和步骤 192

　　四、证券市场投资组合理论发展
　　　　概述 193
第二节　传统证券市场投资组合理论 195
　　一、传统证券市场投资组合管理的
　　　　基本步骤 195
　　二、传统证券市场投资组合理论
　　　　评价 197
第三节　现代证券市场投资组合理论 197
　　一、马科维茨投资组合理论假设 197
　　二、单个证券的收益和风险 198
　　三、证券组合的收益和方差 199
　　四、最小方差投资组合和最优投资
　　　　组合 201
　　五、马科维茨投资组合理论小结 202
第四节　现代证券市场投资组合理论的
　　　　 应用 202
　　一、现代证券市场投资组合理论应用
　　　　概述 202
　　二、现代证券市场投资组合理论
　　　　在金融实证研究和实践中的
　　　　应用 203
本章小结 208

第五篇　证券市场发展成就篇

第十五章　上海证券交易所市场发展状况 209

第一节　上海证券交易所市场构成与
　　　　 主要交易品种 209
　　一、股票市场 209
　　二、债券市场 210
　　三、基金市场 211
　　四、衍生品市场 211

第二节　上海证券交易所市场规模............212
　　一、上市公司数量和市值................212
　　二、募资规模........................212
第三节　上海证券交易所投资者情况............213
　　一、投资者开户数量....................213
　　二、投资者结构........................214
第四节　上海证券交易所市场活跃度............215
　　一、成交量............................215
　　二、换手率............................215
本章小结..................................217

第十六章　深圳证券交易所市场发展状况............218

第一节　深圳证券交易所主要交易品种......218
　　一、股票市场..........................218
　　二、债券市场..........................219
　　三、基金市场..........................219
　　四、期权市场..........................219

第二节　深圳证券交易所市场规模............220
　　一、上市公司数量及市值................220
　　二、募资规模..........................220
第三节　深圳证券交易所投资者情况......221
第四节　深圳证券交易所市场活跃度......222
本章小结..................................223

第十七章　新三板市场发展状况..............224

第一节　新三板市场运行状况................224
　　一、新三板市场结构....................224
　　二、新三板市场规模....................226
　　三、新三板市场活跃度..................229
第二节　北京证券交易所总况分析............231
　　一、北交所市场结构....................231
　　二、北交所市场运行状况................232
本章小结..................................236

参考文献............................237

第一篇 证券市场基础知识篇

第一章 证券市场总论

【学习目标】

通过本章的学习,读者应当掌握证券与证券市场的含义与分类,了解证券市场的产生与发展历史。熟悉首次公开发行股票的准备、核准及操作程序,掌握债券与基金的发行与承销。了解证券交易的含义、种类和方式,掌握证券经纪业务、自营业务和资产管理业务的相关知识,以及清算与交收的含义和原则。了解我国证券市场法律法规体系。

【案例导读】具体内容请扫描右侧二维码。

第一节 证券市场概述

证券市场概述.mp4

一、证券与证券市场

证券是指各类记载并代表一定权利的法律凭证。它用以证明持有人有权依据其所持凭证记载的内容而取得应有的权益。从一般意义上来说,证券作为书面凭证,用于证明或设定权利,表明证券持有人或第三者有权取得该证券拥有的特定权益,或证实某项行为的发生。证券可以采取纸面形式或遵循证券监管机构规定的其他形式。一般而言,证券可以从广义和狭义两个角度理解。广义的理解包括三类,即证据证券(如借据、收据、信用证等)、凭证证券(如存款单、土地使用权证、房地产证等)和有价证券,而狭义的理解特指有价证券。

【拓展阅读 1.1】证据证券、凭证证券与有价证券请扫描右侧二维码。

(一)有价证券

有价证券,是指标有票面金额,用于证明持有人或该证券特定的主体对特定财产拥有所有权或债权的法律凭证。这类证券本身没有价值,但由于它代表着一定量的财产权利,持有人可凭该证券直接取得一定量的商品、货币,或是取得利息、股息等收入,因而可以在证券市场上买卖和流通,客观上具有了交易价格。

有价证券是虚拟资本的一种形式。所谓虚拟资本,是指以有价证券形式存在,并能给持有者带来一定收益的资本。虚拟资本是独立于实际资本之外的一种资本存在形式,本身不能在实体经济运行过程中发挥作用。通常,虚拟资本的价格总额并不等同于其所代表的真实资本的账面价格,甚至可能与真实资本的重置成本存在差异,其变化并不完全反映实际资本额的变化。

(二)有价证券的分类

有价证券有广义与狭义之分。狭义的有价证券是指资本证券,而广义的有价证券包括商品证券、货币证券和资本证券。

商品证券是指证明持有人对特定商品拥有所有权或使用权的凭证。取得这种证券就等于取得这种商品的所有权,且持有人对这种证券所代表的商品所有权受法律保护。通常商品证券有提货单、货运单、仓库栈单等几种。

货币证券是指本身能使持有人或第三者取得货币索取权的有价证券。货币证券主要包括两大类:一类是商业证券,主要包括商业汇票和商业本票;另一类是银行证券,主要包括银行汇票、银行本票和支票。

资本证券则是指由金融投资或与金融投资有直接联系的活动而产生的证券,它是有价证券的主要形式。资本证券的持有人有一定的收入请求权。

下面主要讨论的是狭义的有价证券,即资本证券,可以从不同的角度按不同的标准进行分类。

1. 按照发行主体的不同,可分为政府证券、政府机构证券、公司证券

(1) 政府证券通常是指由中央政府或地方政府发行的债券。中央政府债券也称国债,通常由国家的财政部发行。地方政府债券由地方政府发行,以地方税或其他收入偿还。

(2) 政府机构证券是由经批准的政府机构发行的证券,目前我国政府机构虽不能直接发行证券,但允许其通过特定渠道或方式间接参与证券市场活动。

(3) 公司证券是公司为筹措资金而发行的有价证券,公司证券包括的范围比较广泛,有股票、公司债券等。此外,在公司证券中,通常将银行及非银行金融机构发行的证券称为金融证券,其中金融债券尤为常见。

2. 按照能否在交易所挂牌交易,可分为上市证券和非上市证券

(1) 上市证券是指经证券主管机关核准发行,并经证券交易所依法审核同意,允许在证券交易所内自由公开交易的证券。

(2) 非上市证券是指未申请上市或不符合证券交易所挂牌交易条件的证券,这类证券不允许其在证券交易所内交易,但仍可在其他证券交易市场发行和交易。例如,凭证式国债、电子式储蓄国债、普通开放式基金份额和非上市公众公司的股票都属于非上市证券。

3. 按照募集方式的不同,可分为公募证券和私募证券

(1) 公募证券是指发行人通过中介机构向不特定的社会公众投资者公开发行的证券,审核较严格并采取公示制度。

(2) 私募证券是指向少数特定的投资者发行的证券,其审查流程相对简化,投资者也较少,不采取公示制度。

目前,我国信托投资公司发行的信托计划以及商业银行和证券公司发行的理财计划均属私募证券,上市公司如采取定向增发方式发行的有价证券也属私募证券。

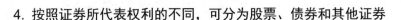

4. 按照证券所代表权利的不同，可分为股票、债券和其他证券

(1) 股票是股份有限公司签发的证明股东权利、义务的要式有价证券。

(2) 债券是企业、金融机构或政府为募集资金向社会公众发行的、保证在规定时间内向债券持有人还本付息的有价证券。

(3) 其他证券包括基金证券和证券衍生产品。

5. 按照有价证券转移方式的不同，可分为记名有价证券、无记名有价证券和指示有价证券

(1) 记名有价证券，是在证券上记载证券权利人的姓名或名称的证券，如记名的票据和股票等。记名有价证券可按债权让与方式转让证券上的权利。

(2) 无记名有价证券，是证券上未记载权利人姓名或名称的证券，如国库券和无记名股票等。无记名有价证券的权利，由持有人享有，可以自由转让，证券义务人只对证券持有人负履行义务。

(3) 指示有价证券，是指在证券上指明第一个权利人的姓名或名称的有价证券，如指示支票等。指示有价证券的权利人是证券上指明的人，证券义务人只对证券上记载的持券人负履行义务。指示证券的转让，须由权利人背书及指定下一个权利人，由证券债务人向指定的权利人履行。

6. 按照有价证券经济性质的不同，可分为基础证券和金融衍生证券

(1) 基础证券包括股票、债券和投资基金等，它们是最活跃的投资工具，是证券市场的主要交易对象，也是证券理论和实务研究的重点。

(2) 金融衍生证券是指由基础证券派生的证券交易品种，主要有金融期货、期权、可转换证券、存托凭证和认股权证等。

当然还有其他的分类方式，例如，按照证券收益是否固定，可分为固定收益证券和变动收益证券；按照证券是否具有适销性，又可分为适销证券和不适销证券等。

(三)证券的特征

1. 产权性

证券的产权性(财产性权利凭证)是指有价证券上明确记载着权利人对特定财产所享有的权利内容，代表着一定的财产所有权。拥有证券就意味着享有财产的占有、使用、收益和处分的权利。在现代经济社会中，财产权利和证券已密不可分，两者融合为一体，权利证券化。虽然证券持有人并不实际占有财产，但可以通过持有证券，在法律上拥有相关财产的所有权或债权。

2. 收益性

证券的收益性(收益性权利凭证)是指持有证券本身可以带来一定数额的收益，这是投资者转让资本所有权或使用权的回报。证券代表的是对一定数额的某种特定资产的所有权或债权，投资者持有证券也就同时拥有取得这部分资产增值收益的权利，因而证券本身具有收益性。有价证券的收益表现为利息收入、红利收入和买卖证券的差价。

3. 流通性

证券的流通性(流通性权利凭证)又称变现性，是指证券持有人可以根据自身需求，通过一定的方式将证券兑换为现金的灵活性。证券的流通可通过到期兑付、承兑、贴现、转让等方式实现，其流通性强弱受证券期限、利率水平、计息方式、信用等级、市场便利程度等因素的制约。不同证券的流通性是不同的。

4. 风险性

证券的风险性(风险性权利凭证)是指证券持有人可能面临的实际收益与预期收益相背离的风险，即证券收益具有不确定性。从整体上说，证券的风险与收益成正比。通常情况下，风险越大的证券，投资者要求的预期收益越高；风险越小的证券，预期收益越低。

5. 期限性

证券的期限性(期限性权利凭证)是指债券通常有明确的还本付息期限，以满足不同投资者和筹资者对融资期限及其相关收益率的多样化需求。债券的期限设定具有法律约束力，是对融资双方权益的保护。股票没有固定的期限，可视为无期证券。

(四)证券市场

证券市场是指股票、债券、投资基金份额等有价证券发行和交易的场所以及相应的组织和管理方式的总称，通常包括证券发行市场和证券流通市场。从广义上讲，证券市场是指一切以证券为对象的交易关系的总和。从经济学的角度，可以将证券市场定义为：通过自由竞争的方式，根据供需关系来决定有价证券价格及其收益率的交易场所。

证券市场是市场经济发展到一定阶段的产物，旨在解决资本供求矛盾与提升流动性，通过证券发行与交易的方式实现了筹资与投资的对接，有效地缓解了资本的供求紧张，并促进了资本结构的合理调整。在发达的市场经济中，证券市场是完整的市场体系的重要组成部分，它不仅反映和调节货币资金的运动，而且对整个经济的运行具有重要影响。

1. 证券市场的特征

(1) 证券市场是价值直接交换的场所。有价证券作为价值的直接代表，它们本质上是价值的一种直观表现形式。虽然证券交易的对象是各种各样的有价证券，但它们是价值的直接表现形式，因此，证券市场本质上是价值的直接交换场所。

(2) 证券市场是财产权利直接交换的场所。证券市场上的交易对象是作为经济权益凭证的股票、债券、投资基金等有价证券，它们本身是一定量财产权利的代表，代表着对一定数额财产的所有权或债权以及相关的收益权。因此，证券市场实际上是财产权利的直接交换场所。

(3) 证券市场是风险直接交换的场所。有价证券既是一定收益权利的代表，也是一定风险的代表。有价证券的转让，在赋予他人一定收益权的同时，也将伴随其特有的风险并转移。因此，从风险的角度分析，证券市场也是风险直接交换的场所。

2. 证券市场的基本功能

证券市场作为国民经济的"晴雨表"，不仅能够灵敏地反映社会政治、经济发展的动向，而且其波动反映了宏观经济总量的趋势、经济增长率的变化以及公司利润的增减,为经济分析和宏观调控提供依据。它的基本功能包括以下几方面。

(1) 筹资(投资)功能。这是指证券市场,一方面为资金需求者提供了通过发行证券筹集资金的机会,另一方面为资金供给者提供了投资对象。在证券市场上流通的所有证券,既是筹资的工具,也承担着投资的功能。筹资和投资是证券市场基本功能不可分割的两个方面,忽视其中任何一个方面都会导致市场的严重缺陷。

(2) 资本定价功能。证券是资本的存在形式,证券的价格实际上是证券所代表的资本的价格。证券的价格是证券市场上证券供求双方通过交易形成的结果。证券市场的运行使证券需求者和证券供给者形成竞争关系,这种竞争的结果是:能产生高投资回报的资本,市场的需求就大,其相应证券价格就高;反之,证券价格就低。因此,证券市场提供了资本的合理定价机制。

(3) 资本配置功能。这个功能揭示的是证券市场中,社会资本通过交易实现资本的合理配置。在证券市场上,证券价格的高低是由该证券所能提供的预期报酬率的高低来决定的。而能提供高报酬率的证券一般来自那些经营好、发展潜力巨大的企业,或者来自新兴行业的企业。通过资本的流动,使好的企业、新兴行业越来越好,快速成长;而差的企业、衰退行业则越来越差,逐渐从市场上被淘汰。

3. 证券市场的结构

证券市场的结构是指证券市场的构成及其各部分之间的层次和关系。常见的证券市场结构有以下几种。

1) 层次结构

层次结构通常是指按照证券进入市场的顺序而形成的结构关系。按这种顺序关系划分,证券市场的构成可分为证券发行市场和证券交易市场。

其中,证券发行市场又称证券的初级市场或一级市场,是指证券发行人按照一定的法律规定和发行程序,向投资者出售证券以筹集资金的市场,包括从规划到销售以及承购等阶段的全过程。证券交易市场又称二级市场或次级市场,是已发行的证券通过买卖交易实现流通转让的市场。

证券发行市场和流通市场相互依存、相互制约,是一个不可分割的整体。证券发行市场是流通市场的基础和前提,而流通市场是证券得以持续扩大发行的必要条件,为证券的转让提供了市场环境,使发行市场充满活力。同时,流通市场的交易价格制约和影响着证券的发行价格,是证券发行时需要考虑的重要因素。

2) 多层次资本市场

资本市场由场内市场和场外市场两部分构成。其中,场内市场包括主板(含中小板)、创业板(俗称"二板");场外市场包括全国中小企业股份转让系统(俗称"新三板")、区域性股权交易市场、证券公司主导的柜台市场。这些共同组成了我国多层次的资本市场体系。国家主席习近平于2018年11月5日在首届中国国际进口博览会开幕式上宣布设立的科创板也即将落地,它是为科技创新型企业提供直接融资服务的新设板块。

3) 品种结构

品种结构是根据有价证券的品种形成的结构关系。这种结构关系的构成主要有股票市场、债券市场、基金市场、衍生产品市场等。

(1) 股票市场是股票发行和买卖交易的场所，其交易的对象是股票。股票市场的发行人为股份有限公司，股份有限公司通过发行股票募集公司的股本，或是在公司运营过程中通过发行股票扩大公司的股本。

(2) 债券市场是债券发行和买卖交易的场所，其交易的对象是债券。债券的发行人有中央政府、地方政府、中央政府机构、金融机构以及公司等。

(3) 基金市场是基金份额发行和流通的市场。封闭式基金在证券交易所挂牌交易，开放式基金则通过投资者向基金管理公司申购和赎回实现基金份额的流通转让。

(4) 衍生产品市场是各类衍生产品发行和交易的市场，随着金融创新在全球范围内的不断深化，衍生产品市场已经成为金融市场不可或缺的重要组成部分，包括期货、期权、互换等衍生工具的交易市场。

二、证券市场参与者

证券市场参与者是证券市场的基本构成要素，是指一切直接或间接参与证券买卖交易活动的机构或个人。证券市场的参与者有以下几类。

(一)证券发行人

证券发行人是指为筹措资金发行债券、股票等证券的发行主体。它主要包括以下几类。

1. 公司

公司(企业)的组织形式可分为独资制、合伙制和公司制。现代公司主要采取股份有限公司和有限责任公司两种形式，其中，只有股份有限公司才能发行股票。公司发行股票所筹集的资本属于自有资本，而通过发行债券所筹集的资本则属于借入资本，发行股票和长期公司(企业)债券是公司(企业)筹措长期资本的主要途径，发行短期债券则是补充流动资金的重要手段。随着科学技术的进步和资本有机构成的不断提高，公司(企业)对长期资本的需求将越来越大，因此公司(企业)作为证券发行主体的地位呈现不断上升的趋势。

2. 政府及政府机构

随着国家干预经济理论的兴起，政府(中央政府和地方政府)和中央政府直属机构已成为证券发行的重要主体之一，但政府发行证券的品种一般仅限于债券。

政府发行债券所筹集的资金既可以用于协调财政资金短期周转、弥补财政赤字、兴建政府投资的大型基础性的建设项目，也可以用于实施某种特殊的政策，在战争期间还可以用于弥补战争费用的开支。

由于中央政府拥有税收、货币发行等特权，通常情况下，中央政府债券不存在违约风险，因此，这一类证券被视为无风险证券，相对应的证券收益率被称为无风险利率，是金融市场上最重要的价格指标。

3. 金融机构

金融机构作为证券市场的重要发行主体，既可以发行债券，也可以发行股票。欧美等西方国家能够发行证券的金融机构，一般都是股份公司，因此将金融机构发行的证券归入公司证券。而我国和日本则把金融机构发行的债券定义为金融债券，从而突出了金融机构作为证券市场发行主体的地位。但需要注意的是，股份制金融机构发行的股票并没有定义为金融证券，而是将其归类于普通公司股票。

(二)证券投资者

证券投资者是指通过证券而进行投资的各类机构法人和自然人，他们是证券市场的资金供给者，也是金融工具的购买者。证券投资者可以分为机构投资者和个人投资者两大类。

1. 机构投资者

机构投资者主要有政府机构、金融机构、企业和事业法人及各类基金等。

(1) 政府机构。政府机构参与证券投资的目的主要是调剂资金余缺和进行宏观调控。各级政府及政府机构出现资金剩余时，可通过购买政府债券、金融债券投资于证券市场。中央银行以公开市场操作作为政策手段，通过买卖政府债券或金融债券，影响货币供应量进行宏观调控。

(2) 金融机构。参与证券投资的金融机构包括证券经营机构、银行业金融机构、保险公司、合格的境外机构投资者(Qualified Foreign Institutional Investor，QFII)、主权财富基金以及其他金融机构。

证券经营机构是证券市场上最活跃的投资者，它们利用自有资本、营运资金以及受托管理的投资资金，积极参与证券投资活动。我国证券经营机构主要是证券公司，从事自营业务，其投资的范围包括股票、基金、认股权证、国债、公司以及企业债券等上市证券，以及经证券监管机构认定的其他证券。

银行业金融机构包括商业银行、城市信用合作社、农村信用合作社等吸收公众存款的金融机构以及政策性银行。受自身业务特点和政府法令的制约，银行业金融机构一般仅限于投资政府债券和地方政府债券，而且通常以短期国债作为其超额储备的主要持有形式。

保险公司目前已经超过共同基金成为全球最大的机构投资者，其投资不仅涵盖各类政府债券及高等级公司债券，还广泛涉足基金和股票投资。

合格的境外机构投资者，即经我国政府批准的参与我国证券市场投资的境外机构投资者。在 QFII 制度下，境外机构投资者将被允许把一定额度的外汇资金汇入并兑换为当地货币，通过严格监督管理的专门账户投资当地证券市场，包括股息及买卖价差等在内的各种资本所得经审核后可转换为外汇汇出，实际上是对外资有限度地开放本国证券市场。2020 年中国证券监督管理委员会、中国人民银行与国家外汇管理局联合发布的《合格境外机构投资者和人民币合格境外机构投资者境内证券期货投资管理办法》规定，QFII 的投资范围包括在证券交易所挂牌交易的 A 股股票、国债、可转换债券、企业债券及中国证监会批准的其他金融工具等。

随着国际经济和金融形势的变化，目前不少国家尤其是发展中国家拥有了大量外汇储备，为管理好这部分资金，成立了代表国家进行投资的主权财富基金。经国务院批准，中国投资有限责任公司(以下简称"中投公司")于 2007 年 9 月 29 日宣告成立，注册资本金为 2 000 亿美元，成为专门从事外汇资金投资业务的国有投资公司，以境外金融组合产品为主，开展多元投资,实现外汇资产保值增值,被视为中国主权财富基金的发端。截至 2022 年年底,中投公司总资产达 1.24 万亿美元。2022 年中投公司实现营业收入 434.21 亿美元,净利润 460.45 亿美元,年化国有资本增值率达 12.67%,为促进国家外汇资产保值增值、服务国内国际双循环发挥了积极作用,在推动全球投资合作、助力世界经济增长中做出了重要贡献。

其他金融机构包括信托投资公司、企业集团财务公司、金融租赁公司等。这些机构通常会在其章程规定和监督机构许可的范围内开展证券投资活动。

(3) 企业和事业法人。企业和事业法人可以用自己的积累资金或暂时不用的闲置资金进行证券投资,可以通过股票投资实现对其他企业的控股或参股,也可以将暂时闲置的资金通过自营或委托专业机构进行证券投资以获取收益。

(4) 基金。基金性质的机构投资者包括证券投资基金、社保基金、企业年金和社会公益基金。

证券投资基金是指通过公开发售基金份额筹集资金,由基金管理人管理,基金托管人托管,为基金份额持有人的利益,以资产组合方式进行证券投资活动的基金。

社会保障基金包括社会保险基金、社会救济基金、社会福利基金等,而社会保险基金一般由养老、医疗、失业、工伤、生育五项保险基金组成。

企业年金是指在依法参加基本养老保险的基础上,企业及其职工自愿设立的、旨在提供额外养老保障的基金。2011 年中华人民共和国人力资源和社会保障部、中国银行业监督管理委员会、中国证券监督管理委员会(以下简称"证监会")、中国保险监督管理委员会公布的《企业年金基金管理办法》规定,企业年金可由年金受托人或受托人指定的专业投资机构进行证券投资。

社会公益基金是指将收益用于指定的社会公益事业的基金,如福利基金、科技发展基金、教育发展基金、文学奖励基金等。我国有关政策规定,各种社会公益基金可用于证券投资以保值增值。

各类机构投资者的资金来源、投资目的、投资方向虽然各不相同,但一般都具有投资资金量大、收集和分析信息能力强、注重投资安全、通过有效的资产组合分散投资风险、对市场影响大等特点。

2. 个人投资者

个人投资者是指从事证券投资的社会自然人,他们是证券市场上最广泛的投资者。个人投资者的主要目的是实现资产的保值和增值。

【拓展阅读 1.2】大户与散户请扫描右侧二维码。

(三)证券市场中介机构

证券市场中介机构是指为证券发行与交易提供服务的各类机构,包括证券公司和其他证券服务机构,通常把两者合称为证券中介机构。证券中介机构是连接证券投资者与筹资者的桥梁,证券市场功能的发挥,在很大程度上取决于证券中介机构的活动。通过它们的经营服务活动,证券需求者与证券供应者之间建立了联系,不仅保证了各种证券的发行和交易,还起到维持证券市场秩序的作用。

1. 证券公司

证券公司是指依法设立可经营证券业务的、具有法人资格的金融机构。它的业务有证券经纪、投资咨询、财务顾问、承销和保荐、自营、资产管理以及其他证券业务等。

2. 证券服务机构

证券服务机构是指依法设立的从事证券相关服务的法人实体,主要包括证券登记结算公司、证券投资咨询公司、会计师事务所、资产评估机构、律师事务所、证券信用评级机构等。

(四)自律性组织

自律性组织主要有证券交易所和证券业协会。

1. 证券交易所是提供证券集中竞价交易场所和设施的法人、不以营利为目的

证券交易所的主要职责有:提供交易场所和设施,制定交易规则,监管在该交易所上市的证券以及会员交易行为的合规性、合法性,以确保市场的公开、公平和公正。

2. 证券业协会是社会团体法人

证券业协会的权力机构是由全体会员组成的会员大会。2020年3月1日起施行的《中华人民共和国证券法》(以下简称《证券法》)规定,证券公司应当加入证券业协会。证券业协会应当履行协助证券监督管理机构组织会员执行有关法律,维护会员的合法权益,为会员提供信息服务、制定规则、组织培训和开展业务交流,调解纠纷,就证券业的发展开展研究,监督、检查会员行为及证券监督管理机构赋予的其他职责。

(五)证券监管机构

在中国,证券监管机构是指证监会及其派出机构。证监会是国务院直属的证券监督管理机构,按照国务院授权和依照相关法律法规对证券市场进行集中、统一监管。它的主要职责是:依法制定有关证券市场监督管理的规章、规则,负责监督有关法律法规的执行,负责保护投资者的合法权益,对全国的证券发行、证券交易、中介机构的行为等依法实施全面监管,维持公平而有序的证券市场环境。

【拓展阅读1.3】证券市场的产生和发展请扫描右侧二维码。

第二节 证券发行市场

一、证券发行市场的概念

证券发行市场是指证券发行人向投资者出售证券以筹集资金的市场,由于证券是在证券发行市场上首次作为商品进入流通领域的,因此理论上通常将证券发行市场称为"初级市场"或"一级市场"。证券发行市场实际上涵盖了从各个经济主体和政府部门筹划发行证券、证券承销商承销证券到认购人购买证券的全过程。证券发行市场是整个证券市场的基

础，它的内容和发展决定着证券交易市场的内容和发展。它与证券交易市场构成统一的证券市场整体，两者相辅相成、相互联系、相互依赖。

证券发行市场是一个抽象的无形市场，通常不存在具体形式的固定场所，也无专业的设备和设施，且证券发行市场的证券不可逆，即证券发行市场上的证券只能由发行人流向认购人，资金只能由认购人流向发行人，而不能相反，这也是证券发行市场与证券交易市场的一个重要区别。

二、股票发行与承销

(一)股票发行制度

股票发行制度主要有审批制、核准制和注册制三种。审批制是计划经济体制下完全按照政府计划发行的模式；核准制是从审批制向注册制过渡的中间形式；注册制是市场经济体制下按照市场主导原则发行的模式，也是目前成熟股票市场普遍采用的发行制度。

1. 审批制

审批制是在股票市场发展的初期，国家为了维护上市公司的稳定和平衡复杂的社会经济关系，采用行政和计划的办法分配股票发行的指标和额度，由地方政府或行业主管部门根据指标推荐企业发行股票的一种发行制度。公司发行股票的首要条件是取得指标和额度，也就是说，如果取得了政府给予的指标和额度，就等于取得了政府的保荐，股票发行仅仅是走个过场。因此，审批制下公司发行股票的竞争焦点主要是争夺股票发行指标和额度。证券监管部门凭借行政权力行使实质性审批职能，证券中介机构的主要职能是进行技术指导，这样难以确保发行公司不通过虚假包装甚至伪装、做账达标等方式达到发行股票的目的。

2. 核准制

核准制则是介于注册制和审批制之间的中间形式。一方面，取消了政府的指标和额度管理，并引入证券中介机构的责任，判断企业是否达到股票发行的条件；另一方面，证券监管机构同时对股票发行的合规性和适销性条件进行实质性审查，并有权否决股票发行的申请。在核准制下，发行人在申请发行股票时，不仅要充分公开企业的真实情况，而且必须符合有关法律和证券监管机构规定的必要条件，证券监管机构有权否决不符合规定条件的股票发行申请。证券监管机构不仅会对申报文件的真实性、准确性、完整性和及时性进行审查，还会对发行人的营业性质、财力、素质、发展前景、发行数量和发行价格等条件进行实质性审查，并据此做出发行人是否符合发行条件的价值判断和是否核准申请的决定。

3. 注册制

注册制是在市场化程度较高的成熟股票市场所普遍采用的一种发行制度，证券监管部门公布股票发行的必要条件，只要达到所公布条件要求的企业即可发行股票。发行人申请发行股票时，必须依法将公开的各种资料完全准确地向证券监管机构申报。证券监管机构的职责是对申报文件的真实性、准确性、完整性和及时性进行合规性的形式审查，而将发行公司的质量判断主要交由证券中介机构来负责。这种股票发行制度对发行人、证券中介机构和投资者的要求都比较高。

(二)股票的注册发行程序

根据《证券法》《首次公开发行股票注册管理办法》《上市公司证券发行注册管理办法》等规定,具体依据《监管规则适用指引——发行类第 8 号:股票发行上市注册工作规程》,上海、深圳证券交易所受理公开发行股票申请,承担发行上市审核主体责任,全面审核判断企业是否符合发行条件、上市条件和信息披露要求。审核工作主要通过提出问题、回答问题的方式展开,督促发行人切实承担信息披露第一责任,压实中介机构责任,要求发行人及中介机构确保信息披露真实、准确和完整。交易所审核通过后,将审核意见、相关审核资料和发行人注册申请文件报送证监会履行注册程序。证监会在交易所受理项目后,开展注册准备工作。证监会基于交易所的审核意见,依法履行注册程序,在规定时限内做出是否予以注册的决定。证监会发行监管部具体承担交易所股票发行上市的注册职责。

1. 注册准备程序

对于交易所审核阶段的项目,发行监管部应当召开注册准备会进行研究。注册准备会主要讨论以下内容。

(1) 项目的"两符合"情况。"两符合",是指申请股票发行上市的项目是否符合国家产业政策、是否符合拟上市板块定位。

(2) 项目的"四重大"情况以及交易所在审核过程中的其他请示事项。"四重大"是指项目是否涉及重大敏感事项、重大无先例情况、重大舆情、重大违法线索。

(3) 其他需要注册准备会讨论的事项。

首发项目首次问询回复后,以及再融资项目受理后,交易所应当及时对项目"两符合"情况形成明确意见。交易所认为项目满足"两符合"要求的,应当及时向发行监管部做专门报告。发行监管部收到报告后 5 个工作日内召开注册准备会进行研究。

交易所在审核过程中,发现项目涉及"四重大"事项或其他重要审核事项的,交易所审核中心应当及时向发行监管部进行请示。

发行监管部原则上应当在收到交易所请示后 5 个工作日内,召开注册准备会研究明确意见。注册准备会参加人员包括发行监管部负责人、注册处室负责人和经办人员。注册准备会由发行监管部负责人主持,会议依次由经办人员报告项目情况、注册处室负责人发表意见、部门负责人发言,就相关事项进行充分讨论,最后由主持人总结形成会议意见。注册准备会可以视情况,要求交易所审核中心人员参会并说明情况。

注册准备会可以做出以下结论。

(1) 项目符合或者不符合国家产业政策、拟上市板块定位。

(2) 同意或者不同意交易所请示意见。

(3) 要求交易所进一步问询或补充材料。

(4) 就相关事项征求其他相关单位和部门意见。

(5) 建议交易所进行现场督导、提请现场检查或专项核查。

(6) 其他相关结论。

发行监管部应当在 2 个工作日内,将注册准备会会议结论书面通知交易所审核中心。

2. 注册程序

(1) 交易所审核后提交注册审议会。对于交易所提请证监会注册的项目，发行监管部召开注册审议会，基于交易所审核意见，依法履行发行注册程序。根据项目情况，注册审议会可以做出建议予以注册、不予注册、要求交易所进一步落实、退回交易所补充审核等意见。

发行申请项目提交注册后，交易所应当持续关注是否发生影响发行上市的新增事项。发现新增事项的，应当及时向发行监管部报告，并在进一步落实新增事项后，形成审核意见报送发行监管部。在注册阶段证监会发现存在影响发行条件的新增事项的，可以要求交易所进一步核实并就新增事项形成审核意见。

交易所认为新增事项未改变原审核意见，发行监管部将在收到交易所重新报送的审核意见后，召开注册审议会讨论并形成结论。会议认为，交易所对新增事项的审核意见依据明显不充分的，可以退回交易所补充审核。交易所补充审核后，认为符合发行上市条件和信息披露要求，同时不存在"两符合""四重大"方面问题的，重新向证监会报送专门审核意见及相关资料。交易所认为新增事项构成发行上市实质性障碍的，发行监管部在交易所重新报送审核意见后，退回交易所重新审核。

(2) 做出注册决定并设立撤销机制。对于已做出注册决定的项目，根据相关法律规定，注册审议会可以做出建议撤销注册的意见。交易所提交注册申请后 5 个工作日内，发行监管部组织召开注册审议会议。交易所向证监会报送的注册申请文件，应当包括交易所审核报告、发行人注册申请文件及相关审核资料。交易所的审核报告中，应当有专门部分对发行人"两符合""四重大"情况发表明确意见。交易所出具发行人符合发行条件、上市条件和信息披露要求的审核意见，未报告新增事项或者新增事项已落实，且证监会未发现新增事项或者新增事项已落实的，注册审议会可以建议予以注册。注册审议会建议予以注册的，经办人员应当在当日发起注册许可签报流程。

注册审议会根据讨论情况，可以做出建议不予注册的结论。注册审议会做出建议不予注册结论的，应当提请发行监管部门对相关事项进一步集体研究决定，认为应当不予注册的，应履行报批程序。新增撤销注册规定：对于证监会已经注册的项目，发现不符合法定条件或者法定程序，尚未发行证券或者已发行未上市的，发行监管部应重新召开注册审议会议，依照《证券法》第二十四条等相关规定做出建议撤销注册的意见，并履行报批程序。

3. 同步监督程序

发行监管部在交易所审核的同时，对重点项目和随机抽取项目进行重点监督。交易所应当于每两周的最后 1 个工作日，向发行监管部报送各板块新受理项目的名单。发行监管部自收到名单后 1 个工作日内，以首发和再融资项目总和为基数，区分交易所，随机抽取确定同步监督项目名单。已提交注册的上市公司向特定对象发行的股票项目，以及已经过上市审核的项目，不纳入抽取范围。项目抽取通过计算机软件系统进行，每两周至少抽取 1 家，当期无新受理项目的除外。同步监督项目名单确定后，发行监管部应当书面通知交易所。

对于同步监督项目，经办人员应当全程跟进交易所审核进程，通过关注以下主要内容，同步监督交易所审核要求落实情况、审核标准执行情况以及审核责任履行情况。

(1) 交易所审核内容有无重大遗漏，审核程序是否符合规定。

(2) 发行人在发行上市条件和信息披露要求的重大方面是否符合相关规定。

(3) 是否存在"两符合""四重大"问题。

在交易所首轮审核问询回复后 5 个工作日内,发行监管部应当召开注册准备会,讨论同步监督关注事项。交易所在审核中心的审核报告形成的当日,应当向发行监管部报送。发行监管部收到报告 5 个工作日内,再次召开注册准备会。

对于同步监督项目,交易所在审核过程中,召开过专题会、咨询过专家意见或者开展过现场督导的,发行监管部应对相关事项进行关注并在注册准备会上讨论。发行申请提交注册后,适用同步监督程序项目的注册工作,依照普通项目的注册程序进行,发行监管部相关会议认为需要进行现场督导、现场检查、专项核查的,依照有关规定进行。证监会在 20 个工作日内对发行人的首发注册申请做出予以注册或者不予注册的决定。

(三)股票的承销规则

2023 年 2 月,中国证券业协会针对证券公司开展首次公开发行证券的发行承销业务、北京证券交易所(以下简称"北交所")股票向不特定合格投资者公开发行与承销业务制定了详细的规则,即《证券公司首次公开发行证券承销业务规则》(以下简称《承销规则》),并对承销商及其从事承销业务的人员实施自律管理。

1. 明确路演推介的要求,强化证券分析师路演推介作用

在路演推介方面,《承销规则》从三个方面进行明确。一是细化了发行人和主承销商在首次公开发行证券、向不特定合格投资者公开发行股票并在北交所上市的发行承销业务路演推介过程中的推介方式、推介范围。《承销规则》要求,在首次公开发行证券或公开发行股票并在北交所上市申请文件受理后,发行人和主承销商可以与拟参与战略配售的投资者进行一对一路演推介,介绍公司、行业基本情况,但路演推介内容不得超出证监会及交易所认可的公开信息披露范围。二是明确了向参与战略配售的投资者、网下投资者、公众投资者推介的具体要求,强化了证券分析师路演推介作用,帮助网下投资者更好地了解发行人的基本面、行业可比公司状况、发行人盈利预测及估值情况。三是规定了主承销商聘请律师的相关要求。《承销规则》明确,主承销商应当聘请参与网下发行与承销全程见证的律师事务所在路演推介活动前对发行人管理层、参与路演的工作人员和证券分析师等进行培训,强调发行人对外宣传资料的口径,包括宣传材料与发行人实际情况的一致性、不允许透露公开资料以外的信息、不允许存在夸张性描述等。主承销商应当要求律师事务所出具培训总结,并督促律师事务所勤勉尽责等。

2. 进一步规范发行定价与配售行为,主承销商可以设置配售决策委员会

在规范发行定价与配售行为方面,《承销规则》从三个方面进行了明确。一是细化了主承销商对线下投资者的核查要求,规范了主承销商对线下投资者报价进行簿记建档场所及管理的要求。二是规定了主承销商可以设置配售决策委员会,并明确了委员会的组织构成、履职程序,细化了配售原则的制定要求以及对参与战略配售的投资者、保荐机构相关子公司跟投等出具承诺函的核查要求。三是细化了发行人和主承销商在发行方案中采用超额配售选择权的规定。进一步明确了主承销商义务,规范了配售行为,督促其加强配售过程管理。

3. 两方面提高投资价值研究报告质量，明确六项报告内容

提高投资价值研究报告质量方面，《承销规则》从两个方面进行了明确。一是明确了主承销商提供投资价值研究报告的具体要求。具体而言，报告内容应至少包括盈利预测、发行人分析、发行人所在行业分析、募集资金投资项目分析、可比上市公司分析(如有)、风险提示六个部分，可以根据需要选择是否给出估值分析结论，并细化了相关内容的具体要求。二是对报告的提供方式、撰写原则、内部制度、证券分析师行为等做出了规定。这些规定切实提高了报告的独立性、专业性、实用性，引导其发挥定价引导作用。

4. 四方面强化自律管理，协会建立股票发行与承销观察员机制

在自律管理方面，《承销规则》提出了四大要求。一是明确承销商应当向协会报送路演推介活动的初步方案、发行承销总结报告、超额配售选择权实施情况报告(如有)、投资价值研究报告及总结情况，加强了承销商路演推介、发行与配售环节管理，落实了承销商责任。二是协会建立股票发行与承销观察员机制，督促承销商履职尽责，并向行业积极推广发行与承销示范实践，引导行业对标提升。三是明确了承销商存档备查的承销资料要求与协会现场检查事项，加强了自律检查标准管理。四是明确了对违法违规行为的责任追究，净化了行业生态。

【拓展阅读1.4】投资价值研究报告负面行为清单请扫描右侧二维码。

【拓展阅读1.5】债券的发行与承销请扫描右侧二维码。

第三节　证券交易市场

一、证券交易概述

(一)证券交易的概念及特征

证券交易是指已发行的证券在证券市场上进行买卖或转让的活动。证券交易除应遵循《证券法》规定的证券交易规则外，还应遵守《公司法》及《合同法》的相关规则。

证券交易的特征有以下几点。①流动性。流动性是确保证券作为基本融资工具的基础。证券发行完毕后，证券即成为投资者的投资对象和工具，证券交易的流动性可使证券投资者能顺利进入或退出证券市场。②收益性。证券交易使投资者能够转让其资本的所有权或使用权，从而获取一定数额的收益。③风险性。证券交易的风险性是指交易时的实际收益与预期收益的背离，即不确定性。

(二)证券交易的原则

《证券法》规定，证券交易必须遵循公开、公平、公正的原则，以及价格优先原则、时间优先原则、知情者回避原则。

(1) 公开原则的核心在于确保市场信息的全面公开。公平原则是指参与各方具有平等的

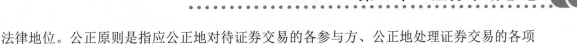

法律地位。公正原则是指应公正地对待证券交易的各参与方、公正地处理证券交易的各项事务。

(2) 价格优先原则：在证券交易中，委托代理买入证券的买入价格高的优先于出价低的买入者成交；委托代理卖出证券的卖出价低的优先于出价高的卖出者成交。

(3) 时间优先原则：代理买卖证券时，在委托价格相同的条件下，按委托时间先后顺序确定成交对象，委托时间在先者优先成交；若在同一时间内有多个相同价格的委托时，将通过抽签方式决定买者或卖者的成交顺序。

(4) 知情者回避原则：证券经营机构的各类职员不得向他人公开或泄露客户的证券买卖和其他交易情况，禁止证券交易所工作人员向他人泄露证券交易的内幕信息。

(三)证券交易的方式

证券交易的主要方式有现货交易、远期交易和期货交易、回购交易、信用交易。

1. 现货交易

现货交易是证券买卖双方在成交后立即办理交割手续的交易方式。

2. 远期交易和期货交易

远期交易是双方约定在未来某一特定时间(或时间段内)按照现在确定的价格进行交易的方式。期货交易是在证券交易所进行的标准化的远期交易，即交易双方在集中性的市场以公开竞价方式所进行的期货合约的交易。

远期交易和期货交易都是在未来的某一特定时间(或时间段内)按照现在确定的价格进行交割的交易方式。但前者是在场外进行的、以获取标的物为目的的非标准化交易；后者则大多数在场内进行，一般不进行实物交收，而是在合约到期前通过反向交易、平仓来了结合约的标准化交易。

3. 回购交易

回购交易更多地具有短期融资的属性，通常在债券交易中运用。债券回购交易是指债券买卖双方在成交的同时，约定于未来某一时间以某一价格双方再进行反向交易的行为。

4. 信用交易

信用交易是投资者通过交付保证金，取得经纪人信用而进行的交易，也称为融资融券交易。自2010年3月31日起，上海证券交易所和深圳证券交易所开始接受融资融券交易的申报。

(四)证券交易市场的组织形式

证券交易活动可以在固定的场所进行，也可以在不固定的场所分散进行。根据组织形式的不同，证券交易市场可以分为场内交易市场和场外交易市场。

1. 场内交易市场

场内交易市场是一个有组织、有固定场所，且集中进行证券交易的次级市场，是整个证券市场的核心。一般来说，场内交易是在证券交易所进行的，证券交易所在场内交易中处于核心地位。证券交易所作为高度组织化的有形市场，其特征可以归纳为以下几个方面：①有固定的交易场所和严格的交易时间；②参加交易者为具备会员资格的证券公司，交易采取经纪制；③交易对象限于符合一定标准的上市证券；④通过公开竞价的方式决定交易价格；⑤具有较高的成交速度和成交率；⑥实行"公开、公平、公正"的原则，并对交易进行严格管理。我国大陆地区的证券交易所包括上海证券交易所、深圳证券交易所和北京证券交易所。

【拓展阅读1.6】上海证券交易所、深圳证券交易所、北京证券交易所
请扫描右侧二维码。

2. 场外交易市场

(1) 全国中小企业股份转让系统(以下简称"全国股转系统")，俗称"新三板"，自2013年12月31日起，全国股转系统面向全国接收企业挂牌申请。截至2024年2月29日，全国股转系统挂牌公司共有6 228家，总股本约为4 451亿元。

(2) 区域股权交易市场。这是专为特定区域内的企业提供股权、债券转让和融资服务的私募市场。2008年9月，天津股权交易所开始运营，成为首家正式运营的区域股权交易所。2017年1月，国务院办公厅发布《关于规范发展区域性股权市场的通知》，标志着我国区域性股权市场进入规范发展阶段。

(五)证券交易的参与者

证券交易的参与者主要包括证券投资者、证券公司和证券登记结算机构。

1. 证券投资者

证券投资者是指通过买入证券而进行投资的各类机构法人和自然人。证券投资者可分为机构投资者和个人投资者两大类。机构投资者主要有政府机构、金融机构、企业和事业法人以及各类基金等。个人投资者是从事证券投资的社会自然人，他们是证券市场最广泛的投资者。

证券投资者买卖证券主要有两条基本途径：一是直接进入交易场所自行买卖证券；二是委托经纪人代理买卖证券。除了按规定允许的证券公司自营买卖外，投资者都要通过委托经纪商才能买卖证券。我国对证券投资者买卖证券还有一些其他限制条件，如证券业从业人员、证券业管理人员和国家规定禁止买卖股票的其他人员，不得直接或者以化名、借他人名义持有、买卖股票，也不得接受他人赠送的股票。

2. 证券公司

证券公司又称为"证券商"，是指依照《公司法》《证券法》规定并经国务院证券监督管理机构审查批准的、经营证券业务的有限责任公司或股份有限公司。我国《证券法》规定，证券公司的主要业务包括证券经纪业务、证券投资咨询业务，与证券交易、证券投资活动相关的财务顾问业务、证券承销与保荐业务、证券自营业务、证券资产管理业务以及其他证券业务。

3. 证券登记结算机构

证券登记结算机构是为证券交易提供集中登记、存管与结算服务的法人，不以营利为目的。其职能包括证券账户、结算账户的设立，证券的存管和过户，证券持有人名册登记，证券交易所上市证券交易的清算和交收，受发行人委托派发证券权益，办理与上述业务有关的查询，以及国务院证券监督管理机构批准的其他业务。我国的证券登记结算机构是中国证券登记结算有限责任公司。

【拓展阅读1.7】证券交易业务请扫描右侧二维码。

二、证券交易程序

证券交易程序，是指投资者在二级市场上买进或卖出已上市证券所应遵循的规定过程。在证券交易所市场，证券交易的基本过程包括开户、委托、成交、清算与交收等步骤。

(一)开户

开户是进行证券交易的首要步骤。所开立的账户包括证券账户和资金账户。证券账户用来记载投资者所持有的证券种类、数量和相应的变动情况。资金账户用来记载和反映投资者买卖证券的货币收付和结存数额。

(二)委托

在证券交易所市场，投资者不能直接进入证券交易所买卖证券，而必须通过经纪商来进行。投资者向经纪商下达买进或卖出证券的指令称为委托。

委托有多种形式。根据委托订单的数量，委托可分为整数委托与零数委托；根据买卖证券的方向，可分为买进委托与卖出委托；根据委托的价格限制，可分为市价委托与限价委托；根据委托的时效限制，可分为当日委托、当周委托、无期限委托、开市委托和收市委托等。

证券交易所在证券交易中接受报价的方式主要有口头报价、书面报价和电脑报价三种。目前，我国均采用电脑报价方式。

(三)成交

证券交易所交易系统接受申报后，根据订单的成交规则进行撮合配对。符合成交条件的予以成交，不符合成交条件的继续等待成交，超过委托时效的订单失败。成交价格可以由买卖双方直接竞价形成，也可以由交易商报出。订单匹配的优先原则主要有价格优先原则、时间优先原则、按比例分配原则、数量优先原则、客户优先原则、做市商优先原则、经纪商优先原则等。我国采用价格优先原则和时间优先原则。

【拓展阅读1.8】我国证券交易所的竞价交易方式，请扫描右侧二维码。

(四)清算与交收

清算是指在每一营业日中对每个结算参与人证券和资金的应收、应付数量或金额进行计算的处理过程。交收是指根据清算的结果在事先约定的时间内履行合约的行为，也就是依据清算结果实现证券与价款的收付，从而结束整个交易过程。清算和交收两个过程统称为结算。

1. 清算与交收的比较

(1) 联系。清算是交收的基础和保证，交收是清算的后续与完成。清算结果正确才能确保交收顺利进行；而只有通过交收，才能最终完成证券或资金收付，结束整个交易过程。

(2) 区别。清算是对应收、应付证券及价款的计算，其结果是确定应收、应付数量或金额，并不发生财产的实际转移；交收则是根据清算结果办理证券和价款的收付，发生财产的实际转移(有时不是实物形式)。

2. 交收的方式

1) 滚动交收

滚动交收要求某一交易日成交的所有交易需按计划，在距离成交日相同工作日天数的某一特定工作日进行交收。

目前，世界各国(或地区)证券市场广泛采用滚动交收方式。例如，我国内地证券市场的 A 股、基金、债券、回购交易等采用 T+1 滚动交收，即要求 T 日成交的证券交易的交收在成交日之后的第一个营业日完成；我国内地证券市场的 B 股采用 T+3 方式；我国香港证券市场采用 T+2 方式；美国证券市场采用 T+3 方式。

2) 会计日交收

会计日交收是指在一段时间内的所有交易集中在一个特定日期进行交收。

【拓展阅读 1.9】证券市场法律法规请扫描右侧二维码。

本 章 小 结

证券市场法律法规.mp4

本章介绍了以下内容：证券的基本概念、分类和特征；证券市场的特征、结构、基本功能及其参与者；证券的发行与承销；证券交易的原则、方式和组织形式；证券交易的参与者；证券交易程序；证券市场的法律法规。

第一章自测题请扫描右侧二维码。

第二章 股票基础知识

【学习目标】

通过本章的学习,读者应当理解股票的概念、特征、分类和功能,熟悉国内外股票价格指数的含义和编制方法,掌握股票的价值和价格。

【案例导读】具体内容请扫描右侧二维码。

第一节 股票的概念、特征和分类

股票的概念、特征和分类.mp4

一、股票的概念

股票本质上是一种凭证,是股份有限公司募集资本时向出资人发行、用以证明出资人的股东身份并据此分配股息和红利的凭证。股票代表着其持有者(即股东)对股份公司的所有权,这种所有权赋予股东一系列权利,如参加股东大会、投票表决、参与公司的重大决策、收取股息或分享红利等。每一份股票所代表的公司所有权是平等的,而每个股东所拥有的公司所有权份额的大小则取决于其持有的股票数量占公司总股本的比重。股东不能要求公司返还其出资,但可以以有偿转让股票的形式收回其投资。与公司的债权人相比,股东与公司之间的关系不是债权债务关系,而是公司的所有者,并以其出资额为限对公司负有限责任,承担风险,分享收益。

二、股票的特征

(一)参与性

股票持有人即股东有权出席股东大会,选举公司董事会,参与公司的重大决策。股东参与公司决策的权力大小,取决于其所持有股份的多少。只要股东持有的股票数量达到左右决策结果所需的实际数量时,就能掌握公司的决策控制权。因此,在国外的投资市场上,通过持股来实现收购、兼并企业的行为比较普遍。

(二)收益性

股东凭其持有的股票,有权从公司领取股息或红利,获取企业投资和经营所带来的收益。股息或红利的大小,主要取决于公司的盈利水平和盈利分配政策。股票的收益性还表现在股票投资者可以获得价差收入或实现资产保值增值方面,即通过低价买入和高价卖出股票,投资者可以赚取价差利润,实现投机性投资行为的收益;以及在货币贬值时,会因为公司资产增值带动股票升值,或以低于市价的价格或无偿获取公司配发的新股而使股票持有者得到利益。

(三)价格的波动性和风险性

股票在交易市场上作为交易对象,与商品一样,有自己的市场行情和市场价格。股票价格的波动受到宏观经济环境、行业发展状况、公司自身经营状况、政策法规变化、投资者心理和预期等多种因素的影响,其波动具有很大的不确定性。正是这种不确定性,有可能使股票投资者遭受损失。股票价格波动的不确定性越大,投资风险也就越大。因此,股票是一种高风险的金融投资产品。

(四)流通性

股票的流通性是指股票在不同投资者之间转换的可交易性。流通性通常以可流通的股票数量、股票成交量以及股价对交易量的敏感程度来衡量。可流通股数越多,成交量越大,价格对成交量越不敏感(价格不会随着成交量一同变化),股票的流通性就越好;反之就越差。股票的流通,使投资者可以在市场上卖出所持有的股票,获取或兑现现金。通过股票的流通和股价的变动,可以看出投资者对于相关行业和上市公司的发展前景和盈利潜力的判断。那些在流通中能吸引大量投资者、股价不断上涨的行业和公司,可以通过增发股票不断吸收大量资本进行生产经营活动,起到优化资源配置的作用。

(五)不可偿还性

股票是一种无偿还期限的有价证券,投资者认购了股票后,就不能直接向发行股票的股份公司要求退股,只能到二级市场通过合法手续转让给第三者。股票的转让只意味着公司股东的改变,并不减少股份公司的资本。从期限上看,只要股份公司存在,所发行的股票就存在,股票的期限等于公司存续的期限。

(六)股份的伸缩性

股份的伸缩性是指股票所代表的股份既可以拆分,又可以合并。股份拆分,是指将一股原有的股份细分为多股。股份拆分并没有改变资本总额,只是增加了股份总量和股权的分散度。当公司利润增多或股票价格上涨后,投资者购入股票所需的资金增多,股票市场交易就会发生困难。在这种情况下,就可以将股份拆分,即采取分割股份的方式来降低单位股票的价格,以争取更多的投资者,扩大市场的交易量。股份合并是指将若干股股票合并成较少的几股或一股。股份合并一般是在股票面值过低时采用。

【拓展阅读2.1】股票的分类请扫描右侧二维码。

第二节 股票的功能

股票的功能.mp4

股票必然存在着发行者和购买者,即供求两方。下面将从发行者和购买者的角度分别对股票的功能加以分析。

一、股票对于发行者的基本功能

(一)股票是筹集资金的有效手段

股票的最原始作用就是筹集资金。通过发行股票，股份公司可以广泛地吸引社会暂时闲置的资金，在短时间内将社会上分散的资金集中为巨大的生产资本，形成一个"社会企业"——股份有限公司。而通过二级市场的流通，又能将短期资金通过股票有价转让的方式转变为长期资金。

(二)通过发行股票来分散投资风险

无论是哪一类企业，总会存在经营风险，特别是一些高新技术产业，由于产品的市场前景不明朗，技术工艺尚待成熟和稳定，其经营风险就会更大。对于那些前景难以预测的企业，当发起人难以或不愿承担所面临的风险时，他们总会想方设法地将风险转嫁或分摊给他人，而通过发行股票来组成股份公司就是分散投资风险的一个好方法。即使投资失败，各个股东所承受的损失也非常有限。

(三)通过发行股票来实现创业资本的增值

在股票发行市场上，股票的发行价总是与企业的经营业绩相联系的。当一家业绩优良的企业发行股票时，其发行价通常高于其每股净资产。若遇到二级市场的火爆行情，其溢价往往能达到每股净资产的2～3倍甚至更多。股票的溢价发行又使股份公司发起人的创业资本得到增值。例如，我国上市公司中，国家股权都是由等量的净资产折价入股的，其一元面值的股票对应的就是其原来的一元净资产。而通过高溢价发行股票后，股份公司每股净资产价值就能提高30%，甚至更多。

(四)通过股票的发行上市起到广告宣传作用

由于有众多的社会公众参与股票投资，股市就会成为舆论宣传的一个热点。各种媒介每天都在反复传播股市信息，无形之中就提高了上市公司的知名度，起到了广告宣传的作用。

二、股票对于购买者的基本功能

(一)获取投资收益，实现资本增值

股票具有收益性，因此股票投资成为大众投资的一种工具。人们总是渴望资金能够自我增值。除了银行存款、购买债券及亲自创办经济实体以外，通过购买股票也可以取得收益，实现资本的增值。

(二)通过购买股票来实现生产要素的组合

通过购买股票，投资者可以非常方便地实现参股投资或控股及购买、兼并股份公司的

目的，从而实现生产要素的组合，以提高企业的经营效益。例如，美国和日本的大型企业，通过购买我国江西的江铃汽车股票、北京的北旅汽车股票来参与这两家上市公司的经营管理，将西方的先进技术和管理方式引进这两家企业，从而实现生产要素的组合，达到提高经营效益的目的。

第三节 股票的价值和价格

股票的价值和价格.mp4

一、股票的价值

有关股票的价值有多种提法，它们在不同的场合有不同的含义，需要加以区分。

(一)票面价值

股票的票面价值又称面值，即在股票票面上标明的金额。股票的票面价值仅在初次发行时有意义，如果股票以面值发行，则股票面值的总和即为公司的资本金总额。随着时间的推移，公司的资产会发生变化，股票的市场价格也会逐渐背离其面值，股票的票面价值就逐渐失去了其原来的意义。

(二)账面价值

账面价值又称股票净值或每股净资产，是指每股股票所代表的实际资产的价值。每股账面价值是以公司净资产除以发行在外的普通股票的股数计算出来的，它是证券分析师和投资者分析股票投资价值的重要指标。

(三)清算价值

清算价值是指公司清算时每一股份所代表的实际价值。从理论上讲，股票的清算价值应与账面价值一致，实际上并非如此简单。只有当清算时的资产实际出售额与财务报表上反映的账面价值一致时，每一股的清算价值才会与账面价值一致。但在公司清算时，其资产往往只能以较低的价格出售，再加上必要的清算成本，因此，大多数公司的实际清算价值总是低于账面价值。

(四)内在价值

股票的内在价值即理论价值，是指股票未来收益的现值，它取决于股息收入和市场收益率。股票的内在价值决定股票的市场价格，但市场价格并不完全等于其内在价值，股票的市场价格受供求关系以及其他许多因素的影响。股票的市场价格总是围绕着股票的内在价值波动。

二、股票的价格

股票的价格有理论价格和市场价格之分。

(一)股票的理论价格

股票的理论价格即股票的内在价值。从理论上说,股票价格应由其价值决定,但股票本身并没有价值,它不是在生产过程中发挥职能作用的现实资本,而只是一张凭证。股票之所以有价格,是因为它能代表收益的价值,即能给其持有者带来股息或资本增值,是一种取得某种收入的凭证。股票交易实际上是对未来收益权的买卖行为,而股票价格就是对未来收益的评定。

股票及其他有价证券的理论价格是根据现值理论而来的。现值理论认为,人们之所以愿意购买股票和其他证券,是因为它们能够为其持有人带来预期收益,因此它们的"价值"取决于未来收益的大小。可以认为,股票的未来股息收入、资本利得收入以及资本增值收益是股票的未来收益,也可称为期望值。将股票的期望值按当前的市场利率和证券的有效期限折算成今天的价值,称为股票的现值。股票的现值就是证券未来收益的当前价值,也就是人们为了得到证券的未来收益愿意付出的代价。可见,股票及其他有价证券的理论价格就是以一定市场利率计算出来的未来收入的现值。

(二)股票的市场价格

股票的市场价格即股票在股票市场上买卖的价格。股票市场可分为发行市场(即一级市场)和流通市场(即二级市场),因而,股票的市场价格也就有发行价格和流通价格的区分。

股票的发行价格是股份公司在一级市场上发行股票时的价格,也就是发行公司与证券承销商议定的价格。股票发行采用面额发行、溢价发行、折价发行三种方式,对应的发行价格分别等于、高于、低于股票的票面价值。

股票的流通价格是在二级市场上的股票交易价格。股票在二级市场上的价格,才是完全意义上的股票的市场价格,一般称为股票市价或股票行市。股票市价表现为开盘价、收盘价、最高价、最低价等形式,其中收盘价最重要,是分析股市行情时采用的基本数据。股票的流通价格由股票的内在价值决定,但同时受许多其他因素的影响,其中,供求关系是最直接的影响因素,其他因素都是通过作用于供求关系而影响股票价格的,而且这些因素的影响程度几乎是不可预测的。正由于影响股票流通价格的因素是复杂多变的,因此,股票的流通价格也是经常起伏波动、变化不定的。

第四节 股票价格指数

股票价格指数.mp4

一、股票价格指数的定义

在股票市场上,股票价格时刻都在变动,股票的投资者面临着无法回避的价格风险。对于具体某一种股票的价格变化,投资者容易了解,而对于多种股票的价格变化,要逐一了解则较为烦琐。为了满足投资者同时了解多种股票价格变化的需要,一些金融服务机构就利用自己的业务知识和熟悉市场的优势,编制出股票价格指数,并将其公开发布,作为股票市场价格变动的指标。这种股票价格指数又称股票指数,是反映股市行情的综合指数,是由证券交易所或金融服务机构编制的表明股票行市变动的一种供参考的指示数字。

股票价格指数并不简单地等同于股价平均数。股价平均数是反映多种股票价格变动的一般水平,通常以算术平均数表示。人们通过对不同时期股价平均数的比较,可以认识多种股票价格变动水平。而股票价格指数是反映不同时期的股价变动情况的相对指标,也就是将某一时期的股价平均数作为另一时期股价平均数的基准的百分数。股票价格指数是一个相对指标,因此就一个较长的时期来说,股票价格指数比股价平均数能更精确地衡量股价的变动。投资者根据指数的升降,可以判断出股票价格的变动趋势。为了能实时地向投资者反映股市的动向,所有的股市几乎都是在股价变化的同时即时公布股票价格指数的。

二、股票价格指数的编制

编制股票价格指数,通常以某年某月为基期,将这个基期的股票价格设定为 10、100 或 1000 等常数,用于以后各时期的股票价格和基期价格比较,计算出升降的百分比,就是该时期的股票指数,也就是一般常说的"点"数。上市股票种类繁多,计算全部上市股票的价格平均数或指数的工作是艰巨而复杂的,因此,人们常常从上市股票中选择若干种具有代表性的样本股票,并计算这些样本股票的价格平均数或指数,用以表示整个市场股票价格的总趋势及涨跌幅度。

编制股票价格平均数和股票价格指数时,一般需考虑以下四点。

(1) 样本股票必须具有典型性、普遍性。因此,选择样本应综合考虑其行业分布影响力、股票等级、上市数量等因素。

(2) 计算方法应具有高度的适应性。计算方法能对不断变化的股市行情做出相应的调整或修正,使股票价格指数或平均数有较好的敏感性。

(3) 要有科学的计算依据和手段。计算依据的口径必须统一,一般均以收盘价为计算依据,但随着计算频率的增加,有的以每小时价格甚至更短的时间价格计算。

(4) 基期应有较好的均衡性和代表性。

三、股价平均数和股票价格指数的计算方法

在现实的股票价格分析中,一般分别计算股价平均数和股票价格指数。股价平均数用以反映多种股票价格变动的一般水平,用具体金额表示。股票价格指数则是反映不同时期多种股票价格变动情况的相对指标,用相对数表示。通过股价平均数,投资者可以了解某一时点上若干股票的平均价格达到了怎样的水平;若将不同时点的股价平均数进行比较,便能反映股价平均水平的变化状况。通过股票价格指数,投资者可以了解到计算期相对于基期股票价格整体水平是上升还是下降,以及变动幅度是多少。

(一)股价平均数

股价平均数的计算大多采用计算样本算术平均数的方法。常用的有简单算术股价平均数、加权股价平均数和修正股价平均数三种。

1. 简单算术股价平均数

简单算术股价平均数是以样本股每日收盘价之和除以样本数。其计算公式为

$$\bar{P} = \frac{\sum_{i=1}^{N} P_i}{N}$$

式中，$\bar{P}$ 为平均股价；P_i 为各样本股收盘价；N 为样本股票种数。

世界上第一个股票价格平均数——道·琼斯工业平均指数在 1928 年 10 月 1 日前就是使用简单算术平均法计算的。简单算术股价平均数的优点是计算简便，但也存在以下两个缺点。①在计算时没有考虑权数，即忽略了发行量或成交量不同的股票对股票市场有不同影响这一重要因素。②发生样本股送配股、拆股和更换时，会使股价平均数失去真实性、连续性和时间数列上的可比性。简单算术股价平均数的这两点不足，可以通过加权股价平均数和修正股价平均数来弥补。

2. 加权股价平均数

加权股价平均数又称加权平均股价，是将各样本股票的发行量或成交量作为权数计算出来的股价平均数。其计算公式为

$$\bar{P} = \frac{\sum_{i=1}^{N} P_i W_i}{\sum_{i=1}^{N} W_i}$$

式中，W_i 为样本股的发行量或成交量。

以样本股成交量为权数的加权平均股价可表示为：加权平均股价=样本股成交总额÷同期样本股成交总量。计算结果为平均成交价。

以样本股发行量为权数的加权平均股价可表示为：加权平均股价=样本股市价总额÷同期样本股发行总量。计算结果为平均收盘价。

3. 修正股价平均数

修正股价平均数又称除数修正法或道式修正法，是美国道·琼斯公司在 1928 年提出的一种计算股价平均数的方法。该方法是在简单算术平均法的基础上，当发生增资配股时，通过变动除数，使股价平均数保持连续性和可比性。其计算公式为

新除数=拆股后的新股价之和÷拆股前旧的股价平均数

修正股价平均数=报告期股价之和÷新除数

目前，美国的道·琼斯工业平均指数就采用修正股价平均数法来计算股价平均数，每当股票分割、发放股票股息或增资配股数超过原股份的 10% 时，就对除数作相应的修正。

(二)股票价格指数

股票价格指数是指将计算期的股价与某基准期的股价相比较的相对变化指数。按计算范围的不同，股票价格指数可分为全样本指数和部分样本指数、流通股指数和全股本指数、全市场指数和分类指数等。在编制和计算股票价格指数前，首先要明确编制指数的目的，并确定要编制什么类型的指数，在此基础上，再按照下面的步骤和方法进行计算。

1. 股票价格指数的编制步骤

股票价格指数的编制分为四步。

(1) 选择样本股。选择一定数量有代表性的上市公司股票作为编制股票价格指数的样本股。样本股可以是全部上市股票，也可以是有代表性的部分股票。样本股的选择主要考虑两个标准：一是样本股的市价总值要占交易所上市的全部股票市价总值的一定比例；二是样本股的价格变动趋势必须能反映股票市场价格变动的总趋势。行业代表性、规模和流动性是国内外指数选样最基本、最核心的标准。行业代表性反映了国民经济结构，旨在满足投资管理需求；规模可以保证指数的代表性；流动性可以保证指数的可交易性。

(2) 选定某基期，并以一定方法计算基期平均股价。通常选择某一有代表性或股价相对稳定的日期为基期，并按选定的某一种方法计算这一天的样本股平均价格或总市值。

(3) 计算计算期平均股价，并作必要的修正。收集样本股在计算期的价格，并按选定的方法计算平均价格。有代表性的价格是样本股的收盘平均价。

(4) 指数化。将基期平均股价定为某一常数(通常为10、100或1000)，并据此计算计算期股价的指数值。

2. 股票价格指数的计算方法

股票价格指数的编制方法有简单算术股价指数和加权股价指数两类。

1) 简单算术股价指数

简单算术股价指数又有相对法和综合法之分。

相对法是先计算各样本股的个别指数，再加总求出算术平均数。假设股价指数为 I，基期第 i 种股票价格为 P_{i0}，计算期第 i 种股票价格为 P_{i1}，样本个数为 N。其计算公式为

$$I = \frac{\sum_{i=1}^{N}(P_{i1} \div P_{i0})}{N}$$

综合法是将样本股票基期价格和计算期价格分别加总，然后再求出股价指数。其计算公式为

$$I = \frac{\sum_{i=1}^{N} P_{i1}}{\sum_{i=1}^{N} P_{i0}}$$

2) 加权股价指数

加权股票指数是根据各期样本股票的相对重要性予以加权，其权数可以是成交量或发行量。按时间划分，权数可以是基期权数，也可以是计算期权数。

以基期成交量或发行量为权数的指数称为拉斯贝尔指数(Laspeyres Index)，以计算期成交量或发行量为权数的指数称为派许指数(Paasche Index)。以 Q_{i0} 表示第 i 种股票的基期成交量或发行量，Q_{i1} 表示第 i 种股票的计算期成交量或发行量，拉斯贝尔指数的计算公式为

$$I = \frac{\sum_{i=1}^{N} P_{i1} Q_{i0}}{\sum_{i=1}^{N} P_{i0} Q_{i0}}$$

派许指数的计算公式为

$$I = \frac{\sum_{i=1}^{N} P_{i1} Q_{i1}}{\sum_{i=1}^{N} P_{i0} Q_{i1}}$$

【拓展阅读 2.2】中外主要股价指数请扫描右侧二维码。

本 章 小 结

本章介绍了以下内容：股票的概念、特征、分类及其基本功能；股票的价值，包括股票的票面价值、账面价值、清算价值和内在价值；股票的价格，包括股票的理论价格和市场价格；股票价格指数的编制和计算方法，中外主要股价指数的历史和编制方法等。

第二章自测题请扫描右侧二维码。

第三章 债券基础知识

【学习目标】

通过本章的学习，读者应当掌握债券的概念、票面要素、特征，债券与股票的比较，各类债券的概念与特点，债券评级分析的内容；了解债券等级的划分，债券的利率期限结构理论(见二维码)；熟悉债券的估值原理，债券的估值模型。

债券的利率期限结构.mp4

【案例导读】具体内容请扫描右侧二维码。

第一节 债券概述

债券概述.mp4

一、债券的概念与特征

(一)债券的概念

债券是一种有价证券，是社会各类经济主体为筹集资金而向债券投资者出具的、承诺按一定利率定期支付利息并到期偿还本金的债权债务凭证。

债券所规定的借贷双方的权利义务关系包含四个方面的含义：第一，发行人是借入资金的经济主体；第二，投资者是出借资金的经济主体；第三，发行人需要在一定时期付息还本；第四，债券反映了发行人和投资者之间的债权、债务关系，而且是这一关系的法律凭证。

(二)债券的基本性质

1. 债券属于有价证券

首先，债券反映和代表一定的价值，债券本身有一定的面值，通常它是债券投资者投入资金的量化表现；其次，持有债券可按期取得利息，利息也是债券投资者收益的价值表现；最后，债券与其代表的权利联系在一起，拥有债券就拥有了债券所代表的权利，转让债券也就将债券所代表的权利一并转移。

2. 债券是一种虚拟资本

债券的本质在于证明债权债务关系的存在，在债权债务关系建立时所投入的资金已被债务人占用，因此，债券是实际运用的真实资本的证书，而非真实资本。债券的流动并不意味着它所代表的实际资本也同样流动，债券是独立于实际资本之外的。

3. 债券是债权的表现

债券代表债券投资者的权利，这种权利并不是直接支配财产，也不以资产所有权表示，而是一种债权。债券的投资者成为债权人，债权人不同于公司股东，是公司的外部利益相关者。

(三)债券的票面要素

债券是一种债权债务凭证，主要包括以下基本要素。

1. 债券的票面价值

债券的票面价值是指债券票面标明的货币价值，是债券发行人承诺在债券到期日偿还给债券持有人的金额。债券的票面价值要标明币种和确定的票面金额。一般来说，确定币种要考虑债券的发行对象，通常在本国发行的债券以本国货币作为面值的计量单位，在国际市场发行的债券以债券发行地所在国家的货币或以国际通用货币为计量单位。票面金额的大小不同，旨在满足不同投资者的需求，同时会产生不同的发行成本。我国发行的债券的票面金额有百元、千元、万元等。票面金额定得较小，有利于小额投资者认购，购买持有者分布面广，但债券本身的印刷及发行工作量大，费用可能较高；票面金额定得较大，有利于少数大额投资者认购，且印刷费用等也会相应减少，但使小额投资者没有参与的机会。因此，债券票面金额的确定也要根据债券的发行对象、市场资金供给情况及债券发行费用等因素综合考虑。

2. 债券的到期期限

债券的到期期限是指债券从发行之日起至偿清本息之日止的时间，也是债券发行人承诺履行合同义务的全部时间。决定偿还期限的主要因素有：资金使用方向、市场利率变化、债券变现能力等。

3. 债券的票面利率

票面利率也称为名义利率，是债券年利息与债券票面价值的比例，通常是指年利率，用百分数表示。票面利率的水平是由借贷资金市场的利率水平、债券发行人的信用级别、债券的期限、利息的支付方式等因素决定的。通常情况下，债券的期限越长，其票面利率越高；信用级别高的债券的利率要低于信用级别低的债券的利率。

4. 债券发行者名称

债券发行者名称指明了该债券的债务主体，既明确了债券发行人应履行对债权人偿还本息的义务，也为债权人到期追索本息提供了依据。

需要说明的是，以上四个要素虽然是债券票面的基本要素，但它们并非一定在债券票面上印制出来。在许多情况下，债券发行者是以公布条例或公告形式向社会公开宣布某债券的期限与利率。此外，债券票面上有时还包含一些其他要素，如分期偿还、选择权、附有赎回选择权、附有出售选择权、附有可转换条款、附有交换条款、附有新股认购条款等。

(四)债券的特征

1. 偿还性

偿还性是指债券有规定的偿还期限，债务人必须按期向债权人支付利息和偿还本金。

这也是债券不同于股票的重要特征。债券的偿还性确保了债券发行人无法长期占用债券购买者的资金，公司若发行过多的债券就可能资不抵债，从而增加破产的风险。

2. 流动性

流动性是指债券持有人可按需要和市场的实际状况，灵活地转让债券，以提前收回本金和实现投资收益。流动性的衡量有两个方面：一方面为是不是可以迅速地转换为货币；另一方面为是不是可以以较稳定的价格进行转换。

3. 安全性

安全性是指债券持有人的收益相对稳定，不随发行者经营收益的变动而变动，并且可按期收回本金。一般来说，债券的流动性越好，其安全性就越高，因为债券的流动性越好，其就可以迅速地转化为货币，并且能够以一个较稳定的价格转换。

4. 收益性

收益性是指债券能为投资者带来一定的收入，即债券投资的报酬。在实际经济活动中，债券收益可以表现为两种形式：一种是利息收入，即债权人在持有债券期间按约定的条件分期、分次取得利息或者到期一次取得利息；另一种是资本损益，即债权人到期收回的本金与买入债券或中途卖出债券与买入债券之间的价差收入。

二、影响债券价格的因素

债券的价格既取决于自身的内在价值，又受外部因素的影响，下面从这两个方面进行分析。

(一)影响债券价格的内部因素

1. 票面利率

债券的票面利率也就是债券的名义利率，票面利率越高，到期的收益就越大，债券的价值也就越大。

2. 期限

若其他条件相同，债券的到期期限越长，投资者获得的利息收入越多，收益率也越高；同时，期限越长，投资者承担的风险也越大，投资者会要求更高的风险报酬。因此，长期债券的利率一般都高于短期债券。

3. 收益率

债券价格与收益率呈反向变动。价格上涨收益率必然下降，价格下降则收益率必然上升。此外，在期限给定的条件下，由于到期收益率下降引起的价格上升，大于到期收益率上升相同幅度引起的价格下降，即收益率与债券价格的变动是不对称的。

4. 信用等级

债券的信用等级是指债券发行人按期履行合约规定的义务、足额支付利息和本金的可靠性程度，又称信用风险或违约风险。一般来说，除政府债券以外，一般债券都有信用风险，只不过风险大小有所不同而已。其他条件相同的情况下，信用等级越低的债券，投资者要求的到期收益率就越高，债券的内在价值也就越低；反之，债券的价值就越高。

5. 提前赎回条款

提前赎回条款是债券发行人所拥有的一种选择权，它允许债券发行人在债券发行一段时间以后，按约定的赎回价格在债券到期前部分或全部偿还债务。这种规定在财务上对发行人是有利的，因为发行人可以发行较低利率的债券取代那些利率较高的被赎回的债券，从而减少融资成本。而对于投资者来说，他的再投资机会受到限制，再投资利率也较低，这种风险需要得到补偿。因此，具有较高提前赎回可能性的债券应具有较高的票面利率，也应具有较高的到期收益率，其内在价值也就较低。

6. 流通性

流通性是指债券可以迅速出售而不会发生实际价格损失的能力。如果某种债券按市价卖出很困难，持有者会因该债券的市场性差遭受损失，这种损失包括较高的交易成本以及资本损失，这种风险也必须在债券的定价中得到补偿。因此，流通性好的债券与流通性差的债券相比，具有较高的内在价值。

(二)影响债券价格的外部因素

1. 市场利率

所有债券价格在市场利率发生变化时都会朝同一方向变动，这就是债券的利率风险。在市场利率总体水平上升时，债券的收益率水平也会随之上升，导致债券的价格下降；反之，在市场总体利率水平下降时，债券的收益率水平随之下降，导致债券的价格上升。

2. 货币政策

货币政策有三大工具：再贴现率、法定存款准备金率和公开市场业务。再贴现率的变化和法定存款准备金率的变化通过影响资金的供求量，从而间接影响债券的供求和价格。而公开市场业务可以直接影响债券的供求和价格，根据经济形势的发展，当采用紧缩的货币政策时，中央银行卖出债券，导致债券价格下降；反之，当采用扩张的货币政策时，中央银行购入债券，导致债券价格上涨。

3. 汇率

国内投资者在购买外国债券时，不仅要考虑债券的利息收入，还要考虑未来的预期汇率变动。如果预期投资国的货币将贬值，投资者就会减少购买数量或者要求较高的收益率，导致该国债券价格下跌；如果预期投资国的货币将升值，投资者就会增加购买数量，导致该国债券的价格上升。

4. 通货膨胀

通货膨胀率的上升将导致债券的真实价值下降，使债券的价格下降；反之，则使债券的价格上涨。

此外，社会政治因素、投资者心理因素等都会影响债券的价格。对于投资者来说，深入理解影响债券的各种因素是非常必要的。

三、债券与股票的比较

(一)债券与股票的相同点

1. 两者都是有价证券

债券和股票都是有价证券，它们本身无价值，都是虚拟资本，但又都代表了一定的财产价值，是真实资本的代表。债券和股票都具有收益性，可以在证券市场上流通转让。

2. 两者都是筹措资金的手段

从发行目的的角度来看，两者都是有关发行主体为筹措资金需要而发行的有价证券。从资金融资的角度来看，两者都是筹措资金的手段，属于直接融资。与间接融资相比，发行债券和股票筹措资金的数额较大、时间较长、成本较低，且能最大限度地吸收社会闲散资金，将其直接投资于企业的生产经营之中，有效弥补了企业间接融资的不足。

3. 两者的收益率相互影响

正常情况下，证券市场上一种融资手段的收益率发生变动，会引起另一种融资手段的收益率发生同向变动。从单个债券和股票来看，它们的收益率可能会相差很大，但总体而言，如果市场是有效的，债券和股票的平均收益率会维持一个相对稳定的比率，这一比率反映了它们各自的风险水平。

(二)债券与股票的区别

1. 权利不同

债券是债权凭证，债券持有者与债券发行人之间的经济关系是债权、债务关系，债券持有者只可按期获取利息及到期收回本金，无权参与公司的经营决策。而股票则不同，股票是所有权凭证，股票所有者是发行股票公司的股东，股东一般拥有表决权，可以通过参加股东大会选举董事，参与公司重大事项的审议和表决，行使对公司的经营决策权和监督权。

2. 目的不同

发行债券是公司追加资金的需要，它属于公司的负债，不是资本金。发行股票则是股份公司创立和增加资本的需要，筹措的资金列入公司资本。发行债券的经济主体可以是各级政府、金融机构、公司企业等，发行股票的经济主体只能是股份有限公司。

3. 期限不同

债券一般有规定的偿还期，期满时债务人必须按时归还本金。股票通常是无须偿还的，一旦投资入股，股东便不能从公司中抽回本金，但可以在二级市场流通转让，它是一种无期证券，也可称永久证券。

4. 收益不同

债券有规定的票面利率，通常可定期收回利息。股票股息和红利的分配视其公司经营状况而定。两者的收益不同，风险自然也不同。

第二节 债券类别

债券类别.mp4

债券的种类繁多，这些品种不同的债券共同构成了一个完整的债券体系。债券可以根据不同的划分标准分类。常见的划分标准有按照发行主体分类、按照计息与付息方式分类、按照债券形态分类。

一、债券的分类

(一)按照发行主体分类

按照发行主体的不同，债券可以分为政府债券、金融债券和公司债券。

1. 政府债券

政府债券也可称为"公债"，其发行主体是政府。政府债券可分为中央政府债券、地方政府债券。中央政府发行的债券称为国债，其主要用途是解决由政府投资的公共设施或重点建设项目的资金需要和弥补国家财政赤字。中央政府债券是由财政部直接发行的，其安全性要好于其他有价证券，因此被誉为"金边债券"。地方政府债券是由地方政府发行的，其目的是发展区域经济建设。另外，有些国家把政府担保的债券也划归为政府债券体系，称为政府保证债券。政府保证债券筹措的资金通常有特定的用途。根据不同的发行目的，政府债券的期限可以从几个月到几十年。

2. 金融债券

金融债券是指由银行或非银行的金融机构发行的债权债务凭证。金融机构一般有雄厚的资金实力，信用度较高，因此金融债券往往也有良好的信誉，但比政府债券低。它们发行债券的目的主要是筹资用于某种特殊用途、改变本身的资产负债结构。金融债券的期限主要是中期的。

3. 公司债券

公司债券也称企业债券，是公司依照法定程序发行、约定在一定期限还本付息的有价证券。公司债券的发行主要依赖于公司的经营需要，其还本付息也依赖于公司业绩，由于公司千差万别，公司债券的风险性要高于政府债券和金融债券。公司债券有中长期和短期两种。

(二)按照计息与付息方式分类

按照债券发行条款中是否规定在约定期限向债券持有人支付利息，债券可以分为零息债券、附息债券和息票累积债券。

1. 零息债券

零息债券又称为零息票债券,这种债券没有任何利息,其购买价格低于票面面值(贴现发行),到期时按照面值偿付。零息债券的债券持有人实际上是以买卖(到期赎回)价差的方式取得债券利息。例如,面值为 1000 元的零息债券可能只需 900 元就可以买到,1 年后债券持有人将会被偿付 1000 元的面值。

2. 附息债券

附息债券是定息债券的一种。债券合约中明确规定,在债券存续期内,对持有人定期支付利息(通常每半年或每年支付一次)。按照计息方式的不同,这类债券还可细分为固定利率债券和浮动利率债券,有些附息债券可以根据合约条款推迟支付定期利率,故称为缓息债券。

3. 息票累积债券

与附息债券相似,息票累积债券也规定了票面利率,但是,债券持有人必须在债券到期时一次性获得还本付息,存续期间没有利息支付。

(三)按照债券形态分类

按照债券形态的不同,债券可以分为实物债券、凭证式债券和记账式债券。

1. 实物债券

实物债券是一种具有标准格式实物券面的债券。在标准格式的债券券面上,一般印有债券面额、债券利率、债券期限、债券发行人全称、还本付息方式等各种债券票面要素。有时债券利率、债券期限等要素也可以通过公告向社会公布,而不在债券券面上注明。无记名国债就属于这种实物债券,它以实物券的形式记录债权、面值等,特点是不记名、不挂失、可上市流通。

2. 凭证式债券

凭证式债券是债权人认购债券的一种收款凭证,而不是债券发行人制定的标准格式的债券。我国从 1994 年开始发行凭证式国债。我国的凭证式国债通过各银行储蓄网点和财政部国债服务部面向社会发行,券面上不印制票面金额,而是根据认购者的认购额填写实际的缴款金额,是一种国家储蓄债,其特点是可记名、可挂失、不能上市流通,从购买之日起计息。

3. 记账式债券

记账式债券是没有实物形态的债券,利用证券账户通过电脑系统完成债券发行、交易及兑付的全过程。

在我国,上海证券交易所和深圳证券交易所已为证券投资者建立电子证券账户,因此,可以利用证券交易所的系统来发行债券。我国近年来通过上海、深圳证券交易所的交易系统发行和交易的记账式国债就是这方面的实例。如果投资者进行记账式债券的买卖,就必须在证券交易所设立账户。因此，记账式国债又称无纸化国债。

除了以上三种划分方式之外，债券还可以按照到期期限、发行区域、是否可以转换为普通股、信用方式等划分。

下面就债券按照发行主体的分类标准来详细介绍政府债券、金融债券和公司债券。

二、政府债券

政府债券可以划分为中央政府债券和地方政府债券。

(一)中央政府债券

中央政府债券也称国家债券或国债。国债发行量大、品种多，是政府债券市场上最主要的融资和投资工具。国债的分类标准较多，按流通与否分类，可以分为流通国债和非流通国债；按偿还期限分类，可以分为短期国债、中期国债和长期国债；按资金用途分类，可以分为赤字国债、建设国债、战争国债和特种国债，赤字国债是指用于弥补政府预算赤字的国债，建设国债是指发债筹措的资金用于建设项目的国债，战争国债专指用于弥补战争费用的国债，特种国债是指政府为了实施某种特殊政策而发行的国债；按发行本位分类，可以分为实物国债和货币国债，货币国债又可分为本币国债和外币国债。

(二)地方政府债券

地方政府债券是由地方政府发行并负责偿还的债券，简称地方债券。地方债券是地方政府根据本地区经济发展和资金需求情况，以承担还本付息责任为前提，向社会筹集资金的债务凭证。筹集的资金一般用于弥补地方财政资金的不足，或者投资于公益性项目和重大项目建设中。地方债券按资金用途和偿还资金来源分类，可以分为一般债券(普通债券)和专项债券(收益债券)。一般债券是指地方政府为了缓解资金紧张或解决临时经费不足而发行的债券；专项债券是指为筹集资金建设某项具体工程而发行的债券。对于一般债券的偿还，地方政府通常以本地区的财政收入作担保；而对于专项债券的偿还，地方政府则往往以项目建成后取得的收入作保证。

三、金融债券

(一)金融债券的定义

金融债券是指银行及非银行金融机构依照法定程序发行，并约定在一定期限内还本付息的有价证券。从广义上讲，金融债券还包括中央银行债券，只不过它是一种特殊的金融债券，其特殊性表现在：一是期限较短；二是为实现金融宏观调控而发行。

(二)我国金融债券的种类

1. 中央银行票据

中央银行票据简称"央票"，是中央银行为调节基础货币而向金融机构发行的票据，作为一种货币政策日常操作重要的工具，其期限为3个月到3年之间。

2. 政策性金融债券

政策性金融债券是政策性银行在银行间债券市场发行的金融债券。随着债券市场的发展，金融债券的发行也进行了一些探索性改革：一是探索市场化发行方式；二是力求金融债券品种多样化。目前，政策性金融债券品种的创新力度很大，为推动我国债券市场建设发挥了重大作用。

3. 商业银行债券

(1) 商业银行金融债券。商业银行金融债券是指金融机构法人在全国银行间债券市场发行的债券。

(2) 商业银行次级债券。商业银行次级债券是指商业银行发行的、本金和利息的清偿顺序列于商业银行其他负债之后，先于商业银行股权资本的债券。

(3) 混合资本债券。混合资本债券是一种混合资本工具，它比普通股票和债券更加复杂。我国的混合资本债券是指商业银行为补充附属资本发行的、清偿顺序位于股权资本之前但列在一般债务和次级债务之后、期限在 15 年以上、发行之日起 10 年内不可赎回的债券。

4. 证券公司短期融资债券

证券公司短期融资债券是指证券公司以短期融资为目的，在银行间债券市场发行的，约定在一定期限内还本付息的金融债券。

5. 保险公司次级定期债务

保险公司次级定期债务是指保险公司经批准定向募集的、期限在 5 年以上(含 5 年)、本金和利息的清偿顺序列于保单责任和其他负债之后、先于保险公司股权资本的保险公司债务。2013 年 3 月修订的《保险公司次级定期债务管理办法》(以下简称《管理办法》)所称保险公司，是指依照中国法律在中国境内设立的中资保险公司、中外合资保险公司和外商独资保险公司。银保监会依法对保险公司次级定期债务的定向募集、转让、还本付息和信息披露行为进行监督管理。与商业银行次级债务不同的是，《管理办法》规定，保险公司次级债务的偿还只有在确保偿还次级债务本息后偿付能力充足率不低于 100%的前提下，募集人才能偿付本息；并且募集人在无法按时支付利息或偿还本金时，债权人无权向法院申请对募集人实施破产清偿。

6. 财务公司债券

为满足企业集团发展过程中的融资需要，改变财务公司资金来源单一的现状，同时为了增加银行间债券市场的品种、扩大市场规模，2007 年 7 月，中国银监会下发《企业集团财务公司发行金融债券有关问题的通知》，明确规定企业集团财务公司发行债券的条件和程序，并允许财务公司在银行间债券市场发行财务公司债券。

四、公司债券

(一)公司债券的定义

公司债券是公司依照法定程序发行的，约定在一定期限还本付息的有价证券。公司债券属于债券体系中的一个品种,它反映了发行债券的公司和债券投资者之间的债权债务关系。

(二)公司债券的种类

1. 信用公司债券

信用公司债券是一种不以公司任何资产作担保而发行的债券,属于无担保证券范畴。一般来说,政府债券无须提供担保,因为政府掌握国家资源,可以征税,所以政府债券安全性最高。金融债券大多数也可免除担保,因为金融机构作为信用机构,本身就具有较高的信用。而公司债券不同,一般公司的信用状况要比政府和金融机构差,所以,大多数公司发行债券被要求提供某种形式的担保。但少数大公司经营良好,信誉卓著,也发行信用公司债券。信用公司债券的发行人实际上是将公司信誉作为担保。为了保护投资者的利益,可要求信用公司债券附有某些限制性条款,如公司债券不得随意增加、债券未清偿之前股东的分红要有限制等。

2. 不动产抵押公司债券

不动产抵押公司债券是以公司的不动产(如房屋、土地等)作抵押而发行的债券,是抵押证券的一种。公司以房契或地契作抵押,如果发生了公司不能偿还债务的情况,抵押的财产将被出售,所得款项用来偿还债务。另外,用作抵押的财产价值不一定与发生的债务额相等,当某抵押品价值很大时,可以分作若干次抵押,这样就有第一抵押债券、第二抵押债券等之分。在处理抵押品偿债时,要按顺序依次偿还优先一级的抵押债券。

3. 保证公司债券

保证公司债券是公司发行的由第三者作为还本付息担保人的债券,是担保证券的一种。担保人是发行人以外的其他人(或称第三者),如政府、信誉好的银行或举债公司的母公司等。一般来说,投资者比较愿意购买保证公司债券,因为一旦公司到期不能偿还债务,担保人将负清偿之责。实践中,保证行为常见于母、子公司之间,如由母公司对子公司发行的公司债券予以保证。

4. 可转换公司债券

可转换公司债券(简称"可转债")是一种可以在特定时间、按特定条件转换为普通股票的特殊企业债券。可转换债券兼具债权和股权的特征,兼有债权投资和股权投资的双重优势。可转换公司债券在转换前与一般债券一样,投资者可以定期获得利息收入,但此时不具有股东的权利;当发行公司的经营业绩取得显著增长时,可转换公司债券的持有人可以在约定期限内,按预定的转换价格转换成公司的股份,此时就具有了股东的权利,可以分享公司业绩增长带来的收益。可转换公司债券一般要经过股东大会或董事会的决议通过才能发行,在发行时,转换期限和转换价格应在发行条款中予以规定。

5. 可交换债券

可交换债券是指上市公司股份的持有者通过抵押其持有的股票给托管机构进而发行的公司债券,该债券的持有人在将来的某个时期内,能按照债券发行时约定的条件用持有的债券换取发债人抵押的上市公司股权。可交换债券是一种内嵌期权的金融衍生品。

可交换债券与可转换公司债券相比，有其相同之处：其要素与可转换公司债券类似，也包括票面利率、期限、换股价格和换股比率、换股期等；对于投资者来说，与持有标的上市公司的可转换债券相同，投资价值与上市公司业绩相关，且在约定期限内可以以约定的价格交换为标的股票。其不同之处：一是发债主体和偿债主体不同，可交换债券是上市公司的股东，可转换公司债券是上市公司本身；二是所换股份的来源不同，可交换债券是发行人持有的其他公司的股份，可转换公司债券是发行人本身未来发行的新股。另外，可转换公司债券转股会使发行人的总股本扩大，摊薄每股收益；可交换债券换股不会导致标的公司的总股本发生变化，也没有摊薄收益的影响。

6. 附认股权证的公司债券

附认股权证的公司债券是指公司债券附有认股权证，持有人依法享有在一定期间内按约定价格认购公司股票的权利，是债券加上认股权证的产品组合。附认股权证的公司债券可以分为"分离型"与"非分离型"和"现金汇入型"与"抵缴型"。其中，"分离型"是指认股权凭证与公司债券可以分开，单独在流通市场上自由买卖；"非分离型"是指认股权无法与公司债券分开，两者存续期限一致，同时流通转让，自发行至交易均合二为一，不得分开转让。非分离型附认股权证公司债券近似于可转债。"现金汇入型"是指当持有人行使认股权利时，必须再拿出现金来认购股票；"抵缴型"则是指公司债券票面金额本身可按一定比例直接转股，如现行可转换公司债券的方式。

对于发行人来说，发行附认股权证的公司债券可以起到一次发行、二次融资的作用。其不利影响主要体现在以下几方面。第一，相对于普通可转债，发行人一直都有偿还本息的义务。第二，如果债券附带美式权证，会给发行人的资金规划带来一定的不利影响。第三，无赎回和强制转股条款，从而在发行人股票价格高涨或者市场利率显著下降时，发行人需要承担一定的机会成本。附认股权证的公司债券与可转换公司债券不同，前者在行使新股认购权之后，债券形态依然存在；而后者在行使转换权之后，债券形态随即消失。

第三节 债券的评级制度

债券的评级制度.mp4

一、债券评级的依据和内容

许多国家为了保障投资者的利益，在证券法中规定发行债券必须先取得债券评级。有的国家虽然没有在证券法中规定债券发行者一定要取得债券信用评级，但是没有经过信用评级的债券，在市场上往往不受广大投资者青睐，难以销售。因此，除了信誉很高的政府债券外，成熟证券市场上的债券发行者，均会申请由中立的证券评级机构进行评级。我国的信用评级机构大都是以银行为主体或依托银行组建的。在我国，根据中国人民银行的规定，凡是向社会公开发行的企业债券，需由中国人民银行及其授权的分行指定的资信评级机构或公证机构进行信用评级。目前，国际上公认的最具权威的信用评级机构，主要是美国的标准普尔公司和穆迪评级(公司)。

不同国家的证券评级机构在评定等级时的依据、内容和级别划分不完全相同。其主要依据如下。第一，违约可能性的大小。这通过分析企业财务报表来评价发行者的经营获利能力和财务实力。第二，债务的性质和条款。需要分析债券的具体特点，如利率、期限、偿还方式等影响投资收益率的因素。第三，发行者向债权人提供的保障措施。例如，当破产、资产重组等影响债权人权益的情况发生时，发行者提供怎样的权益保护措施。

二、债券评级的程序

债券评级一般按以下程序进行。

第一，债券发行人向评级机构提出评级申请，并根据评级机构的要求提供评级所需的书面资料，包括发行单位的主要经营范围和基本情况、发行单位的资产负债表和收益表、发行债券的用途以及债券的特点和条款。评级机构在得到上述资料后有义务为发行单位保守机密，对外公布的资料只限于双方约定的范围。

第二，评级机构对发行人提供的资料和数据进行分析评审，并与发行单位的主要负责人面谈，就有关问题做深入了解，在此基础上进行综合评价。

第三，评级机构向评级委员会提交评级建议书，由评级委员会对债券质量进行评审，经投票表决决定债券级别，并将结果通知申请人。

第四，申请人若有异议可提出重新评定，也可拒绝评级机构的评定结果。若如此，评级机构将不公开其评级内容。

第五，经审定同意后，评级机构将公布最终评级结果。

三、债券评级的分析内容

债券评级的目的是客观判断发行公司支付到期债务的能力，实际上是对债券发行人经营实力的考察。分析过程从一般到个别，即先从公司所处行业到具体经营状况，再分析债券发行条件。其主要分析内容包括产业分析、财务分析和信托合同分析。

1. 产业分析

产业组织理论表明，公司所处产业是影响其竞争力的重要因素之一。它具体体现在以下三个方面。一是产业生命周期，即该产业属于成长阶段、成熟阶段还是衰退阶段，不同产业生命周期阶段的公司其业务增长速度及潜力有很大区别。二是随经济周期变动的特征是否明显，有的行业如房地产、耐用消费品随经济景气周期而有较大起伏，而公用事业、生活必需品行业则相对稳定。三是产业的市场结构与竞争类型，市场进入的难度大小，是属于完全竞争还是垄断竞争，以及公司在行业中的市场地位及未来前景等。

2. 财务分析

财务分析的目的是判断公司的经营绩效及支付到期债务的能力，常用的主要指标可归纳如下。①盈利能力指标，包括销售利润率、资产周转率、净资产收益率等，这些指标反映企业经营效益的好坏和获利能力的大小。②财务结构指标，如流动比率、负债比率、权益比率、利息保付率等，分别表示短期资产与债务的比率、全部负债与全部资金来源的比率、权益与负债的比率、税前利润与利息费用的比率。这些指标从不同角度清晰地反映出企业对各种期限债务还本付息的风险水平。其他还有一些财务指标，例如，反映清算价值的净资产与负债余额的比率等。投资者可根据需要来分析企业的经营成果和财务状况，从而评估企业偿还债务的能力，以便及时调整投资结构和决策。

3. 信托合同分析

信托合同是规定债券发行人与债权人权利和义务的文件。其内容包括财务限制条款和债券的优先清偿顺序两方面。财务限制条款是为防止企业财务状况恶化而设立的保护债权人利益的限制性条款，由债券发行人和承销商共同制定，主要是对债务、投资、红利、营运资金的限制以及对资产处理的限制等。债券的优先清偿顺序则是当债务人破产或不履行偿还义务时，相关债权人清偿权利的顺序规定。

投资者在进行以上分析时应注意，既要关注静态指标，也不可忽视动态变化指标的综合分析。尽量通过多个指标的指标体系进行综合评价，同时注重指标的横向和纵向比较，只有这样才能对债券发行公司做出客观评价。

四、债券等级的划分

债券等级依据其风险的大小，一般划分为九个等级，最高是 AAA 级，最低是 C 级，但各国债券等级划分类别和表现形式不尽相同。表 3-1 所示为标准普尔和穆迪公司的债券等级划分及标准。

表 3-1 标准普尔和穆迪公司的债券等级划分及标准

等级		标准普尔公司	穆迪公司	说 明
投资级	最优等	AAA	Aaa	风险最低
	上等	AA	Aa	高级
	中上等	A	A	级别中上，高等水平
	中等	BBB	Baa	级别中等，可用于投机
投机级	下中等	BB	Ba	级别中低档，适宜投机
	下等	B	B	只可用于投机
	劣等	CCC	Caa	劣质投机性
	最劣等	CC	Ca	最劣质投机性
	拖欠级	C	C	很少偿还

债券评级为投资者提供了重要的决策参考，同时对于债券的发行有着非常重要的作用。债券评级的作用主要体现在两个方面。第一，债券信用评级帮助投资者进行债券投资决策。因为购买债券要承担一定风险，如果发行者到期不能偿还本息，投资者就会蒙受损失。专业机构对准备发行债券的还本付息可靠程度进行客观、公正和权威的评定，为投资者提供决策依据。第二，债券信用评级降低信誉高的发行人的筹资成本。一般来说，资信等级越高的债券，越容易得到投资者的信任，能够以较低的利率出售；而资信等级低的债券，风险较大，只能以较高的利率发行。

此外，债券所评级别的高低不仅影响到债券的发行和价格，还关系到债券发行人融资成本的大小以及能否顺利完成发行计划。级别高的债券由于其需求量大，因此其市场价格

第三章 债券基础知识

就高，发行单位筹措资金时所花费的成本也会低一些；反之，级别低的债券，市场价格低，导致发行成本较高，最终可能影响其筹措资金计划的完成。

【拓展阅读3.1】债券的利率期限结构请扫描右侧二维码。

第四节　债券的基本价值评估

债券的基本价值评估.mp4

一、债券估值原理

债券估值的基本原理就是现金流贴现。债券投资者持有债券，会获得利息和本金偿付。把现金流入用适当的贴现率进行贴现并求和，便可得到债券的理论价格。

(一)债券现金流的确定

债券发行条款规定了债券的现金流，在不发生违约事件的情况下，债券发行人应按照发行条款向债券持有人定期偿付利息和本金。

1. 债券的面值和票面利率

除少数本金逐步摊还的债券外，多数债券在到期日按面值还本。票面利率通常采用年单利表示，票面利率乘以付息间隔和债券面值即得到每期利息支付金额。短期债券一般不付息，而是到期一次性还本，因此要折价交易。

2. 计付息间隔

债券在存续期内定期支付利息，我国发行的各类中长期债券通常每年付息一次，欧美国家习惯每半年付息一次。付息间隔短的债券，风险相对较小。

3. 债券的嵌入式期权条款

通常，债券条款中可能包含嵌入式期权，如发行人提前赎回权、债券持有人提前返售权、转股权、转股修正权、偿债基金条款等。这些条款极大地影响了债券的未来现金流模式。一般来说，凡是有利于发行人的条款都会相应降低债券价值；反之，有利于持有人的条款则会提高债券价值。

4. 债券的税收待遇

投资者拿到的实际上是税后现金流，因此，免税债券(如政府债券)与应纳税债券(如公司债券、资产证券化债券等)相比，价值要大一些。

5. 其他因素

债券的付息方式(浮动、可调、固定)、债券的币种(单一货币、双币债券)等因素都会影响债券的现金流。

(二)债券贴现率的确定

根据定义，债券的贴现率是投资者对该债券要求的最低回报率，也称为"必要回报率"。

其计算公式为

$$债券必要回报率 = 真实无风险收益率 + 预期通货膨胀率 + 风险溢价$$

式中，真实无风险收益率是指资本在无风险条件下所获得的回报率，理论上由社会资本的平均回报率来确定；预期通货膨胀率是对未来通货膨胀率的估计值；风险溢价，根据各种债券的风险大小而定，是投资者因承担投资风险而获得的补偿，债券投资的主要风险因素包括违约风险(信用风险)、流动性风险、汇率风险等。

二、债券报价与实付价格

(一)报价形式

债券交易中，报价是指每 100 元面值债券的价格。以下两种报价均较为普遍。

1. 全价报价

全价报价即买卖双方的实际支付价格。全价报价的优点是所见即所得，比较方便；缺点是含混了债券价格涨跌的真实原因。

2. 净价报价

净价报价是扣除累计应付利息后的价格。净价报价的优点是把利息累积因素从债券价格中排除，从而更好地反映债券价格的波动情况；缺点是双方需要计算实际支付价格。

(二)利息计算

计算累计利息时，针对不同类别的债券，全年天数和利息累计天数的计算有行业惯例。

1. 短期债券

通常，全年天数若定为 360 天，半年则定为 180 天。利息累计天数则分为按实际天数(ACT)计算(ACT/360，ACT/180)和按每月 30 天计算(30/360，30/180)两种。

【例 3-1】2017 年 3 月 5 日，某年息为 6%、面值为 100 元、每半年付息 1 次的 1 年期债券，上次付息为 2016 年 12 月 31 日。如市场净价报价为 96 元，则实际支付价格为多少？

解：(1) ACT/180：

累计天数(算头不算尾) = 31 天(1 月) + 28 天(2 月) + 4 天(3 月) = 63(天)

累计利息 = 100×6%÷2×63/180 = 1.05(元)

实际支付价格 = 96 + 1.05 = 97.05(元)

(2) 30/180：

累计天数(算头不算尾) = 30 天(1 月) + 30 天(2 月) + 4 天(3 月) = 64(天)

累计利息 = 100×6%÷2×64/180 = 1.07(元)

实际支付价格 = 96 + 1.07 = 97.07(元)

2. 中长期附息债券

全年天数的计算通常分为实际全年天数和 365 天两种。累计利息天数也分为实际天数、每月按 30 天计算两种。

我国交易所市场对附息债券的计息规定是，全年天数统一按 365 天计算；利息累计天数规则是"按实际天数计算，算头不算尾，闰年 2 月 29 日不计息"。

【例 3-2】 2017 年 3 月 5 日，某年息为 8%，每年付息 1 次，面值为 100 元的国债，上次付息日为 2016 年 12 月 31 日。如净价报价为 103.45 元，则按实际天数计算的实际支付价格为多少？

解：ACT/365：

累计天数(算头不算尾)=31 天(1 月)+28 天(2 月)+4 天(3 月)=63(天)

累计利息=100×8%÷2×63/180=1.4(元)

实际支付价格=103.45+1.4=104.85(元)

3. 贴现式债券

我国目前对于贴现发行的零息债券按照实际天数计算累计利息，闰年 2 月 29 日也计利息，计算公式为

$$应计利息额 = \frac{到期总付额 - 发行价格}{起息日至到期日的天数} \times 起息日至结息日的天数$$

【例 3-3】 2014 年 1 月 10 日，财政部发行 3 年期贴现式债券，2017 年 1 月 10 日到期，发行价格为 85 元。2016 年 3 月 5 日，该债券净价报价为 87 元，则实际支付价格为多少？

解：

$$累计利息 = \frac{100 - 85}{1096} \times 784 = 10.73(元)$$

实际支付价格 $= 87 + 10.73 \approx 97.73(元)$

三、债券估值模型

根据现金流贴现的基本原理，不含嵌入式期权的债券理论价格的计算公式为

$$P = \sum_{t=1}^{T} \frac{C_t}{(1+y_t)^t}$$

式中，P 是债券理论价格；T 是债券距到期日时间长短(通常按年计算)；t 是现金流到达时间；C 是现金流金额；y 是贴现率(通常为年利率)。

(一)零息债券定价

零息债券不计利息，折价发行，到期还本，通常 1 年期以内的债券为零息债券。其定价公式为

$$P = \frac{FV}{(1+y_T)^T}$$

式中，FV 是零息债券的面值。

【例 3-4】 2017 年 1 月 1 日，中国人民银行发行 1 年期中央银行票据，每张面值为 100 元，年贴现率为 4%，则其理论价格为多少？

解：

$$P = \frac{100}{1 + 4\%} \approx 96.15(元)$$

【例 3-5】 2018 年 6 月 30 日，例 3-4 中所涉及的中国人民银行票据年贴现率变为 3.5%，

则其理论价格为多少？

解：$P = \dfrac{100}{(1+3.5\%)^{0.5}} \approx 98.29(元)$

(二)附息债券定价

附息债券可以视为一组零息债券的组合。例如，一只年息为 5%、面值为 100 元、每年付息 1 次的 2 年期债券，可以拆分为：面值为 5 元的 1 年期零息债券+面值为 105 元的 2 年期零息债券。

因此，可以用零息债券定价公式 $P = \dfrac{FV}{(1+y_T)^T}$ 分别为其中每只债券定价，加总后即为附息债券的理论价格。也可以用公式 $P = \sum\limits_{t=1}^{T} \dfrac{C_t}{(1+y_t)^t}$ 进行定价。

【例 3-6】2017 年 3 月 31 日，财政部发行的某期国债距到期日还有 3 年，面值为 100 元，票面利率年息为 3.75%，每年付息 1 次，下次付息日在 1 年以后。1 年期、2 年期、3 年期贴现率分别为 4%、4.5%、5%。该债券理论价格为多少？

解：$P = \dfrac{3.75}{1+4\%} + \dfrac{3.75}{(1+4.5\%)^2} + \dfrac{103.75}{(1+5\%)^3} \approx 96.65(元)$

(三)累息债券定价

累息债券也有票面利率，但是规定到期一次性还本付息。可将其视为面值等于到期还本付息额的零息债券，并按零息债券定价公式定价。

【例 3-7】2017 年 3 月 31 日，财政部发行的某期国债距到期日还有 3 年，面值为 100 元，票面利率年息为 3.75%，按单利计算，到期利随本清。3 年期贴现率为 5%。该债券理论价格为多少？

解：到期还本付息 $= 100 \times (1 + 3 \times 3.75\%) = 111.25(元)$

$$P = \dfrac{111.25}{(1+5\%)^3} \approx 96.10(元)$$

四、债券收益率

出于不同的用途，债券收益率计算方式种类繁多，以下主要介绍债券的当期收益率、到期收益率、持有期收益率、赎回收益率的计算。

(一)当期收益率

在投资学中，当期收益率(current yield)被定义为债券的年利息收入与买入债券的实际价格的比率。其计算公式为

$$Y = \dfrac{C}{P} \times 100\%$$

式中，Y 是当期收益率；C 是每年利息收益；P 是债券价格。

【例 3-8】 假定某投资者以 940 元的价格购买了面额为 1000 元、票面利率为 10%、剩余期限为 6 年的债券，那么该投资者的当期收益率为多少？

解：
$$Y = 1000 \times 10\% \div 940 \times 100\% \approx 10.64\%$$

当期收益率度量的是债券年利息收益占购买价格的百分比，反映每单位投资能够获得的债券年利息收益，但并未反映每单位投资的资本损益。当期收益率的优点是计算简便，可以用于期限和发行人均较为接近的债券之间进行比较。其缺点是：①零息债券无法计算当期收益；②不同期限附息债券之间，不能仅仅依据当期收益高低而评判优劣。

(二)到期收益率

债券的到期收益率(yield to maturity，YTM)是使债券未来现金流现值等于当期价格所用的相同的贴现率，也就是金融学中所谓的内部报酬率(internal rate of return，IRR)。其计算公式为

$$P = \sum_{t=1}^{T} \frac{C_t}{(1+y)^t}$$

式中，y 就是要求的到期收益率。需要注意的是，该公式是一个关于 y 的高次方程，可以用插值法求出它的值。

如果债券每年付息 1 次，每次付息金额为 C，债券面值为 F，则计算公式可以写为

$$P = \sum_{t=1}^{T} \frac{C}{(1+y)^t} + \frac{F}{(1+y)^T}$$

【例 3-9】 某剩余期限为 5 年的国债，票面利率为 8%，面值为 100 元，每年付息 1 次，当前市场价格为 102 元，则其到期收益率为多少？

解：
$$102 = \frac{8}{1+y} + \frac{8}{(1+y)^2} + \frac{8}{(1+y)^3} + \frac{8}{(1+y)^4} + \frac{108}{(1+y)^5}$$

用插值法计算可得到：$y \approx 7.5056\%$。

若债券每半年付息 1 次，且利率为票面年息的一半，则计算公式可以写为

$$P = \sum_{t=1}^{2T} \frac{C/2}{(1+y/2)^t} + \frac{F}{(1+y/2)^{2T}}$$

(三)持有期收益率

持有期收益率是指买入债券到卖出债券期间所获得的年平均收益，它与到期收益率的区别仅仅在于末笔现金流是卖出价格而非债券到期偿还金额。其计算公式为

$$P = \sum_{t=1}^{T} \frac{C}{(1+y_h)^t} + \frac{P_T}{(1+y_h)^T}$$

式中，P 是债券买入市场价格；P_T 是债券卖出时价格；y_h 是持有期收益率；C 是债券每期付息金额；T 是债券期限(期数)；t 是现金流到达时间。

【例 3-10】 某投资者按 100 元的价格平均购买了年息 8%、每年付息 1 次的债券，持有 2 年后按 106 元的价格卖出，该投资者持有期收益率为多少？

解：
$$100 = \frac{8}{1+y_h} + \frac{106}{(1+y_h)^2}$$

计算可得：$y_h \approx 7.035\%$。

(四)赎回收益率

可赎回债券是指允许发行人在债券到期以前按某一约定的价格赎回已发行的债券。通常在预期市场利率下降时，发行人会发行可赎回债券，以便未来用低利率成本发行的债券替代成本较高的已发债券。可赎回债券的约定赎回价格可以是发行价格、债券面值，也可以是某一指定价格或是与不同赎回时间对应的一组赎回价格。对于可赎回债券，需要计算赎回收益率和到期收益率。赎回收益率的计算与其他收益率相同，是计算使预期现金流量的现值等于债券价格的利率。通常以首次赎回收益率为代表。首次赎回收益率是累计到首次赎回日止，利息支付额与指定的赎回价格加总的现金流量的现值等于债券赎回价格的利率。赎回收益率 y 可通过下面的计算公式用试错法获得

$$P = \sum_{t=1}^{n} \frac{C}{(1+y)^t} + \frac{M}{(1+y)^n}$$

式中，P 是发行价格；n 是直到第一个赎回日的年数；M 是赎回价格；C 是债券每期付息金额。

【例 3-11】某债券的票面价值为 1000 元，息票利率为 5%，期限为 4 年，现以 950 元的发行价格向全社会公开发行，2 年后债券发行人以 1050 元的价格赎回，第一赎回日为付息日后的第一个交易日，则赎回收益率为多少？

解：
$$950 = \sum_{t=1}^{2} \frac{50}{(1+y)^t} + \frac{1050}{(1+y)^2}$$

用试错法计算，该债券的到期收益率 $y \approx 10.73\%$。

本 章 小 结

本章介绍了以下内容：债券的概念、基本性质、票面要素和特征；影响债券价格的因素；债券与股票的比较；债券的分类；债券的评级制度，包括债券评级的依据、程序、分析内容以及等级划分；债券的利率期限结构理论；债券的基本价值评估，包括债券估值原理、报价形式、估值模型和债券收益率的不同计算方法等。

第三章自测题请扫描右侧二维码。

第四章　证券投资基金基础知识

【学习目标】

通过本章的学习,读者应当掌握证券投资基金的定义和特征,基金与股票、债券的区别,基金的作用,我国证券投资基金业的发展概况,证券投资基金的分类方法,契约型基金与公司型基金、封闭式基金与开放式基金的定义与区别,货币市场基金的管理内容;熟悉各类基金的含义,交易所交易的开放式基金的概念、运作机制和优势;了解 ETF 和 LOF 的异同,基金份额持有人的权利与义务,基金管理人和托管人的概念、资格与职责以及更换条件;熟悉基金当事人之间的关系,基金的管理费、托管费、运作费的含义和提取规定,基金收益的来源、利润分配方式与分配原则,基金的投资风险,基金的信息披露要求。

【案例导读】 具体内容请扫描右侧二维码。

第一节　证券投资基金概述

证券投资基金概述.mp4

一、证券投资基金的产生和发展

证券投资基金是指通过公开发售基金份额募集资金,由基金托管人托管,由基金管理人管理和运用资金,为基金份额持有人的利益,以资产组合方式进行证券投资的一种利益共享、风险共担的集合投资方式。

作为一种大众化的信托投资工具,各国对证券投资基金的称谓不尽相同,如美国称"共同基金",英国称"单位信托基金",日本则称"证券投资信托基金"等。

一般认为,基金起源于英国,是在 18 世纪末 19 世纪初产业革命的推动下出现的。当时,产业革命的成功使英国的生产力水平迅速提高,工商业都取得了较大的发展,过剩的资金没有更好的渠道去获得更高的投资回报,在资本趋利性的驱使下,大量的资金为追逐高额利润而涌向其他国家,当时英国遍布全球的殖民地给这些资本提供了便利。但是大多数投资者缺乏国际投资知识,没有充分的信息,很难直接参加海外投资。于是人们萌发了众人投资、委托专人经营和管理的想法,这一想法得到了英国政府的支持。1868 年,由政府出面组建了海外和殖民地政府信托组织,公开向社会发售受益凭证。海外和殖民地政府信托组织是公认的最早的基金机构,以分散投资于国外殖民地的公司债为主。其投资地区遍及南北美洲、中东、东南亚地区和葡萄牙、西班牙等国。该基金类似于股票,不能退股,也不能兑现,认购者的权益仅限于分红和派息。

100 多年来,随着社会经济的发展,世界基金产业从无到有,从小到大,尤其是 20 世纪 70 年代以来,随着全球投资规模的剧增、现代金融业的不断创新,各种各样的基金风起云涌,已经形成了一个庞大的产业。美国投资公司协会(The Investment Company Institute, ICI)发布的数据显示,截至 2021 年年底,为避免重复统计,剔除了基金中的基金(Fund of

Funds，FOF)，全球受监管的开放式共同基金(对应我国的开放式公募基金)总规模为 71.05 万亿美元，约折合 452.86 万亿元人民币。其中，美洲是全球基金重镇，规模占比为 53%，欧洲占比为 33%，非洲和亚太规模之和占比为 14%。基金产业已经与银行业、证券业、保险业并驾齐驱，成为现代金融体系的四大支柱产业之一。

【拓展阅读 4.1】我国证券投资基金业发展概况请扫描右侧二维码。

二、证券投资基金的特点

1. 集合投资、专业管理

基金的特点是将零散的资金汇集起来，交给专业机构投资于各种金融工具，以谋取资产的增值。基金的投资门槛相对较低，投资者可以根据自己的经济状况灵活选择投资额度，有些基金甚至不设定投资额的限制。在参与证券投资时，资本越雄厚，优势越明显，而且可能享有大额投资在降低成本上的相对优势。基金由基金管理人进行投资管理和运作。基金管理人凭借其庞大的专业投资研究团队和强大的信息网络，能够全方位、动态地跟踪并分析证券市场。

2. 组合投资、分散风险

以科学的投资组合降低风险、提高收益是基金的另一大特点。在投资活动中，风险和收益总是并存的，因此，"不能将鸡蛋放在一个篮子里"。但是，要实现投资资产的多样化，需要一定的资金实力。对于小额的投资者而言，由于资金有限，很难实现这一点，而基金则可以帮助中小投资者解决这个困难，即可以凭借其巨额资金，在法律允许的投资范围内进行科学组合，一方面借助于资金庞大和投资者众多的优势使每个投资者面临的投资风险减小，另一方面利用不同的投资对象之间收益率变化的相关性达到分散投资风险的目的。

3. 利益共享、风险共担

证券投资基金实行利益共享、风险共担的原则。基金投资者是基金的所有者。基金投资收益在扣除由基金承担的费用后的盈余全部归基金投资者所有，并依据各投资者所持有的基金份额比例进行分配。为基金提供服务的基金管理人、基金托管人只能按规定收取一定比例的管理费、托管费，并不参与基金收益的分配。

三、证券投资基金与股票、债券的区别

1. 反映的经济关系不同

股票反映的是所有权关系，债券反映的是债权债务关系，而基金反映的则是信托关系，但公司型基金除外。

2. 筹集资金的投向不同

股票和债券是直接投资工具，筹集的资金主要投向实业；而基金是间接投资工具，筹集的资金主要投向有价证券等金融工具。

3. 风险水平不同

股票的直接收益取决于发行公司的经营效益，不确定性较强，投资于股票有较大的风险。债券的直接收益取决于债券利率，而债券利率一般是事先确定的，投资风险较小。基金主要投资于有价证券，投资选择灵活多样，从而使基金的收益有可能高于债券，投资风险有可能小于股票。因此，基金能满足那些不能或不宜直接参与股票、债券投资的个人或机构的需要。

第二节 证券投资基金的作用与分类

证券投资基金的作用与分类.mp4

一、证券投资基金的作用

1. 为中小投资者拓宽了投资渠道

对中小投资者来说，存款或购买债券较为稳妥，但收益率较低；投资于股票有可能获得较高收益，但风险较大。证券投资基金作为一种新型的投资工具，将众多投资者的小额资金汇集起来进行组合投资，由专家来管理和运作，经营稳定，收益可观，为中小投资者提供了较为理想的间接投资工具，极大拓宽了中小投资者的投资渠道。在美国，约有50%的家庭投资于基金，基金占所有家庭资产的40%左右。可以说，基金已经进入寻常百姓家，成为大众化的投资工具。

2. 有利于证券市场的稳定和发展

第一，基金的发展有利于证券市场的稳定。证券市场的稳定与否与市场的投资者结构密切相关。基金的出现和发展，能有效地改善证券市场的投资者结构。基金由专业投资人士经营管理，其投资经验比较丰富，收集和分析信息的能力较强，投资行为相对理性，客观上能起到稳定市场的作用。同时，基金一般注重资本的长期增长，多采取长期的投资行为，较少在证券市场上频繁进出，能减少证券市场的波动。第二，基金作为一种主要投资于证券市场的金融工具，它的出现和发展增加了证券市场的投资品种，扩大了证券市场的交易规模，起到了丰富和活跃证券市场的作用。

二、证券投资基金的分类

(一) 按基金的组织形式不同，基金可分为契约型基金和公司型基金

契约型基金又称为单位信托，是指将投资者、管理人、托管人三者作为基金的当事人，通过签订基金契约的形式发行受益凭证而设立的一种基金。契约型基金起源于英国，后来在新加坡、印度尼西亚等国家和我国香港地区十分流行。契约型基金是基于信托原理而组织起来的代理投资方式，没有基金章程，也没有公司董事会，而是通过基金契约来规范三方当事人的行为。基金管理人负责基金的管理操作；基金托管人作为基金资产的名义持有人，负责基金资产的保管和处置，对基金管理人的运作实行监督。

公司型基金是依据基金公司章程设立，在法律上具有独立法人地位的股份投资公司。公司型基金以发行股份的方式募集资金，投资者购买基金公司的股份后，以基金持有人的

身份成为投资公司的股东,凭其持有的股份依法享有投资收益。公司型基金在组织形式上与股份有限公司类似,由股东选举董事会,由董事会选聘基金管理公司,基金管理公司负责管理基金的投资业务。

1. 公司型基金的特点

(1) 基金的设立程序类似于一般的股份公司,基金本身为独立法人机构。但不同于一般股份公司的是,它委托基金管理公司作为专业的财务顾问来经营、管理基金资产。

(2) 基金的组织结构与一般的股份公司类似,设有董事会和持有人大会。基金资产归基金所有。

2. 契约型基金与公司型基金的区别

(1) 资金的性质不同。契约型基金的资金是通过发行基金份额筹集起来的信托财产;公司型基金的资金是通过发行普通股票筹集的公司法人资本。

(2) 投资者的地位不同。契约型基金的投资者既是基金的委托人,又是基金的受益人,即享有基金的受益权;公司型基金的投资者对基金运作的影响比契约型基金的投资者大。

(3) 基金的运营依据不同。契约型基金依据基金契约运营基金;公司型基金依据基金公司章程运营基金。

(二)按基金运作方式不同,基金可分为封闭式基金和开放式基金

封闭式基金是指经核准的基金份额总额在基金合同期限内固定不变,基金份额可以在依法设立的证券交易场所交易,但基金份额持有人不得申请赎回原基金。由于封闭式基金在封闭期内不能追加认购或赎回,投资者只能通过证券经纪商在二级市场上进行基金的买卖。封闭式基金的期限是指封闭式基金的存续期,即基金从成立到终止之间的时间。决定基金期限长短的因素主要有两个。一是基金本身投资期限的长短。一般来说,如果基金是进行中长期投资,其存续期限可适当延长;反之,如果基金目标为短期投资,其存续期限可相应缩短。二是宏观经济形势。一般来说,如果经济稳定增长,基金存续时间就可以长一些;否则应相对短一些。基金期限届满即为基金终止,管理人应组织清算小组对基金资产进行清产核资,并将清产核资后的基金净资产按照投资者的出资比例进行公正合理的分配。

开放式基金是指基金份额总额不固定,基金份额可以在基金合同约定的时间和场所申购或者赎回的基金。为了满足投资者赎回资金、实现变现的要求,开放式基金一般从所筹集的资金中拨出一定比例,以现金的形式保持这部分资产。这虽然会影响基金的盈利水平,但作为开放式基金来说是必需的。

封闭式基金与开放式基金的主要区别如下。

1. 期限不同

封闭式基金一般有固定的存续期,通常为 5 年以上,一般为 10 年或者 15 年,经受益人大会通过并经监管机构同意可以适当延长期限。开放式基金没有固定期限,投资者可随时向基金管理人赎回基金份额,若大量赎回甚至会导致清盘。

2. 发行规模限制不同

封闭式基金的基金规模是固定的，在封闭期限内未经法定程序认可不能增加发行。开放式基金没有发行规模限制，投资者可随时提出申购或赎回申请，基金规模随之增加或减少。

3. 基金份额交易方式不同

封闭式基金的基金份额在封闭期限内不能赎回，持有人只能在证券交易所出售给第三者，交易在基金投资者之间完成。开放式基金的投资者则可以在首次发行结束一段时间后，随时向基金管理人或其销售代理人提出申购或赎回申请，绝大多数开放式基金不上市交易，交易在投资者与基金管理人或其销售代理人之间进行。

4. 基金份额的交易价格计算标准不同

封闭式基金与开放式基金的基金份额除了首次发行价格都是按面值加一定百分比的购买费计算外，以后的交易计价方式不同。封闭式基金的买卖价格受市场供求关系的影响，常出现溢价或折价现象，并不必然反映单位基金份额的净资产值。开放式基金的交易价格则取决于每一基金份额净资产值的大小，其申购价一般是基金份额净资产值加一定的购买费，赎回价是基金份额净资产值减去一定的赎回费，不直接受市场供求关系的影响。

5. 基金份额资产净值公布的时间不同

封闭式基金一般每周或更长时间公布一次基金份额资产净值，而开放式基金则一般在每个交易日连续公布。

6. 交易费用不同

投资者在买卖封闭式基金时，在基金价格之外要支付交易手续费；而投资者在买卖开放式基金时，则要支付申购费和赎回费。

7. 投资策略不同

封闭式基金在封闭期内基金规模不会减少，因此可进行长期投资，基金资产的投资组合能有效地在计划内进行。开放式基金因基金份额可随时赎回，为应付投资者随时赎回兑现，所募集的资金不能全部用来投资，更不能把全部资金用于长期投资，必须保持基金资产的流动性，在投资组合上必须保留一部分现金和高流动性的金融工具。

(三)按投资标的划分，基金可分为债券基金、股票基金、货币市场基金等

1. 债券基金

债券基金是一种以债券为主要投资对象的证券投资基金。由于债券的年利率固定，因此这类基金的风险较低，适合于稳健型投资者。债券基金的收益会受市场利率的影响，当市场利率下调时，其收益会上升；反之，若市场利率上调，其收益将下降。除此之外，如果基金投资于境外市场，汇率也会影响基金的收益，管理人在购买国际债券时，往往需要在外汇市场上进行套期保值。

在我国,根据《证券投资基金运作管理办法》的规定,一只基金 80%以上的基金资产投资于债券,则其为债券基金。

2. 股票基金

股票基金是指以上市股票为主要投资对象的证券投资基金。股票基金的投资目标侧重于追求资本利得和长期资本增值。基金管理人拟定投资组合,将资金投放到一个或几个国家,甚至全球的股票市场,以达到分散投资、降低风险的目的。根据基金投资的分散化程度,可将股票基金划分为一般股票基金和专门化股票基金。前者分散投资于各种普通股票,风险较小;后者是专门投资于某一行业、某一地区的股票,风险相对较大。股票投资基金聚集了巨额资金,几只甚至一只大规模的基金就可能引发股市动荡,因此各国政府对股票基金的监管都十分严格,不同程度地规定了基金购买某一家上市公司股票的总额不得超过基金资产净值的一定比例,以防止基金过度投机和操纵股市。

在我国,根据《公开募集证券投资基金运作管理办法》的规定,一只基金 80%以上的基金资产投资于股票的,则其为股票基金。

3. 货币市场基金

货币市场基金是以货币市场工具为投资对象的一种基金,其投资对象期限在 1 年以内,包括银行短期存款、国库券、公司债券、银行承兑票据及商业票据等货币市场工具。货币市场基金的优点是资本安全性高、购买限额低、流动性强、收益相对较高、管理费用低,有些甚至不收取赎回费用。因此,货币市场基金通常被认为是低风险的投资工具。

4. 指数基金

指数基金的投资组合模仿某一股价指数或债券指数,其收益随着即期的价格指数上下波动。指数基金的优势包括 4 点。①费用低廉。指数基金的管理费用较低,尤其是交易费用较低。②风险较小。指数基金的投资非常分散,可以完全消除投资组合的非系统风险,并避免因持股集中带来的流动性风险。③在以机构投资者为主的市场中,指数基金可获得市场平均收益率。④指数基金可以作为避险套利的工具。

5. 衍生证券投资基金

衍生证券投资基金是一种以衍生证券为投资对象的基金,包括期货基金、期权基金、认股权证基金等。这类基金的风险较大,因为衍生证券通常是高风险的投资品种。

(四)按投资目标划分,基金可分为成长型基金、收入型基金和平衡型基金

1. 成长型基金

成长型基金追求基金资产的长期增值。为了达到这一目标,基金管理人通常将基金资产投资于信用度较高、有长期成长前景或长期盈余的成长型公司股票。成长型基金可以进一步分为稳健成长型基金和积极成长型基金。

2. 收入型基金

收入型基金主要投资于可带来现金收入的有价证券,以获取当期的最大收入为目的。

收入型基金资产的成长潜力较小，损失本金的风险也相对较低，一般可分为固定收入型基金和股票收入型基金。固定收入型基金的主要投资对象是债券和优先股，尽管收益率较高，但长期增长潜力较小，且易受市场利率波动的影响。股票收入型基金的成长潜力较大，但容易受到股市波动的影响。

3. 平衡型基金

平衡型基金将资产分别投资于两种不同特性的证券，并在以取得收入为目的的债券及优先股与以资本增值为目的的普通股之间进行平衡。这种基金通常将25%～50%的资产投资于债券及优先股，其余投资于普通股。平衡型基金的主要目的是从其投资组合的债券中获得适当的收益，同时也可以享受普通股票的升值收益。平衡型基金的特点是风险相对较低，但成长潜力有限。

(五) 特殊类型的基金

1. 交易所交易基金

交易所交易基金(Exchange Traded Fund，ETF)，上海证券交易所将其定名为"交易型开放式指数基金"。ETF结合了封闭式基金与开放式基金的运作特点，投资者一方面可以在交易所二级市场进行ETF的买卖，另一方面又可以进行申购、赎回。

ETF是以某一选定指数所包含的成分证券为投资对象，依据构成指数的证券种类和比例，采用完全复制或抽样复制的方法进行被动投资的指数型基金。ETF最大的特点是实物申购、赎回机制，且有"最小申购、份额赎回"的规定。ETF实行一级市场和二级市场并存的交易制度。这种双重交易机制使ETF的二级市场不会过度偏离基金份额净值，因为一、二级市场的差价会产生套利机会，而套利机会会使二级市场价格回归到基金份额净值附近。

由于在一级市场ETF的申购、赎回金额巨大，并且是以实物股票的形式进行大宗交易，因此主要适合机构投资者。ETF的二级市场交易以在证券交易所挂牌交易的方式进行，任何投资者，无论是机构投资者还是个人投资者，都可以通过经纪人在证券交易所随时购买或出售ETF份额。

2. 上市型开放式基金

上市型开放式基金(Listed Open-ended Fund，LOF)是一种既可以在场外市场进行基金份额申购、赎回，又可以在交易所进行基金份额交易，并通过份额转托管机制将场外市场与场内市场有机地联系在一起的新型基金运作方式。

与ETF相比，LOF不局限于指数基金模式，也可以是主动管理型基金；同时，申购和赎回均以现金进行，对申购和赎回没有规模限制，可以在交易所申购、赎回，也可以在代销网点进行。LOF的场内外申购赎回及转托管制度安排，避免了大幅度折价交易的现象。

3. QDII基金

QDII基金是合格境内机构投资者(Qualified Domestic Institutional Investor)的英文缩写，是指在一国境内设立，经该国有关部门批准从事境外证券市场的股票、债券等有价证券投资的基金。它为国内投资者参与国际市场投资提供了便利。2007年我国推出了首批QDII基金。

4. 基金中的基金

基金中的基金(Fund of Funds，FOF)，又称组合基金。与普通基金不同，FOF 不直接投资于股票、债券等有价证券，而是投资于"一篮子基金"。FOF 通过对基金的组合投资，可以进一步分散风险和优化资产配置。

5. 不动产投资信托基金

不动产投资信托基金(Real Estate Investment Trusts，REITs)，也称房地产投资信托基金。从国际范围来看，REITs 是一种通过发行收益凭证汇集特定多数投资者资金，由专门投资机构进行房地产投资经营管理，并将投资综合收益按比例分配给投资者的信托基金。与国内信托产品主要为私募不同，国际上的 REITs 多数为公募，少数为私募。REITs 可以封闭运行，也可以上市交易流通，类似于我国的开放式基金与封闭式基金。2023 年 2 月，我国首单上市的 REITs 产品在上海证券交易所挂牌交易。

第三节　证券投资基金的当事人

证券投资基金的当事人.mp4

一、证券投资基金份额持有人

基金份额持有人，即基金投资者，是基金的出资人、基金资产的所有者和基金投资回报的受益人。

(一)基金持有人的基本权利

基金份额持有人的基本权利包括对基金收益的享有权、对基金份额的转让权和在一定程度上对基金经营的参与权。不同类型的基金，持有人对投资决策的影响方式是不同的。在公司型基金中，基金份额持有人通过股东大会选举产生基金公司的董事会来行使对基金公司重大事项的决策权，对基金运作的影响力较大。而在契约型基金中，基金份额持有人只能通过召开基金受益人大会对基金的重大事项做出决议，但对基金日常决策一般不能施加直接影响。我国《证券投资基金法》规定，基金份额持有人享有下列权利：分享基金财产收益；参与分配清算后的剩余基金财产；依法转让或者申请赎回其持有的基金份额；按照规定要求召开基金份额持有人大会；对基金份额持有人大会审议事项行使表决权；查阅或者复制公开披露的基金信息资料；对基金管理人、基金托管人、基金服务机构损害其合法权益的行为依法提起诉讼；基金合同约定的其他权利。

我国《证券投资基金法》规定，下列事项应当通过召开基金份额持有人大会审议决定：提前终止基金合同；基金扩募或者延长基金合同期限；转换基金运作方式；调整基金管理人、基金托管人的报酬标准；更换基金管理人、基金托管人；基金合同约定的其他职权。基金份额持有人大会由基金管理人召集；基金管理人未按规定召集或者不能召集时，由基金托管人召集。代表基金份额 10%以上的基金份额持有人就同一事项要求召开基金份额持有人大会，而基金管理人、基金托管人都不召集的，代表基金份额 10%以上的基金份额持有人有权自行召集，并报国务院证券监督管理机构备案。

(二)基金持有人的义务

基金份额持有人必须承担一定的义务,这些义务包括:遵守基金合同;缴纳基金认购款项及规定的费用;承担基金亏损或终止的有限责任;不从事任何有损基金及其他基金投资者合法权益的活动;在封闭式基金存续期间,不得要求赎回基金份额;在封闭式基金存续期间,交易行为和信息披露必须遵守法律法规的有关规定;法律法规及基金合同规定的其他义务。

二、证券投资基金管理人

(一)基金管理人的概念

基金管理人是负责基金发起设立与经营管理的专业性机构,不仅负责基金的投资管理,而且承担着产品设计、基金营销、基金注册登记、基金估值、会计核算和客户服务等多方面的职责。基金管理人由依法设立的基金管理公司担任。基金管理公司通常由证券公司、信托投资公司或其他机构等发起成立,具有独立法人地位。基金管理人作为受托人,必须履行"诚信义务"。基金管理人的目标是受益人利益的最大化,因而,不得出于自身利益的考虑而损害基金持有人的利益。

(二)基金管理人的资格

基金管理人的主要业务是发起设立基金和管理基金。由于基金份额持有人通常是为数众多的中小投资者,为了保护这些投资者的利益,必须对基金管理人的资格做出严格的规定,使基金管理人更好地负起管理基金的责任。对基金管理人需具备的条件,各个国家和地区有不同的规定。我国对基金管理公司实行市场准入管理,《证券投资基金法》规定,设立公开募集基金的基金管理公司,应当具备下列条件,并经国务院证券监督管理机构批准:有符合本法和《公司法》规定的章程;注册资本不低于一亿元人民币,且必须为实缴货币资本;主要股东具有从事证券经营、证券投资咨询、信托资产管理或其他金融资产管理的良好经营业绩和良好社会信誉,最近三年没有违法记录;取得基金从业资格的人员达到法定人数;有符合要求的营业场所、安全防范设施和与基金管理业务有关的其他设施;有良好的内部治理结构、完善的内部稽核监控制度和风险控制制度;法律、行政法规规定的和经国务院批准的国务院证券监督管理机构规定的其他条件。

(三)基金管理人的职责

我国《证券投资基金法》第十九条规定:"公开募集基金的基金管理人应当履行下列职责:(一)依法募集资金,办理基金份额的发售和登记事宜;(二)办理基金备案手续;(三)对所管理的不同基金财产分别管理、分别记账,进行证券投资;(四)按照基金合同的约定确定基金收益分配方案,及时向基金份额持有人分配收益;(五)进行基金会计核算并编制基金财务会计报告;(六)编制中期和年度基金报告;(七)计算并公告基金资产净值,确定基金份额申购、赎回价格;(八)办理与基金财产管理业务活动有关的信息披露事项;(九)按照规定召集基金份额持有人大会;(十)保存基金财产管理业务活动的记录、账册、报表和其他相关资料；(十一)以基金管理人名义，代表基金份额持有人利益行使诉讼权利或者实施其他法律行为；(十二)国务院证券监督管理机构规定的其他职责。"

我国《证券投资基金法》第二十条规定："公开募集基金的基金管理人及其董事、监事、高级管理人员和其他从业人员不得有下列行为：(一)将其固有财产或者他人财产混同于基金财产从事证券投资；(二)不公平地对待其管理的不同基金财产；(三)利用基金财产或者职务之便为基金份额持有人以外的人牟取利益；(四)向基金份额持有人违规承诺收益或者承担损失；(五)侵占、挪用基金财产；(六)泄露因职务便利获取的未公开信息、利用该信息从事或者明示、暗示他人从事相关的交易活动；(七)玩忽职守，不按照规定履行职责；(八)法律、行政法规和国务院证券监督管理机构规定禁止的其他行为。"

(四)基金管理人的更换条件

我国《证券投资基金法》第二十八条规定："有下列情形之一的，公开募集基金的基金管理人职责终止：(一)被依法取消基金管理资格；(二)被基金份额持有人大会解任；(三)依法解散、被依法撤销或者被依法宣告破产；(四)基金合同约定的其他情形。"

【拓展阅读 4.2】我国基金管理公司的主要业务范围请扫描右侧二维码。

三、证券投资基金托管人

为充分保障基金投资者的权益，防止基金资产被挪用，各国的证券投资信托法规都规定必须由某一机构，即基金托管人来对基金管理机构的投资操作进行监督，并保管基金资产。例如，美国 1940 年的《投资公司法》规定，投资公司应将基金的证券、资产及现金存放于托管公司，托管公司应为基金设立独立账户，分别管理，并定期核查。

(一)基金托管人的概念

基金托管人，也称基金保管人，是依据基金运行中"管理与保管分开"的原则，对基金管理人进行监督和保管基金资产的机构，是基金持有人权益的代表，通常由有实力的商业银行或信托投资公司担任。基金托管人与基金管理人签订托管协议，在托管协议规定的范围内履行自己的职责，并收取一定的报酬。

(二)基金托管人的条件

基金托管人的作用决定了它对所托管的基金承担着重要的法律及行政责任，因此，有必要对托管人的资格做出明确规定。概括地说，基金托管人应该是完全独立于基金管理机构、具有一定经济实力、实收资本达到一定规模、具有行业信誉的金融机构。

我国《证券投资基金法》规定，基金托管人由依法设立并取得基金托管资格的商业银行或其他金融机构担任。申请取得基金托管资格，应当具备下列条件，并经国务院证券监督管理机构和国务院银行业监督管理机构核准：净资产和风险控制指标符合有关规定；设有专门的基金托管部门；取得基金从业资格的专职人员达到法定人数；具备安全保管基金财产的条件；拥有安全高效的清算、交割系统；有符合要求的营业场所、安全防范设施和与基金托管业务有关的其他设施；有完善的内部稽核监控制度和风险控制制度；符合法律、行政法规规定的,以及经国务院批准的国务院证券监督管理机构、国务院银行业监督管理机构规定的其他条件。

(三)基金托管人的职责

我国《证券投资基金法》规定,基金托管人应当履行下列职责:安全保管基金财产;按照规定开设基金财产的资金账户和证券账户;对所托管的不同基金财产分别设置账户,确保基金财产的完整与独立;保存基金托管业务活动的记录、账册、报表和其他相关资料;根据基金合同的约定,按照基金管理人的投资指令,及时办理清算、交割事宜;办理与基金托管业务活动有关的信息披露事项;对基金财务会计报告、中期和年度基金报告出具意见;复核、审查基金管理人计算的基金资产净值和基金份额申购、赎回价格;按照规定召集基金份额持有人大会;监督基金管理人的投资运作是否合法合规;履行国务院证券监督管理机构规定的其他职责。

(四)基金托管人的更换条件

我国《证券投资基金法》规定,有下列情形之一的,基金托管人职责终止:被依法取消基金托管资格;被基金份额持有人大会解任;依法解散、被依法撤销或者被依法宣告破产;根据基金合同约定的其他情形。

四、证券投资基金当事人之间的关系

(一)持有人与管理人之间的关系

在基金的当事人中,基金份额持有人通过购买基金份额或基金股份,参加基金投资并将资金交给基金管理人管理,享有基金投资的收益权,是基金资产的最终所有者和基金投资收益的受益人。基金管理人则是接受基金份额持有人的委托,并有权委托基金托管人保管基金资产的金融中介机构。因此,基金持有人与基金管理人之间的关系是委托人、受益人与受托人的关系,也是所有者和经营者之间的关系。

(二)管理人与托管人之间的关系

基金管理人与托管人是相互制衡的关系。基金管理人是基金的组织者和管理者,负责基金资产的经营,是基金运营的核心;托管人由主管机关认可的金融机构担任,负责基金资产的保管,根据基金管理机构的指令处置基金资产并监督管理人的投资运作是否合法合规。对基金管理人而言,将有关证券、现金收付的具体事务交由基金托管人办理,就可以专注于资产的运用和投资决策。基金管理人和基金托管人均对基金份额持有人负责。他们的权利和义务在基金合同或基金公司章程中已预先界定清楚,任何一方有违规行为,对方都应当监督并及时制止,直至请求更换违规方。这种相互制衡的运行机制,有利于基金信托财产的安全和基金运营的效率。但是,这种机制的作用得以有效发挥的前提是基金托管人与基金管理人必须严格分开,由不具有任何关联关系的不同机构或公司担任,两者在财务上、人事上和法律地位上应该完全独立。

(三)持有人与托管人之间的关系

基金持有人与托管人是委托与受托的关系,也就是说,基金份额持有人将基金资产委托给基金托管人托管。对持有人而言,将基金资产委托给专门的机构保管,可以确保基金资产的安全;对基金托管人而言,必须对基金份额持有人负责,监管基金管理人的行为,确保其经营行为符合法律法规的要求,为基金份额持有人的利益而勤勉尽责,保证资产安全,提高资产的回报。

第四节 证券投资基金的费用、收入与风险

一、证券投资基金的费用

(一)基金管理费

基金管理费是指从基金资产中提取的、支付给为基金提供专业化服务的基金管理人的费用,即管理人为管理和操作基金而收取的费用。基金管理费通常按照每个估值日基金净资产的一定比率(年率)逐日计提,累计至每月月底,按月支付。管理费费率的大小通常与基金规模成反比,与风险成正比。基金规模越大,风险越小,管理费率就较低;反之,则较高。不同的国家及不同种类的基金,管理费率不完全相同。

(二)基金托管费

基金托管费是指基金托管人为保管和处置基金资产而向基金收取的费用。托管费通常按照基金资产净值的一定比率提取,逐日计算并累计,按月支付给托管人。目前,我国封闭式基金按照 0.25% 的比重计提基金托管费;开放式基金根据基金合同的规定比率计提,通常不高于 0.25%。股票基金的托管费率要高于债券基金及货币市场基金的托管费率。

(三)其他费用

证券投资基金的费用还包括:封闭式基金上市费用;证券交易费用;基金信息披露费用;基金持有人大会费用;与基金相关的会计师、律师等中介机构费用;法律法规及基金合同规定可以列入的其他费用。上述费用由基金托管人根据法律法规及基金合同的相应规定,按实际支出金额支付。

二、证券投资基金的收入及利润分配

(一)证券投资基金的收入来源

证券投资基金的收入是基金资产在运作过程中所产生的各种收入,主要包括利息收入、投资收益和其他收入。基金资产估值引起的资产价值变动作为公允价值变动损益计入当期损益。

(二)证券投资基金的利润分配

证券投资基金的利润是指基金在一定会计期间的经营成果。利润包括收入减去费用后

的净额、直接计入当期利润的利得和损失等，也称为基金收益。证券投资基金在获取投资收入扣除费用后，须将利润分配给受益人。基金利润分配通常有两种方式：一是现金分配，这是最普遍的分配方式；二是分配基金份额，即将应分配的净利润折算为等额的新的基金份额赠送给受益人。

《公开募集证券投资基金运作管理办法》规定，封闭式基金的收益分配每年不得少于一次，封闭式基金年度收益分配比例不得低于基金年度已实现收益的90%。封闭式基金一般采用现金分红方式。

开放式基金的基金合同应当约定每年基金收益分配的最多次数和基金收益分配的最低比例。开放式基金的分红方式有现金分红和分红再投资转换为基金份额两种。根据《公开募集证券投资基金运作管理办法》的规定，基金收益分配应当采用现金方式。开放式基金的基金份额持有人可以事先选择将所获分配的现金收益按照基金合同有关基金份额申购的约定转为基金份额；基金份额持有人事先未做出选择的，基金管理人应当支付现金。

对货币市场基金的收益分配，中国证监会有专门的规定。《货币市场基金管理暂行规定》(证监发〔2004〕78号)第九条规定："对于每日按照面值进行报价的货币市场基金，可以在基金合同中将收益分配的方式约定为红利再投资，并应当每日进行收益分配。"中国证监会下发的《关于货币市场基金投资等相关问题的通知》(证监基金字〔2005〕41号)规定："当日申购的基金份额自下一个工作日起享有基金的分配权益；当日赎回的基金份额自下一个工作日起不享有基金的分配权益。"具体而言，货币市场基金每周五进行收益分配时，将同时分配周六和周日的收益；每周一至周四进行收益分配时，则仅对当日收益进行分配。投资者于周五申购或转换转入的基金份额不享有周五以及随后的周六和周日的收益；投资者于周五赎回或转换转出的基金份额享有周五以及随后的周六和周日的收益。

三、证券投资基金的投资风险

证券投资基金是一种集中资金、专家管理、分散投资、降低风险的投资工具，但仍有可能面临风险。证券投资基金存在的风险主要有以下几种。

(一)市场风险

基金主要投资于证券市场。投资者购买基金，相对于购买股票而言，由于能有效地分散投资并利用专家优势，可能对控制风险有利。分散投资虽能在一定程度上消除来自个别公司的非系统性风险，但无法消除市场的系统性风险。因此，当证券市场价格因经济因素、政治因素等各种因素影响产生波动时，将导致基金收益水平和净值发生变化，从而给基金投资者带来风险。

(二)管理能力风险

基金管理人作为专业投资机构，虽然比普通投资者在风险管理方面确实有某些优势，例如，能较好地识别风险的性质、来源和种类，能较准确地度量风险，并通常能够根据投资目标和风险承受能力构建有效的证券组合，在市场变动的情况下，及时更新投资组合，从而将基金资产风险控制在预定范围内等。但是，不同的基金管理人的投资管理水平、手段和管理技术存在差异，这些差异可能对基金的收益水平产生影响。

(三)技术风险

当计算机、通信系统、交易网络等技术保障系统或信息网络支持出现异常情况时，可能导致基金日常的申购或赎回无法在正常时限内完成、注册登记系统瘫痪、核算系统无法在正常时限内显示基金净值、基金的投资交易指令无法及时传输等风险。

(四)巨额赎回风险

巨额赎回风险是开放式基金所特有的风险。若市场剧烈波动或其他原因导致连续出现巨额赎回，使基金管理人面临现金支付困难时，基金投资者在申请赎回基金份额时，可能会遇到部分顺延赎回或暂停赎回等风险。

【拓展阅读4.3】证券投资基金的信息披露请扫描右侧二维码。

本 章 小 结

本章介绍了以下内容：证券投资基金的产生和发展、特点及其与股票、债券的区别；证券投资基金的作用和分类；证券投资基金的当事人，包括基金份额持有人、基金管理人和基金托管人及三者之间的关系；证券投资基金的费用、收入、风险以及对信息披露的监管要求和相关内容。

第四章自测题请扫描右侧二维码。

第五章 衍生证券基础知识

【学习目标】

通过本章的学习，读者应当了解金融远期合约的概念、特征以及分类；掌握金融期货合约的基本概念、特征、分类及其功能；掌握互换的基本概念与分类，熟悉利率互换与货币互换的交易流程；掌握期权的基本概念、特征、分类，熟悉期权价格的构成以及相关的影响因素，能够灵活运用期权交易基本策略；了解可转换债券与认股权证的概念与特征，掌握可转换债券与认股权证的作用。

【案例导读】具体内容请扫描右侧二维码。

第一节 金融远期与期货基础知识

金融远期与期货基础知识.mp4

一、远期合约的概念与特征

远期合约是指在将来某一特定时刻以约定的价格买入或卖出一定数量的某一资产的合约。与远期合约相对应的是即期交易，也就是我们平时所熟知的"钱货两清"的买卖模式，相应的价格即是即期价格。

(一)远期合约相关概念

1. 标的资产

远期合约中约定买卖的资产通常称为标的资产。标的资产可以是实物资产，如农产品、石油、金属等，也可以是金融资产，如债券、股票、外汇等。以金融资产作为标的资产的远期合约即为金融远期合约。

2. 多头

在远期合约中，同意在将来某一时刻以约定的价格买入资产的一方被称为多头。

3. 空头

在远期合约中，同意在将来某一时刻以约定的价格卖出资产的一方被称为空头。

4. 远期升水与远期贴水

即期交易中形成的价格称为即期价格，在远期交易中形成的价格称为远期价格。远期价格与即期价格的差额称为远期价差，即：远期价格=即期价格±远期价差。升水表明远期价格高于即期价格；贴水表明远期价格低于即期价格；平价表明远期价格和即期价格相等。

5. 交割价格

远期合约中规定的未来买卖标的资产的价格称为交割价格。在合约签订时，远期价格与交割价格是相等的。但在合约签订之后，远期价格会随着市场的变化而变化，而交割价格则保持不变。

6. 合约期限

远期合约的期限是指合约签订至到期的时间。签订双方根据具体情况来约定合约的期限，并没有统一的标准。

(二)远期合约的特征

1. 远期合约在场外交易，是交易双方通过谈判后签订的合约，是非标准化的合约

在远期合约签订时，双方根据各自具体情况和要求来决定未来交易的时间、资产、价格和数量等，具有很大的灵活性，能够更好地满足交易者的个性化需求。

2 远期合约流动性较差

正是由于远期合约可以灵活性地定制，一旦远期交易的一方希望提前终止合约，很难找到刚好可以承担本方义务的其他交易者，存在退出流动性不足的风险。因此，远期交易很少会提前终止合约。

3. 远期合约通常需要到期交割

由于流动性不足，远期合约的一方很难将合约转手，因此，绝大部分远期合约都需要持有到期以现金或实物方式交割。

4. 远期合约存在违约风险

在远期交易中，双方均需承担对方可能违约的风险。远期合约是在场外交易的，没有交易所的监管，且在合约签订时不支付任何现金，当价格的变动对一方不利时，这一方很可能会产生违约动机，因此远期合约的信用风险很高。

二、金融远期合约的主要类型

(一)远期利率协议

远期利率协议是指交易双方约定在未来某一日期(指利息的起算日)开始的一定期限的协议利率(或称合同利率)，并规定某一市场利率为参照利率，在将来利息起息日，按合约约定的期限和名义本金，分别以合同利率和参照利率计算利息的贴现额并进行交换。其中，支付协议利率利息的一方为远期利率协议的买方，交易对手为远期利率协议的卖方。

远期利率协议是用以锁定利率和对冲利率风险的衍生金融工具之一。它没有发生实际的贷款本金交付，而只进行利息的交付，这使远期利率协议不需要反映在资产负债表上。

【拓展阅读 5.1】远期利率协议的交易请扫描右侧二维码。

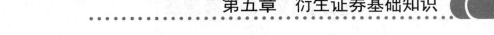

1. 远期利率协议的特征

(1) 远期利率协议具有极大的灵活性。作为场外交易的一种工具，远期利率协议的合同条款可以根据客户的要求量身定做，以满足其个性化需求。

(2) 虽然合约上的名义本金数额比较大，但是在现金结算时只是支付利息差额部分，因此实际支付的金额很小。

(3) 结算日期前不用支付任何费用。

(4) 远期利率协议的报价习惯与众不同。在期限上，它确认的是交易开始的时点及结束的时点。例如，"3×9"或"3个月对9个月"的上海银行间同业拆放利率(SHIBOR)就意味着一项在3个月后开始的并且在9个月后结束的6个月期SHIBOR存款；在价格上，它是以收益率报价，这与利率期货交易相反。例如，担心市场利率上升会加大融资成本的借款人可以通过购买远期利率协议来进行对冲，也可以在期货市场上卖出适当数量的利率期货合约进行对冲。

2. 远期利率协议的功能

(1) 远期利率协议的交易者通过固定将来实际收付的利息来规避利率变动的风险。当参照利率上升时，表明协议购买方的资金成本加大，但由于他可以从协议出售方得到参照利率与协议利率的差额，正好可弥补其增加的资金成本，而协议出售方则固定了他的资金收益；当参照利率下降时，协议购买方的资金成本变小，这时参照利率与协议利率的差额则填补了其减少的资金成本。

(2) 可以利用远期利率协议进行投机获利。一般来说，投机者并没有事先拥有一笔受利率变动影响的资金，因此投机者一开始没有面临利率风险，但其预期利率将要波动并希望从未来的利率变动中获利。在获取远期利率协议头寸后，投机者就面临了利率风险，但与保值者不同的是，这种风险是投机者为追求投机收益愿意承担的。

(3) 为银行提供一种无须改变资产负债表的利率风险管理工具。作为表外科目，远期利率协议可用来减少银行的"同业存放"和"存放同业"两科目之余额，不会使资产负债表膨胀，同时还可减少对同业市场的依赖。一方面，可以满足金融管理部门对银行资本的要求；另一方面，可以改善银行的资产收益率。

(二) 远期外汇协议

远期外汇协议是指外汇买卖双方在成交时先就交易的货币种类、数额、汇率及交割的期限等达成协议，并用合约的形式确定下来，在规定的交割日双方再履行合约，办理实际的收付结算。

1. 远期外汇协议相关概念

1) 即期汇率

即期汇率也称现汇汇率，是指在现货市场上交易的货币价格。当交易双方达成外汇买卖协议后，在两个工作日以内办理交割的汇率。这一汇率就是现时外汇市场的汇率水平。汇率有两种标价法，即直接标价法和间接标价法。直接标价法是以一定单位的外国货币为标准来计算应付出多少单位本国货币。包括中国在内的世界上绝大多数国家目前都采用直接标价法。在国际外汇市场上，日元、瑞士法郎、加拿大元等均采用直接标价法。间接标价法是以一定单位的本国货币为标准来计算应收若干单位的外国货币。在国际外汇市场上，欧元、英镑、澳大利亚元等采用间接标价法。

2）远期汇率

远期汇率也称期汇率，是交易双方通过达成外汇买卖协议，约定在未来某一特定时间点进行外汇的实际交割所采用的汇率。

由对汇率升水和贴水的理解可知，远期汇率的计算公式为

在直接标价法下：远期汇率=即期汇率+升水数(-贴水数)

在间接标价法下：远期汇率=即期汇率-升水数(+贴水数)

2. 远期外汇协议的交割

远期外汇交易的交割日或结算日基本上是按月计算而不是按天计算的，其交割日是在即期外汇交割日或结算日的基础上确定的，即在确定远期外汇交易的交割日之前要先确定即期外汇交易的交割日。因为远期外汇交易交割日就是即期外汇交易交割日之后的远期外汇协议规定的期限的同一天，因此，计算远期外汇交易交割日的一个简单方法是：对于今天发生的 3 个月远期外汇交易，可以先计算出即期外汇交易的交割日，然后往后推 3 个月。例如，2009 年 9 月 1 日(星期二)发生了一笔 3 个月的远期外汇交易，其交割日的计算首先是计算出 9 月 1 日发生的即期外汇交易的交割日为 9 月 3 日，然后在 9 月 3 日的基础上加 3 个月就是 3 个月远期外汇交易的交割日，即 2009 年 12 月 3 日(星期四)。如果计算出的远期外汇交易的交割日恰逢银行休假日，则将交割日顺延至第一个工作日。

3. 远期外汇协议的功能

(1) 规避国际贸易中的汇率变动风险。
(2) 资金借贷者采取措施以规避因汇率变动导致的国外投资或所欠债务到期时的损失。
(3) 外汇银行为平衡其外汇头寸而进行的必要抛补。
(4) 外汇投机者为取得汇差收益而从事的投机。

【拓展阅读5.2】远期外汇协议案例请扫描右侧二维码。

三、金融期货的概念与特征

(一)金融期货的概念

期货合约是在远期合约的基础上发展起来的一种标准化合约。它是指由期货交易所统一制定，规定在将来某一特定时间和地点交割一定数量标的物的标准化合约。金融期货合约，就是指以金融工具为标的物的期货合约。金融期货合约是金融期货交易的对象，期货交易参与者通过在期货交易所买卖期货合约，转移价格风险，获取风险收益。

(二)金融期货合约的特征

1. 金融期货合约是标准化远期合约

金融期货合约的交易数量和单位、质量和等级、交割地点、交割期等条款都是标准化

的，由期货交易所统一规定，唯一的变量是价格。期货合约的标准化条款一般包括以下内容。

(1) 交易数量和单位。每种金融期货合约都规定了统一的、标准化的数量和计量单位，统称交易单位。例如，美国芝加哥商品交易所(CME)规定，每份欧元期货合约的交易单位为 125 000 欧元，每份英镑期货合约的交易规模为 62 500 英镑。交易单位的标准化，既方便了期货合约的流通，也简化了期货交易的结算。其缺陷是在一定程度上限制了人们根据自己的需要确定交易数量。

(2) 最小变动价位。最小变动价位是指由交易所规定的在期货交易时买卖双方报价所允许的最小变动幅度，每次报价时价格的变动必须是这个最小变动价位的整数倍。例如，芝加哥商品交易所规定，欧元期货合约的最小变动值(点)是 0.0001 美元，而每份欧元期货合约的规模为 125 000 欧元，因此每份欧元期货的最小变动值为 12.5 美元。芝加哥期货交易所的长期国债期货合约单位为 100 000 美元，最小变动单位为 1/32 点。在国债期货交易中，1 点代表 1 000 美元，1/32 点则代表 31.25 美元，即每张国债期货合约的最小变动幅度为 31.25 美元。交易所之所以对价格变动的最小幅度做出规定，其主要目的是简化金融期货的交易和结算。

(3) 每日价格最大波动幅度限制，俗称"每日停板制"，是指交易所为了防止期货价格发生剧烈波动，而对期货合约每日价格波动的最大幅度做出的一定限制。即期货合约的成交价格不能高于或低于该合约上一交易日结算价的一定幅度，达到该幅度则暂停该合约的交易。期货的涨跌停板制度和股票一样，只是幅度依据品种不同，一般为 3%～5%。例如，芝加哥期货交易所的长期国债期货每日价格最大变动幅度为不高于或低于上一交易日结算价格各 3 点，即每张合约最大波动幅度为 3 000 美元。

(4) 交割月份，是指交易所规定的各种期货合约到期进行实物交割的月份，一般规定几个交割月份，由交易者自行选择。所谓交割，是指金融期货合约因到期未平仓而进行实际交割的行为。例如，在芝加哥商业交易所的国际货币市场(IMM)上，所有外汇期货合约的交割月份都是一样的，为每年的 3 月、6 月、9 月和 12 月，称为标准交割月份，而交割月的第三个星期三为该月的交割日。

(5) 最后交易日，是指期货合约停止买卖的最后截止日期。每种期货合约都有一定的限制，到期就要停止合约的买卖，准备进行实物交割。例如，芝加哥商业交易所的国际货币市场规定，所有外汇期货的最后交易日为紧接合约月第三个星期三前的第二个交易日。

2. 金融期货交易是场内集中交易

期货交易是在期货交易所组织下成交的，具有法律效力。交易所是专门为期货交易提供交易场所和所需各种软硬件设备，组织、管理期货交易的机构。它们大体分为两类：一类是专门为了金融期货交易而设立的，如伦敦国际金融期货交易所和新加坡国际货币交易所等；另一类是传统的期货交易所或者证券交易所因开设金融期货而形成的金融期货分部，如芝加哥期货交易所和东京证券交易所等。

3. 金融期货交易实行保证金制度和每日结算制度

为了控制期货交易的风险和提高效率，期货交易所的会员经纪公司必须向交易所或结算所缴纳结算保证金，而期货交易双方在成交时都要经过经纪人(期货经纪公司)向交易所或结算所缴纳一定数量的保证金。保证金是合约买卖双方在结算所暂时储存的、为维持其头寸地位而缴纳的抵押金。结算所是期货交易的专门结算机构。期货结算所实行无负债的每日结算制度,又被称为逐日盯市制度,即期货投资者在交易前必须缴纳合约金额5%~10%的保证金,并由结算所进行逐日结算。如有盈余,可以支取;如有损失且账面保证金低于某一水平,必须及时补足。如果客户未在期货公司要求的时间内及时追加保证金或自行平仓,期货公司则会将该客户的合约强行平仓,强行平仓产生的费用及损失由客户自行承担。

4. 金融期货交易大多以对冲方式结束交易

结束期货头寸的方法一般有两种:一是在期货合约到期前通过对冲或反向操作结束原有头寸,即买卖与原期货头寸数量相等、方向相反的期货合约;二是在期货到期时通过现金或现货方式交割。通常,只有极少比例的期货合约被交割,大多数期货交易都会以对冲方式结束,即期货交易者的目的不是期货合约的标的资产,而是通过期货合约价格的波动来套期保值或投机。从这个角度讲,期货无"货"。

四、金融期货的主要类型

金融期货基本上可分为三大类:货币期货、利率期货和股票价格指数期货。

(一)货币期货

货币期货,也称外汇期货,是指交易双方约定在未来某一时间点,依据约定的汇率交换两种货币的标准化合约。它是以外汇为标的的期货合约,其核心目的在于规避汇率风险,是金融期货市场中最早出现的类型。目前,货币期货交易的主要品种有美元、英镑、欧元、日元、瑞士法郎、加拿大元、澳大利亚元等。

(二)利率期货

利率期货,是指交易双方约定在未来某一日期,按既定条件交易一定数量的长期或短期信用工具的标准化期货合约。利率期货交易的对象有长期国库券、政府支持的抵押证券、中期国债、短期国债等。这些标的物属于固定收益证券,其价格与市场利率密切相关,因此称为利率期货。利率期货合约自1975年10月由芝加哥期货交易所推出后迅速发展。虽然利率期货的产生较外汇期货晚了三年多,但其发展速度和应用范围已远超外汇期货。在期货交易市场比较发达的国家和地区,利率期货的交易量已超过农产品期货成为交易量最大的一个类别。在美国,利率期货的交易量甚至占到整个期货交易总量的一半以上。

利率期货有以下特点。①利率期货价格与市场利率呈反方向变动。利率的上升通常会导致固定收益证券价格下降,反之亦然。②利率期货的交割方式特殊。利率期货主要采取实物交割方式,较少部分采用现金交割。

(三)股票价格指数期货

股票价格指数期货,简称股指期货,是指以股价指数为标的的标准化期货合约。交易双方同意在将来某一特定日期,按约定的价格买卖特定股价指数,并于到期时通过现金结算差价。最具代表性的股指期货合约包括美国的道琼斯股指期货、S&P500股指期货、纳斯达克股指期货、英国的金融时报、中国香港的恒生股指期货以及中国沪深300股指期货等。

股指期货是一种典型的"数字游戏",因为它交易的是指数这一无形的数字,而非具体商品或金融资产。股指期货合约到期只能以现金方式交割,不支持实物交割。如果合约到期时股价指数高于期货合约价格,则卖方向买方支付现金差额;反之,则买方向卖方支付现金差额。在具体交易时,股指期货合约的价值一般是由期货交易所根据指数的点数乘以一个预设的乘数来确定,即合约价值=股票指数×乘数。例如,美国标准普尔指数规定每点价值500美元,中国香港恒生指数每点价值50港元、沪深300指数每点价值300元人民币等。

五、金融期货的主要功能

(一)套期保值

所谓套期保值,是指投资者在现货市场和期货市场,对同一种类的金融资产同时进行数量相等但方向相反的买卖活动,即买进或卖出金融资产现货的同时,卖出或买进同等数量的该种金融资产期货,使两个市场的盈亏大致抵销,以达到防范价格波动风险目的的一种投资行为。因此,套期保值实际上是在"现"与"期"之间、近期和远期之间建立一种对冲机制,从而最大限度地降低价格风险,实现其规避风险的目的。

套期保值之所以能够保值,是因为同种特定资产的期货和现货的主要差异在于交货日期前后不一,而它们的价格则受相同的经济因素与非经济因素的影响和制约。而且,期货合约到期必须进行实物交割的规定,使现货价格与期货价格具有趋合性,即当期货合约临近到期日时,两者价格的差异接近于零。因而,在到期日前,期货和现货价格具有高度的相关性。在相关的两个市场中,反向操作必然有相互冲销的效果。

(二)价格发现

价格发现,也称价格形成,是指在一个公开、公平、高效、竞争的期货市场上,通过期货交易形成的期货价格,具有真实性、预期性、连续性和权威性的特点,能够比较真实地反映出未来商品价格变动的趋势。

期货市场之所以具有价格发现功能,主要是因为期货价格的形成具有以下特点。

(1) 公正性。由于期货交易是集中在交易所进行的,而交易所作为一种有组织、规范化的统一市场,集中了大量的买者和卖者,通过公开、公平、公正的竞争形成价格,它基本上反映了真实的供求关系和变化趋势。

(2) 预期性。与现货市场相比,期货市场价格对未来市场供求关系变动有预测作用。期货市场既可以做多也可以做空的特点极大改进了期货市场的价格信息质量。

(3) 连续性。期货价格是不断地反映供求关系及其变化趋势的一种价格信号。期货合约的买卖转手相当频繁,这样连续形成的价格能够连续不断地反映市场的供求关系及其变化。

因此,期货价格信息是企业经营决策和国家宏观调控的重要依据。

第二节 互换基础知识

互换基础知识.mp4

一、互换基本概述

(一)互换

互换是指两个交易者之间达成的在未来互换现金流的协议，双方在协议中约定现金流的互换时间和现金流数量的计算方法。金融互换合约，也称互换交易，是指当事人利用各自筹资成本的相对优势，在不同货币或相同货币的不同利率的资产或债务之间进行交换，以规避利率风险、降低融资成本的一种场外金融衍生工具。

互换交易中交换的具体对象可以是不同种类的货币、债券，也可以是不同种类的利率、汇率、价格指数等。在一般情况下，它是交易双方根据市场行情约定支付率(如汇率、利率等)，以确定的基本金额为依据相互为对方进行支付。

一般地，互换交易包括两个主要组成部分：一是互换双方根据互换协议的安排，先各自在自己具有相对优势的市场上融资，并相互交换；二是互换协议到期后，互换双方将互换的资金还给对方，或者将利息按期支付给对方。

(二)互换的动因

互换产生的根本动因是互换双方存在着比较优势。根据国际贸易比较优势理论，只要双方存在比较优势，就能从国际贸易中获利，互换交易正是利用了这一理论。互换交易双方的比较优势源于其信用等级之差。一般地，信用等级较高的机构与信用等级较低的机构筹集固定利率资金的利差，比筹集浮动利率资金的利差要大。因此，如果各借款人都在其具有比较优势的市场上筹资，然后再相互交换相应的利息支付，那么双方都能降低融资成本。

(三)互换的优点

互换具有以下优点。

(1) 互换交易集外汇市场、权益市场、货币市场和债券市场于一身，其标的可以是这些市场中的任何一种，也可以是某些市场的综合。

(2) 互换能满足投资者对非标准化交易的要求，运用较为灵活。

(3) 利用其他金融衍生工具进行套期保值时一般需要调整持仓，而用互换套期保值可以省去对持仓头寸的日常管理，使用简便且风险转移较快。

(四)互换分类

互换主要可分为以下几类。

1. 利率互换

利率互换是金融市场上最为普遍的互换类型。在标准的利率互换协议中，交易双方在一定期限内按照一定金额、相同货币的名义本金，交换以固定利率和浮动利率计算的利息。在实际操作中，双方一般仅交换利息差额，这被称为等额结算。利率互换中的本金一般不发生交换，因此被称为名义本金。

2. 货币互换

货币互换最简单的形式是将一种货币的本金和固定利息与几乎等价的另一种货币的本金和固定利息进行交换。这是另一种较为常见的互换类型。

3. 商品互换

商品互换是指交易双方为了规避商品价格风险，达成的一项交换与商品价格变动相关的现金流的协议。它主要是指固定价格及浮动价格的商品价格互换。

假设某原油生产者每月要在市场上销售 1 万桶原油。由于原油价格波动使其销售收入极不稳定，那么，该原油生产者就可以以 1 万桶原油作为标的进行互换。每个月，原油生产者将 1 万桶原油的销售收入支付给互换交易对手方，交易对手方按照事先约定的固定价格计算出相应的现金流并支付给原油生产者，具体如图 5-1 所示。

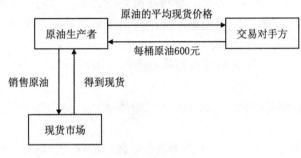

图 5-1　商品互换

4. 股权类互换

股权类互换是将某个权益性指数所实现的总收益(红利及资本利得)交换为固定利率或浮动利率的协议。例如，每 6 个月将 1000 万元市值的 A 股票的总收益交换为 1000 万元本金的 6 个月的 SHIBOR 利率。

二、利率互换

利率互换(Interest Rate Swap，IRS)是互换交易中发展最早且最为普遍的一种。简单来说，利率互换是指固定利率与浮动利率在同一种货币间的交换。其基本做法是：持有同种货币资产或负债的交易双方(也称为互换对手方)，基于一定的本金数额相互支付利息，其中一方以固定利率支付利息换取对方的浮动利率支付，另一方则以浮动利率支付利息换取对方的固定利率支付，通过互换达到降低资金成本的目的。当然，在实际操作中，利率互换的交易双方通常只需支付两种利息的差额。即如果固定利率高于浮动利率，则固定利率支付方需向浮动利率支付方补偿利差；反之，则浮动利率支付方需向固定利率支付补偿利差。

归纳起来，利率互换可以实现以下功能。

(一)降低筹资成本

投资者的资信等级不同，导致筹资利率存在差异。利率互换可以利用这种比较优势进行套利，从而降低筹资成本。

(二)对利率风险保值

对于一种货币来说，无论是固定利率的持有者还是浮动利率的持有者，都面临着利率波动的风险。对固定利率的债务人来说，如果利率下调，其债务负担相对较重；对于浮动利率的债务人来说，如果利率上升，则其债务成本也会增加。因此，利用互换可以规避利率波动的风险。

【拓展阅读5.3】利率互换的交易流程请扫描右侧二维码。

三、货币互换

货币互换是一种常见的互换形式，它是指交易双方根据协议汇率交换等值的两种货币，并约定在将来一定期限内按照该协议汇率相互换回原货币。与利率互换不同，在货币互换中，本金和利息都需要交换。简单地说，货币互换即是交易双方在一定期限内以一定数量的一种货币交换等值的另一种货币。

货币互换的功能源自不同信用等级机构在不同金融市场的比较优势。具体来说，货币互换可以实现以下功能。

(1) 套利。通过货币互换获取直接融资无法获得的所需信用等级或收益率的资产，或以低于直接融资成本的资金进行融资。

(2) 对货币风险进行保值。随着经济金融全球化的加深，公司资产和负债开始以多种货币计价，货币互换可以用来规避汇率风险，对现存资产或负债的汇率风险进行保值，锁定收益或成本。

(3) 规避外币管制。在一些实行外汇管制的国家，从这些国家汇出资金或向这些国家公司内部贷款的成本可能非常高，甚至不可能实现，货币互换可以解决这类问题。

【拓展阅读5.4】货币互换的交易流程请扫描右侧二维码。

第三节　金融期权基础知识

一、期权基本概述

(一)期权合约的概念和特点

金融期权基础知识.mp4

期权，又称选择权，是指合约买方向卖方支付一定的期权费后，获得在未来某一特定时间，以特定价格买进或卖出一定数量的标的资产的权利。以金融资产作为标的资产的期权合约则为金融期权合约。

金融期权合约的基本特点包括以下几点。

1. 期权交易本质上是一种权利的买卖

期权可以是按协议价格买进某种金融资产的权利，也可以是按协议价格卖出某种金融资产的权利。也就是说，期权的购买方可能是合约标的资产的买方，也可能是合约标的资产的卖方，即卖方确立了一种权利供买方交易，故将卖方称为"立权人"或"承约方"。

2. 买卖双方的权利和义务具有不对称性

期权的买方由于向卖方支付了期权费，即权利金，因而取得了某种权利，但不承担任何义务。而期权的卖方由于收取了期权费，从而只有应买方的要求被动买卖某种金融资产的义务，却没有选择的权利。

3. 期权交易中将"涨"和"跌"分开进行交易

例如，投资者担心某种资产价格将上涨，可以买进该资产的看涨期权。其付出的费用是支付给卖方一笔期权费，得到的权利是在到期日，当市场价格高于协议价格时，可以按照协议价格从卖方手中买进该资产或者按照协议价格结算差额；当市场价格低于协议价格时，可以放弃执行。相反，如果投资者担心某种资产价格下跌，可以买进看跌期权。按照协议价格买进看跌期权后，一旦到期日市场价格在协议价格以下，买方有权按照协议价格将该资产卖给期权的卖方或者得到其中的差价。

(二)期权合约的构成要素

从期权的定义可以看出，金融期权合约至少要包括以下要素。

1. 期权购买者和期权出售者

期权购买者，也称期权持有者，是期权的权利方，在支付一定期权费后，就获得了在合约所规定的某一特定时间，以事先确定的价格(协议价格)向期权出售者买进或卖出一定数量金融资产的权利。当然，其也可以根据需要和当时的金融市场形势放弃执行这种权利。期权出售者，又称期权立权人或承约方，是期权的义务方，在收取期权购买者支付的期权费后，就必须承担在规定时间内，应期权购买者的要求履行该期权合约的义务。只要期权购买者要求行使其权利，期权出售者就必须无条件地履行期权合约。因此，在期权交易中，交易双方的权利与义务存在着明显的不对称性。

2. 执行价格

执行价格，就是期权合约中约定的协议价格，也是期权购买者在行使其权利时所实际执行的价格。协议价格一经确定，在期权合约有效期内，无论期权的标的物价格上涨或下降到什么水平，只要期权购买者要求执行合约，期权出售者都必须以此协议价格履行其义务。

3. 期权费

期权费，又称"权利金"，是期权买方为获取期权合约所赋予的权利而向期权卖方支付的费用。它是买卖期权的交易价格，因此也称为期权价格或期权价值。由于期权提供了灵活的选择权，对买方十分有利，同时也意味着对卖方不利，因而卖方必须制定合理的期权费才能保证自己不会亏损。期权费一经支付，则不论期权购买者执行还是放弃该权利，均不予退还。初学者容易混淆的概念有期权费、执行价格、交易佣金。简单来说，期权费是期权合约的市场价格，即期权价值，是随着市场行情变化的。执行价格是期权合约中规定的标的资产的买卖价格，是协议价格，也就是固定不变的。交易佣金是指期权的买方在购买期权时向交易所或期货公司等支付的一定比例的手续费。

4. 权利类型

期权合约还要规定权利类型，即买权还是卖权。如果是买权，则期权买方所购买的就是未来按协议价格从期权卖方手中买进标的资产的权利；如果是卖权，则期权买方所购买的就是未来按协议价格向期权卖方出售标的资产的权利。

(三)期权交易的特征

期权交易的最大特点是，允许交易者在获取价格有利变化的好处时，能极大地降低价格不利变动的损失。因此，当价格变动对自己不利时，交易者选择放弃执行期权，仅损失期权费，而不是价差。金融期权交易双方的盈亏具有非对称性特点，如图 5-2 所示。

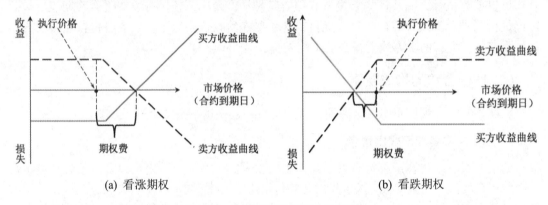

图 5-2　金融期权交易双方的盈亏

期权交易的具体特征如下。

(1) 期权买方的最大损失是期权费，期权卖方的最大收益也是期权费。

(2) 期权买方的潜在收益是无限大的，相反，期权卖方的潜在损失也是无限大的。以看涨期权为例，对于看涨期权的买方来说，当市场价格高于执行价格时，他会行使买权，取得收益；当市场价格低于执行价格时，他会放弃权利，所亏损的仅限于期权费。因此，期权对于买方来说，可以实现"有限的"损失和"无限的"收益。

(3) 对于看涨期权的交易双方来讲，其盈亏平衡点出现在"市场价格=执行价格+期权费"这一点上。对于看跌期权的交易双方来讲，其盈亏平衡点出现在"市场价格=执行价格-期权费"这一点上。

(4) 期权合约买卖双方的损益之和等于零，即期权本身是一个零和博弈。期权市场作为一个整体，没有净收益或净损失。

(四)期权分类

1. 按照期权的权利内容，期权可分为看涨期权和看跌期权

(1) 看涨期权。看涨期权也称买入期权，是指期权买方支付一定期权费后拥有在规定时间内，以执行价格从期权卖方手中买入一定数量标的资产的权利。当标的资产的市场价格上

第五章　衍生证券基础知识

升到高于期权执行价格时，期权买方就选择执行期权，按执行价格从期权卖方手中购买相关标的资产，然后再按市场价格卖出，以赚取差价。扣除期权费后，剩余的就是期权买方的净利润。相反，当标的资产的市场价格下降到低于期权执行价格时，期权买方就选择放弃执行期权合约，则仅损失期权费。

(2) 看跌期权。看跌期权也称卖出期权，是指期权买方支付一定期权费后拥有在规定时间，以执行价格向期权卖方出售一定数量标的资产的权利。当标的资产的市场价格下降到低于期权执行价格时，期权买方就选择执行期权，按市场价格低价买进，然后再按执行价格向期权卖方出售相关标的资产，以赚取差价。扣除期权费后，剩余的就是期权买方的净利润。相反，当标的资产的市场价格上升到高于期权执行价格时，期权买方就选择放弃执行期权合约，则仅损失期权费。

2. 按照期权行权的时间，期权可分为欧式期权、美式期权和百慕大期权

(1) 欧式期权。欧式期权是指期权买方只能在期权到期日当天行使其权利的期权。因此，在欧式期权交易中，合约交割日等于合约到期日。目前，我国的外汇期权交易大多采用欧式期权合同方式。

(2) 美式期权。美式期权是指期权买方可以在期权到期日之前的任何一个营业日行使其权利的期权。因此，美式期权的合约交割日可以早于或等于合约到期日。目前，在世界主要的金融期权市场上，美式期权的交易量远大于欧式期权的交易量。由于美式期权赋予买方更多的选择，而卖方则时刻面临着履约的风险，因此美式期权的权利金相对较高。

(3) 百慕大期权。百慕大期权是一种可以在到期日前所规定的一系列时间行权的期权。比如，期权可以有 3 年的到期时间，但只有在 3 年中每一年的最后一个月才能被执行，它的应用常常与固定收益市场有关。百慕大期权可以被视为美式期权与欧式期权的混合体，如同百慕大群岛混合了美国文化和英国文化一样。

3. 按照交易市场不同，期权可分为场内期权和场外期权

(1) 场内期权。场内期权是指在集中性的期货市场或期权市场进行交易的期权合约，它是一种标准化的期权合约，其交易数量、执行价格、到期日以及履约时间等均由交易所统一规定。在美国，场内期权合约的条款是被交易所一个下属的期权结算公司标准化的。标准化后的期权能够在各交易所里进行交易。

(2) 场外期权。场外期权是指在非集中性的交易场所进行的非标准化的金融期权合约。场外期权的性质基本上与交易所内交易的期权无异。两者不同之处主要在于场外期权合约的条款没有任何限制或规范，例如，执行价格及到期日均可由交易双方自由拟定，而交易所内的期权合约则是以标准化的条款来交易、结算，而且有严格的监管及规范，因此，交易所能够有效地掌握有关信息并向市场公布，如成交价、成交量、未平仓合约数量等。场外期权的参与者主要是投资银行或其他专业及机构性投资者，因此在一般投资者眼中，场外期权市场的透明度可能相对较低。场外期权的一个优势是它们可以提供定制化服务(零售)，以满足投资银行客户的特殊需要。

4. 按照标的资产类型的不同，期权可分为商品期权和金融期权

(1) 商品期权。作为期货市场的重要组成部分，商品期权是当前资本市场中最具活力的

风险管理工具之一。商品期权指以商品类资产或其期权合约为标的的期权，如农产品中的小麦、大豆，金属中的铜等。商品期权是进行商品价格风险规避和管理的有效金融工具。

(2) 金融期权。与商品期权不同，金融期权以金融基础资产或金融期货合约为标的物。在金融期权交易中，期权买方向卖方支付一定的期权费，以此获得在未来某一特定时间，按约定价格向期权卖方买入或卖出一定数量的金融基础资产或金融期货的权利。

【拓展阅读5.5】金融期权的分类请扫描右侧二维码。

二、期权价格及影响因素

(一)期权价格的构成

在现实的期权交易中，期权的价格会受很多因素的影响，但最终价格是由价值决定的。从理论上来讲，期权价值由两部分构成：期权的内在价值和期权的时间价值。即

$$期权价值=期权的内在价值+期权的时间价值$$

1. 期权的内在价值

期权的内在价值是指期权方行使期权时可以获得的收益现值，也就是期权合约本身所具有的价值。例如，一只股票的市场价格为 100 元人民币，以该股票为标的资产的看涨期权协议价格为 80 元人民币，那么期权多方行使期权可以获得 2 000 元人民币=[(100−80)×100](通常一张股票期权合约的交易单位为 100 股)。这 2 000 元人民币代表了该看涨期权的内在价值。

实值期权、虚值期权和两平期权是与期权内在价值紧密相关的三个概念：①实值期权是指如果期权立即履约，持有者具有正的现金流，即内在价值为正；②虚值期权是指如果期权立即履约，持有者具有负的现金流，即内在价值为负；③两平期权是指如果期权立即履约，持有者的现金流为零，即内在价值为零，如表 5-1 所示。

表 5-1　实值期权、虚值期权与两平期权

	$S > K$	$S = K$	$S < K$
看涨期权	实值期权	两平期权	虚值期权
看跌期权	虚值期权	两平期权	实值期权

注：S：实值期权；K：虚值期权。

2. 期权的时间价值

期权的时间价值，是指在期权有效期内标的资产价格波动为期权持有者带来收益的可能性所隐含的价值。当投资者购买一个期权时，就获得了相应的权利，即近于无限的收益可能和有限的损失。在期权的有效期内，期权价格一般都超过了期权的内在价值，超出的部分即为期权的时间价值。

(二)期权价格的影响因素

期权的价格由期权的内在价值和时间价值构成，因此，影响内在价值和时间价值的因

素都会影响期权的价格。总的来说,有以下六个因素影响期权的价格:①标的资产市场价格;②期权的执行价格;③期权的有效期;④标的资产价格的波动率;⑤无风险利率;⑥标的资产的收益。

1. 标的资产市场价格与期权执行价格

对于看涨期权而言,标的资产的市场价格越高,执行价格越低,看涨期权的价格越高,因为在执行时,其收益等于标的资产当时的市场价格与执行价格之差。对于看跌期权,标的资产的市场价格越低、执行价格越高,看跌期权的价格越高,因为在执行时,其收益等于执行价格与标的资产当时的市场价格之差。

2. 期权的有效期

对于美式期权而言,有效期越长,无论是看涨期权还是看跌期权,价值都会越高。因为有效期较长的期权包含了有效期较短的期权的所有执行机会。对于欧式期权,随着有效期的增加,期权的价值并不一定增加,因为欧式期权只能在到期日执行。例如,考虑两个欧式看涨期权,一个到期期限为半年,一个到期期限为一年,如果在 8 个月后预计将支付大额红利,从而使标的资产的价格下降,就有可能使有效期短的期权价值超过有效期长的期权价值。但是,一般而言,如在有效期内标的资产没有支付大量红利,有效期越长,标的资产价格波动的风险越高,空头可能的损失就会越大,欧式期权的价格也就会越高。

3. 标的资产价格的波动率

标的资产价格的波动率反映了未来标的资产价格变动的不确定性。随着波动率的增加,标的资产价格大幅上涨和下跌的可能性增大,对多头和空头的影响不对称。期权多头拥有选择是否执行期权的权利。当标的资产波动率上升时,如果对其有利,多头可以行使期权,而如果对其不利,多头可以选择放弃期权。因此,标的资产价格的波动率越大,对期权多头越有利,对空头越不利,期权价格也越高。

4. 无风险利率

无风险利率对期权价格的影响体现在其对预期收益率和贴现率的影响上。其对预期收益率的影响:如果一种状态下无风险利率水平较高,则标的资产的预期收益率也应较高,这意味着对应于标的资产现在的特定市价 ST,未来预期价格 E(ST)较高。对贴现率的影响:如果一种状态下无风险利率水平较高,则贴现率较高,未来同样预期盈利的现值就较低。这两种影响都将减少看跌期权的价值。因此,随着无风险利率的增加,看跌期权的价值会降低。对于看涨期权而言,第一种影响会增加期权的价值,第二种影响会降低期权的价值。一般而言,前者的影响会大于后者的影响,因此,随着无风险利率的增加,看涨期权的价值会相应增加。

5. 标的资产的收益

标的资产分红派息会导致其价格下降,而执行价格未调整,因此在期权有效期内标的资产的收益将使看涨期权的价值因标的资产价格的变动而与预期红利的大小呈反向变化;看跌期权的价值因标的资产价格的变动而与预期红利呈正向变化。

综上所述，期权价格的影响因素如表 5-2 所示。

表 5-2　一个变量增加而其他变量保持不变对期权价格的影响

变量	欧式看涨期权	欧式看跌期权	美式看涨期权	美式看跌期权
标的资产市场价格	+	-	+	-
执行价格	-	+	-	+
期权的有效期	?	?	+	+
标的资产价格的波动率	+	+	+	+
无风险利率	+	-	+	-
标的资产的收益	-	+	-	+

注："+"表示正向的影响，"-"表示反向的影响，"?"表示不确定的影响。

【拓展阅读 5.6】期权交易的基本策略请扫描右侧二维码。

第四节　可转换债券、认股权证基础知识

可转换债券、认股权证基础知识.mp4

一、可转换债券概述

(一)可转换债券的概念

可转换债券是指期权和债务的组合，其中的期权作为合约的一部分，是不可分拆的，主要功能是赋予债券持有者一份权利，使其能按特定的条件将债券转为普通股票。在这里，股票的发行人通常也是该可转换债券的发行人。

(二)可转换债券的特征

可转换债券是股权类结构化产品中的一类，而且是出现较早的产品，属于传统的结构化产品。可转换债券具有一般的结构化产品的特征，但是其设计的初衷，是为了方便发行人以较低的成本融入资金。

1. 可转换债券的转换权

转换权是指可转换债券使持有者获得了在指定的时间段内将债券转换为发行人的股票的权利。转换权的表现形式通常是转换比率(债券面值÷转换价格)，即债券的面值可以转换为多少份发行人的股票。转换比率是如何确定的呢？第一步，要看转换溢价。几乎所有的可转换债券在发行时都有一定的转换溢价[(转换价格-股票价格)÷股票价格]。转换溢价的大小通常为 20%~30%。第二步，要看转换汇率。若债券的发行货币是美元，但是股票的计价货币是英镑，债转股时需要将美元换成英镑。这时，汇率会影响到可转换债券的转换比率。在发行时，可转换债券中的汇率通常相当于当时的即期汇率，并且在债券存续期间保持不变。这样的设计是为了确保债券的面值能够转换成固定数额的股票。有了转换溢价和转换汇率，就可以计算出转换比率了。

2. 可转换债券的票面息率

在通常情况下，可转换债券含有期权价值，而可转换债券的总价值等于期权价值加上债券的价值。为了将可转换债券的发行价格设为面值，则要降低可转换债券中债券的价值。在市场利率既定的情况下，降低债券的票面息率。在实践中，转换溢价与票面息率之间有一定的联动关系，转换溢价较高时，期权价值下降，债券价值就相应地提升，从而票面息率也就降低。因此，可转换债券的票面息率通常比一般债券的票面息率要低，以保证可转换债券的平价发行。

3. 可转换债券的期限

可转换债券的期限范围比较大。从历史上看，最长的期限能达到 20 年。近年来，市场上的可转换债券的期限以中期为主，即 5 年到 10 年。

4. 可转换债券的赎回条款

可转换债券的赎回方式有两种。第一种赎回方式是持有人不行使转换权，而要求发行人在债券到期时全额偿还本金。第二种是债券持有人执行转换权，将债券转换成为相应的股票。通过这样的方式赎回，就会影响到发行人的资产负债表，而且转换行为不会给发行人带来新的现金流入。这里要注意的一点是，转换发生时累积的利息或者股票的股息并不会对转换条款产生影响。对于投资者而言，这意味着债转股时放弃了一部分利息，这部分利息等于在上一次利息支付日到债转股发生的时刻之间所累积的应计利息。

5. 可转换债券中的期权

可转换债券既赋予了投资者进行债转股的权利，也赋予了发行人提前赎回债券的权利，这相当于嵌入了一个利率期权，类似于可赎回债券。当标的物股票价格升高且发行人有赎回意向时，投资者为了保护自身的投资收益，通常会选择执行债券中的转换权，获得标的物股票并同时在二级市场中卖出股票，锁定投资收益。

6. 可转换债券的股本稀释效应

可转换债券的股本稀释效应既影响到现有股东的利益，也影响到可转换债券的投资者的利益。发行可转换债券将会稀释现有股东的利益，使现有股东的持股比例下降。因此，现有股东通常会反对发行这样的债券。为了应对该问题，有些发行人会在发行可转换债券的同时配合进行其他形式的融资，使公司主要股东的持股比例不发生变化。可转换债券的投资者的利益也有可能受损，表现为当转换成为股票时导致发行人的总股本变大，进而导致每股价格下降。为了保护投资者的利益，发行人通常也会在可转换债券中加入一些反稀释效应的条款。这些条款会根据股票市场交易制度的不同而存在一定的差异，但基本上有两种可能，一是调整转换比率(或者转换价格)，二是在新股发行时给投资者优先购买权。

(三)可转换债券的作用

1. 通过可转换债券进行融资的成本较为有效

融资的成本有效性体现在两个方面。第一，相对于股权融资而言，可转换债券融资使发行人承担利息成本,而利息是可以作为税前扣除项目的,可以降低发行人的税收支出。第二,可转换债券中含有期权价值,因此,在其他条件相同的情况下,发行人可以设定较低的票面息率,从而降低利息支付成本。对部分发行人而言,发行可转换债券进行融资可能是降低利息支付成本的唯一手段。当然,这种融资方式的成本也不仅仅是利息支出。另外一部分成本是到期时可能要支付的股票的价值增益,即股票市价高出转换价格的部分。这部分成本其实是机会成本,也就是说,发行人本来可以以市价增发股票,但是投资者行使转换权,发行人只能以转换价格来增发,导致股票增发的融资量降低了。

2. 可转换债券是股权融资的潜在来源

通过发行可转换债券而募集的资金,从外部看来通常被视为股票。因此,与传统的债务工具相比,可转换债券不会对发行人的资产负债比率形成不利的影响。由于股票联结票据的种类非常多,所以财务上对它们的处理也因各自的结构差异而不尽相同。传统的可转换债券通常被视作债务,但是对于次级的、长期限的可转换债券而言,银行或者其他金融机构在给可转换债券发行人进行贷款评估时也在一定程度上将其视作股权类资产。

3. 可转换债券的股本稀释效应更低

发行人发行可转换债券,其中,期权的执行价格通常高于发行时的股票价格。标的物股票的价格需要经过一段时间才能超越执行价格。因此,发行可转换债券是一种延迟股权融资的形式。在这样的融资模式下,由于执行价格高于当前价格,则为了融得同样规模的股权类资金,所需发行的股份数量就相对降低,股本稀释的效应也相对降低,且资金融入的时间可以提前。从这个意义上而言,可转换债券在一定程度上具有调整股权融资时间的功能。

当然,发行人通过可转换债券进行融资也承担一定的风险。风险的一方面是指潜在的稀释效应。当标的物股票价格超过执行价格的情况发生时,投资者可以执行转换权利,这时发行人就需要让出一部分股份,从而稀释现有股东的经济利益。另一方面的风险则刚好相反,是债转股无法实现的风险。如果发行人期望通过可转换债券实现股权融资,那么其面临的风险就是债转股无法实现的风险,这就是所谓的不转换风险。可转换债券无法转为股票的原因可能是股票价格没有如期上涨,也可能是标的物股票计价货币相对于可转换债券计价货币发生贬值。债转股无法实现的风险会使发行人陷入流动性紧张和资产负债失衡等财务困境。此外,如果无法实现债转股,有时还可能导致发行新股时遇到更大的困难。

二、认股权证概述

(一)认股权证的概念

认股权证是公司发放的一种凭证,它赋予持有者以一定的价格与权证发行人在特定的时间内交易相应股票的权利。按照权利的不同,认股权证可以分为认购权证和认沽权证。认购权证赋予持有者将来买入股票的权利,认沽权证则赋予持有者将来出售股票的权利。所谓附认股权证的债券,则是指权证与债券的组合,投资者可以享有在特定期间内按约定的执行价格认购公司股票的权利。如果把附认股权证的债券的交易当作单一一次交易,那么其实际上等价于可转换债券。

(二)认股权证的特征

以认购权证为例,认购权证在标的股票价格上涨时,其持有人往往会选择行权赚取收益,其特征类似于看涨期权,但两者也存在若干差异之处,如表5-3和表5-4所示。

表5-3　认购权证与股票看涨期权的相同点

相同点	解释
标的资产	标的资产均为股票,其价值随股票价格变动
选择权	均具有选择权。均为买权,在到期之前均有选择执行或者不执行的权力
执行价格	均有一个预先约定好的固定执行价格

表5-4　认购权证与股票看涨期权的区别

区别	股票看涨期权	认购权证
行权时股票来源	行权时的股票来源于二级市场	行权时公司需要新发股票
对每股收益和股价的影响	不会稀释	增发股票会使股数增加,每股收益和每股市价下降
期限	时间短,通常只有几个月	期限长,通常为5~10年,甚至更长

(三)认股权证的作用

1. 认股权证可以弥补原股东的每股收益和股价被稀释的损失

公司在新发行股票时会导致股票股数量增加,从而使公司原股东每股收益和每股市价下降,损害公司原股东的利益。因此在公司发行新股时,向原股东配发一定数量的认股权证,使其可以按优惠价格认购新股,或直接出售认股权证,以此来弥补新股发行造成的稀释损失。这也是认股权证最初的功能。

2. 认股权证是激励管理层的工具

授予认股权证是公司对管理层的一种激励,表达了对公司未来业绩表现的信心。当认股权证的行权价格低于当前市场价格时,管理层有望通过行使认股权证获得股票,从而分享公司未来股价上涨的收益。这可以有效地将管理层的利益与公司的股东利益紧密联系在一起,鼓励管理层采取长期的战略眼光,致力于公司的长期发展和价值创造,而非仅追求短期的盈利最大化。

总体而言,认股权证作为激励手段,通过与公司未来股价表现挂钩,将管理层的利益与公司股东利益紧密联系,从而促使管理层更好地为公司创造长期价值。

3. 认股权证可以吸引投资者购买低利率债券

认股权证赋予投资者在未来以较低的固定价格(行权价)购买公司股票的权利。如果公司的股价在认股权证有效期内上涨,投资者可以通过行使认股权证以较低的价格购买股票,然后在市场上出售,获取潜在的股票收益。其附加的权益使购买附带认股权证的债券相对于普通债券更有吸引力。这种额外的权益可以视为一种奖励,激励投资者购买低利率的债券。这种结合债券和权益的金融工具设计有助于吸引投资者,尤其是那些寻求风险分散和多样化的投资者。

本 章 小 结

本章详细介绍了金融市场中较为常见的几类衍生债券,即远期合约、金融期货合约、互换合约、期权合约、可转换债券以及认股权证。通过对这几类衍生产品的基本概念、特征、分类、用途等基本内容的梳理,帮助广大投资者了解金融衍生产品,并为他们进行投资活动提供了一定作用。

第五章自测题请扫描右侧二维码。

第二篇 证券市场基本分析篇

第六章 宏观经济分析

【学习目标】

通过本章的学习，读者应当了解宏观经济分析在证券市场分析中的作用和地位；了解宏观经济分析的方法；掌握宏观经济分析的指标，学会根据宏观经济指标和宏观经济政策进行宏观经济分析。

【案例导读】具体内容请扫描右侧二维码。

第一节 宏观经济分析概述

宏观经济分析概述.mp4

一、宏观经济分析的意义

证券市场的分析方法主要有基本面分析法和技术分析法，本章主要介绍基本面分析法。基本面分析是对决定证券价值及价格的基本因素进行分析，确定证券的内在价值。基本面分析认为证券的价格是由公司的内在价值决定的，而公司的内在价值是公司在其经营期内能够产生的全部新增现金流。而公司产生新增现金流的能力与公司的经营水平、行业总体环境以及宏观经济的运行都密不可分，因此出现了一种"自上而下"的分析方法。首先，在宏观层面上，投资者需要考虑影响证券市场的各类因素；其次，在中观层面上，投资者需要进行行业和区域分析；最后，在微观层面上，投资者要重点进行公司分析。

基本面分析又可以进一步分为宏观经济分析、行业分析与公司分析。其中宏观经济是一个非常重要的因素。宏观经济因素主要包括国民经济总体发展状况、经济周期、国际收支、宏观经济政策以及通货膨胀等因素，这些因素对证券市场价格的影响是根本性、全局性和长期性的。因此，宏观经济分析无论是对投资者、投资对象，还是对证券业本身乃至整个国民经济的健康发展都具有非常重要的意义。

(一)判断证券市场的总体趋势

证券市场是国民经济大系统的一个重要组成部分。证券市场的总体趋势是由国民经济总体运行趋势决定的。宏观经济运行决定了证券市场的长期趋势，其他因素可能暂时改变证券市场的中期趋势或短期趋势，但改变不了证券市场的长期趋势。因而在证券投资分析中，只有把握住宏观经济发展的大方向，才能判断证券市场的总体变动趋势，做出正确的投资决策；只有密切关注宏观经济因素的变化，尤其是货币政策和财政政策的变化，才能抓住证券投资的市场时机。

(二)评估证券市场的投资价值

证券市场的投资价值是指整个市场的平均投资价值。证券市场的投资价值与国民经济整体素质及其结构变动密切相关，反映了整个国民经济的规模和增长速度。宏观经济是个体经济的总和，企业的投资价值必然在宏观经济的总体中综合反映出来。如果证券市场的价值和增长速度远远超过实体经济的规模和增长速度，则表明市场存在泡沫。因此，宏观经济分析是评估整个证券市场投资价值的关键。

(三)研究宏观经济政策对证券市场的影响

宏观经济政策是指国家或政府有意识、有计划地运用一定的政策工具，调节控制宏观经济的运行，以调控国民经济的发展速度和发展方向，主要包括财政政策、货币政策和产业政策等。在市场经济条件下，这些宏观经济政策将影响经济增长速度、企业经济效益，以及不同行业、不同区域及不同企业的经济效益，从而改变经济运行的周期和投资者对未来经济发展的预期，进一步对证券市场产生影响。

二、宏观经济分析的方法

(一)经济指标分析

经济指标是反映经济活动结果的一系列数据和比例关系。宏观经济分析可以通过对一系列经济指标的计算、分析与对比来进行，如对国内生产总值、总消费、总投资、银行贷款总额及物价水平的变动规律的分析，可以掌握整个经济的状态和全貌。这些反映整个社会经济活动状态的经济变量往往通过一系列的经济指标反映出来。一般地，可将经济指标分为三类。一是先行指标。先行指标可以对未来的经济状况提供预示性的信息。先行指标主要有货币供应量、股票价格指数等。二是同步指标。通过同步指标算出的国民经济转折点大致与总的经济活动的转变同时发生。同步指标主要包括失业率、国民生产总值(GNP)等。三是滞后指标。滞后指标主要有银行短期商业贷款利率、工商业未还贷款等。

(二)计量经济模型

计量经济模型是一个或一组反映经济指标、因素、宏观经济之间数量关系的方程式，即表示经济现象及其主要因素之间数量关系的方程式。通过计量经济模型，可以简洁、有效地描述、概括某个真实经济系统的数量特征，深刻地揭示出该经济系统的数量变化规律，描述国民经济各部门和社会再生产各环节之间的联系，预见政策变化、行业调整、经济波动的方向甚至范围。

为证券投资而进行宏观经济分析，主要运用宏观计量经济模型。所谓宏观计量经济模型，是指用计量经济学方法建立的宏观经济模型。通过宏观计量经济模型揭示了宏观经济的行为理论和运行规律，解释了经济现象中的因果关系，分析了宏观经济主要指标间的相

第六章 宏观经济分析

互依存关系,可用于宏观经济结构分析、政策模拟、决策研究以及发展预测等。

(三)概率预测

概率论是一门研究随机现象的数量规律的学科。目前,越来越多的概率论方法被运用于经济、金融和管理科学领域。虽然国民经济的领域广泛且关系错综复杂,但从时间序列上看,则显示出前后继承的必然性。过去的经济活动反映在大量的统计数字和资料上,根据这些数据,运用概率预测方法,就可以推算出未来若干时期各种相关的经济变量状况。概率预测方法运用得比较多也比较成功的是对宏观经济的短期预测。宏观经济的短期预测是指对实际国民生产总值及其增长率、通货膨胀率、失业率、利息率、个人收入、个人消费、企业投资、企业利润及对外贸易差额等指标的未来时期水平或变动率的预测,其中最重要的是对前三项指标的预测。

第二节 宏观经济指标

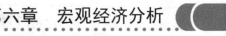

宏观经济指标.mp4

进行宏观经济分析,必须了解反映宏观经济形势的指标。宏观经济指标犹如经济发展的指示器,从不同层面显示了社会经济发展的速度、水平、结构与规模。评价宏观经济形势的指标主要有以下五大类。

一、国民经济的总体指标

(一)国内生产总值

国内生产总值(GDP)是指在一定时期内(一个季度或一年),一个国家或地区的经济中所生产出的全部最终商品和劳务的价值,常被公认为衡量国家经济状况的最佳指标。它不仅可以反映一个国家的经济表现,而且可以反映一国的国力与财富。国内生产总值一般由四个部分组成,即消费、投资、政府支出和净出口额。一般而言,国内生产总值公布的形式有两种,即以总额和百分比率为计算单位。当 GDP 的增长数字处于正数时,即表示该地区的经济处于扩张阶段;反之,如果处于负数,即表示该地区的经济已进入衰退时期。

一般公布的国内生产总值是指名义 GDP,而名义 GDP 增长率等于实际 GDP 增长率与通货膨胀率之和。因此,即使总产量没有增加,仅价格水平上升,名义 GDP 仍然是会上升的。在价格上涨的情况下,GDP 的上升只是一种假象,有实质性影响的还是实际 GDP 变化率,因此使用 GDP 这个指标时,还必须通过 GDP 缩减指数,对名义 GDP 做出调整,从而精确地反映产出的实际变动。GDP 的增长速度一般用来衡量经济增长率(也称经济增长速度),它是反映一定时期经济发展水平变化程度的动态指标,也是反映一个国家经济是否具有活力的基本指标,它从根本上影响着证券市场的发展方向与速度。因此,在宏观经济分析中,国内生产总值指标占有非常重要的地位。

(二)失业率

失业率(unemployment rate)是评价一个国家或地区就业状况的主要指标。国际上通用的失业率是指失业人数与从业人数及失业人数之和的比例关系,即一定时期全部就业人口中有工作意愿但仍未有工作的劳动力人数占总劳动力人口的比重,反映了一定时期内可以参加社会劳动的人数中实际失业人数所占的比重。

过去我国统计部门公布的失业率为城镇登记失业率,即城镇登记失业人数占城镇从业人数与城镇登记失业人数之和的百分比。城镇登记失业人数是指拥有非农业户口,在一定的劳动年龄内(16岁以上及男60岁以下、女55岁以下),有劳动能力,无业而要求就业,并在当地就业服务机构进行求职登记的人员数。但从2011年("十二五"期间)开始,不再使用城镇登记失业率这一指标,而采用调查失业率。调查失业率是通过城镇劳动力情况抽样调查所取得的城镇就业与失业汇总数据进行计算的,是指城镇调查失业人数占城镇调查从业人数与城镇调查失业人数总和的百分比。具体而言,调查失业率将不仅有城乡的全口径调查失业率,也会有城镇和农村的分项调查失业率。

失业率是资本市场的重要指标,属于滞后指标范畴。失业率增加是经济疲软的信号,可导致政府放松银根,刺激经济增长;相反,失业率下降,将形成通货膨胀,使央行收紧银根,减少货币投放。

(三)通货膨胀率

通货膨胀(Inflation)是因货币供给大于货币实际需求,即现实购买力大于产出供给,导致货币贬值,而引起的一段时间内物价持续而普遍的上涨现象。通货膨胀率测量的是价格全面上涨的程度。但实际上这种上涨程度很难测量,因此各国往往通过价格指数的增长率来间接表示。由于消费者价格是反映商品经过流通各环节形成的最终价格,它最全面地反映了商品流通对货币的需求量。因此,消费者价格指数是最能充分、全面反映通货膨胀率的价格指数。目前,世界各国基本上均用消费者价格指数(居民消费价格指数,CPI)来反映通货膨胀的程度。居民消费价格指数是反映一定时期内城乡居民所购买的生活消费品价格和服务项目价格变动趋势和程度的相对数,是对城市居民消费价格指数和农村居民消费价格指数进行综合汇总计算的结果。值得注意的是,通货膨胀率不是价格指数,而是价格指数的上升率。

通货膨胀对社会经济产生的影响主要有:引起收入和财富的再分配,扭曲商品相对价格体系,降低资源配置效率,引发泡沫经济乃至损害国家的经济基础和政权稳定。通货膨胀从程度上划分则有温和的、严重的和恶性的三种。温和的通货膨胀是指年通胀率低于10%的通货膨胀;严重的通货膨胀是指两位数的通货膨胀;恶性通货膨胀则是指三位数以上的通货膨胀。各个国家往往不会长期容忍较高的通货膨胀率,但为抑制通货膨胀而采取的货币政策和财政政策通常会导致高失业率和国民生产总值(GNP)的低增长。

(四)国际收支

国际收支(balance of payments)是指一定时期内一个经济体(通常指一个国家或者地区)与世界其他经济体之间发生的各项经济活动的货币价值之和,即一个国家在一定时期,从国外收进的全部货币资金和向国外支付的全部货币资金之间的比例关系。收支相等称为国际收支平衡,否则称为国际收支不平衡。收入总额大于支出总额称为国际收支顺差(或国际收支盈余);支出总额大于收入总额称为国际收支逆差(或国际收支赤字)。

国际收支平衡表是用来记录一国对外全部经济交易,不仅包括纯粹经济交易引起的货币收支，还包括政治、文化、军事引起的货币收支。国际收支平衡表包括经常项目、资本和金融项目、误差和遗漏项目。经常项目主要反映一国的贸易和劳务往来状况，是国际收支平衡表中最主要的项目，包括对外贸易收支、非贸易往来和无偿转让三个项目；资本和金融项目则集中反映一国同国外资金往来的情况，即记录因为资产买卖活动发生的外汇收支。资本账户包括资本转移和非金融资产的收买和放弃；金融账户包括"直接投资""证券投资"与"其他投资(如贸易信贷)"等三个子项目。误差与遗漏项目是指编制国际收支平衡表时，因资料不完整、统计时间和计价标准不一致以及货币换算等因素造成的差错和遗漏，它是为使国际收支核算保持平衡而设置的平衡项目。

对一个开放型的国家而言，国际收支反映了一国经济活动的范围及经济发展的趋势，反映了该国在世界经济中所处的地位和发挥的作用。因此，国际收支会直接影响一国的国内经济发展，是世界各国国民经济的重要组成部分。

二、投资指标

投资规模是指一定时期在国民经济各部门、各行业中再生产投入的资金数量。投资规模是否适度，是影响经济稳定的一个重要因素。若投资规模过小，不利于经济的进一步发展；投资规模过大，会造成国民经济比例失调。因此，合理安排投资规模是实现社会再生产良性循环和保持国民经济稳定发展的条件，是保证国家重点建设顺利进行的前提。通常，按照投资主体的不同，投资可分为政府投资、企业投资和外商投资三大类。

(一)政府投资

政府投资是指政府为了实现其职能，满足社会公共需要，以财政资金投资于经济建设，其目的是改变长期失衡的经济结构，完成私人部门不能或不愿从事的，但对国民经济发展却至关重要的投资项目，如大型水利设施、公路建设和生态保护等。同时，政府投资是国家宏观经济调控的必要手段，在社会投资和资源配置中起重要的宏观导向作用。政府投资可以弥补市场失灵，协调全社会的重大投资比例关系，进而推动经济发展和结构优化；政府投资也是扩大投资需求、促进经济增长的重要手段。

(二)企业投资

企业投资是指企业投入资金，以期在未来获得经济回报的行为。企业投资是企业发展生产和经营的必要手段，是提升企业核心价值和自主创新能力的必经之路。企业对内投资主要是固定资产投资。投资风险处处存在，因而，企业能否把资金投资于收益高、收效快、风险小的项目对企业的生产和发展十分重要。随着我国市场化改革的不断深入，企业投资需求将成为国内投资需求的主要部分，企业投资的规模和方向影响着国家经济的未来发展趋势。

(三)外商投资

外商投资包括外商直接投资和外商间接投资。外商直接投资是指外国企业和经济组织或个人(包括华侨、港澳台同胞以及我国在境外注册的企业)按照我国有关政策、法规，用现汇、实物、技术等在我国境内开办外商独资企业，与我国境内的企业或经济组织共同举办中外合资经营企业、合作经营企业或合作开发资源的投资(包括外商投资收益的再投资)，以及经政府有关部门批准的项目投资总额内企业从境外借入的资金等。

目前，外商直接投资主要有四种形式：一是收购或兼并国内的企业；二是外商在国内独立开办新企业或建立独资子公司；三是通过投入资本或技术与国内投资者建立合资企业；四是通过购买国内企业的股票，获得一定的控制权。外商间接投资是指除对外借款(外国政府贷款、国际金融组织贷款、商业银行商业贷款、出口信贷以及对外发行债券等)和外商直接投资以外的各种利用外资的形式，包括企业在境内外股票市场公开发行的以外币计价的股票发行总额，国际租赁进口设备的应付款，补偿贸易中外商提供的进口设备、技术、物料的价款，加工装配贸易中外商提供的进口设备、物料的价款等。

三、消费指标

(一)社会消费品零售总额

社会消费品零售总额是指批发和零售业、住宿和餐饮业以及其他行业直接售给城乡居民和社会集团的消费品总额，其大小和增长速度也反映了城乡居民与社会集团消费水平的高低、居民消费意愿的强弱。社会消费品零售总额是研究国内零售市场变动情况、反映经济景气程度的重要指标。社会消费品零售总额由社会商品供给和有支付能力的商品需求的规模所决定，是研究居民生活水平、社会零售商品购买力、社会生产、货币流通和物价的发展变化趋势的重要资料。

社会消费品零售总额按消费形态可分为商品零售和餐饮收入两部分。其中，商品零售是指售卖非生产性、非经营性实物商品的金额总和，包括批发与零售业零售额、限额以上住宿和餐饮业商品销售额；餐饮收入是指提供餐饮服务所取得的收入，包括限额以下住宿和餐饮业的零售额以及限额以上住宿和餐饮业的餐费收入。在商业统计中，社会商品零售总额按行业可分为商业零售额、饮食业零售额、工业零售额等；社会商品零售总额按经济类型可分为全民所有制经济零售额、集体所有制经济零售额、个体经济零售额、中外合资和外资独资经济零售额等；社会商品零售总额按商品类别可分为食品类零售额、日用品类零售额、文化娱乐品类零售额、衣着类零售额、医药类零售额、燃料类零售额、农业生产资料类零售额等。

(二)城乡居民储蓄存款余额

城乡居民储蓄存款余额是指某一时点城乡居民存入银行及农村信用社的储蓄金额，包括城镇居民储蓄存款和农民个人储蓄存款，不包括居民的手持现金和工矿企业、部队、机关、团体等单位存款。城乡居民储蓄存款是居民可支配收入与消费支出之间的差额，因而城乡居民储蓄的大小同时取决于居民可支配收入和居民的消费支出，即消费支出在居民可支配收入中所占的比重。当市场上人们的消费意愿增强时，储蓄相应缩小；当市场消费意愿减弱时，储蓄相应增加。城乡居民储蓄存款是商业银行资金的主要来源，借助于银行的中介作用，可以把城乡居民储蓄集中起来，从而为社会再生产提供所需的资金。但城乡居民储蓄的增加会导致当前的消费需求下降。而消费需求是总需求中重要的组成部分。如果居民没有很强的消费需求，导致企业生产的产品大量积压，企业经济效益下滑，进而抑制投资需求的增长，最终影响经济增长的速度。

四、金融指标

(一)总量指标

1. 货币供应量

货币供应量是指国家在某一时期内为社会经济运转服务的货币存量，它由包括中央银行在内的金融机构供应的存款货币和现金货币两部分构成，其变化反映了中央银行货币政策的变化，对企业生产经营、金融市场尤其是证券市场的运行和居民个人的投资行为有着重大的影响。

中央银行根据流动性的大小将货币供应量划分为不同的层次。参照国际通用原则，根据我国的实际情况，我国现行货币统计制度将我国货币供应量指标分为以下四个层次。①流通中的现金(用符号M_0表示)，指银行体系以外各个单位的库存现金和居民的手持现金之和。②狭义货币供应量(用符号M_1表示)，指M_0加上企业、机关、团体、部队、学校等单位在银行的活期存款等。③广义货币供应量(用符号M_2表示)，指M_1加上企业、机关、团体、部队、学校等单位在银行的定期存款和信托类存款。M_2与M_1的差额，即单位的定期存款和个人的储蓄存款之和，通常称作准货币。④M_3指M_2加上金融债券、商业票据和大额可转让存单等，M_3是考虑到金融创新的现状而设立的，暂未测算。自2011年10月起，我国货币供应量已包括住房公积金中心存款和非存款类金融机构在存款类金融机构的存款。

货币供应量是中央银行重要的货币政策操作目标，它的变化反映了中央银行货币政策的变化。中央银行可以通过增加和减少货币供应量调节货币市场，实现对经济的干预。货币供应量的变动会影响利率，中央银行可以通过对货币供应量的管理来调节信贷供给和利率，从而影响货币需求并使其与货币供给相一致。因而，货币供应量对企业生产经营、金融市场，尤其是证券市场的运行和居民个人的投资行为有重大影响。当货币供应不足时，市场商品价格下跌，生产减少，经济紧缩；当货币供应过多时，市场商品价格上涨，生产扩大，经济繁荣。

2. 金融资产总量

金融资产总量是指手持现金、银行存款、有价证券、保险等其他资产的总和，即一切可以在有组织的金融市场上进行交易、具有现实价格和未来估价的金融工具的总称。金融资产的最大特征是能够在市场交易中为其所有者提供即期或远期的货币收入流量。

金融资产可分为现金与现金等价物和其他金融资产两类。现金与现金等价物是指个人拥有的以现金或高流动性资产形式存在的资产。其他金融资产是指由个人投资行为形成的资产，如各类股票和债券等。我国居民的金融资产中，银行储蓄存款占比较高，而有价证券和其他金融资产所占比重较低。从世界主要国家金融资产的发展经验来看，金融资产的增长与结构调整通常与该国经济的发展水平息息相关。目前，我国金融资产规模虽然增长较快，但很大程度上是在原有金融结构和金融制度下进行的简单扩张，金融资产的结构失衡问题仍然存在。

(二)利率

利率(或称利息率)是指在借贷期内所形成的利息额与本金的比率。利率直接反映的是信用关系中债务人使用资金的代价,也是债权人出让资金使用权的报酬。当前,所有国家都把利率作为宏观经济调控的重要工具之一。从宏观经济分析的角度看,利率的波动反映出市场资金供求的变动状况。在经济持续繁荣增长时期,资金供不应求,利率上升;当经济萧条市场疲软时,利率会随着资金需求的减少而下降。除了与整体经济状况密切相关之外,利率影响着人们的储蓄、投资和消费行为,利率结构也影响着居民金融资产的选择,影响着证券的持有结构。随着市场经济的不断发展和政府宏观调控能力的不断加强,利率,特别是基准利率已经成为中央银行一项行之有效的货币政策工具。

利率有存款利率、贷款利率、国债利率、回购利率、同业拆借利率之分,再贴现率和同业拆借利率是基准利率。

1. 贴现率和再贴现率

贴现率是将未来支付改变为现值所使用的利率,或指持票人以没有到期的票据向银行要求兑现,银行将利息先行扣除所使用的利率。再贴现率是指商业银行由于资金周转的需要,以未到期的合格票据再向中央银行贴现时所适用的利率。对中央银行而言,再贴现是买进票据,让渡资金;对商业银行而言,再贴现是卖出票据,获得资金。

再贴现是中央银行的一项主要的货币政策工具。中央银行通过变动再贴现率来调节货币供给量和利息率,从而促使经济扩张或收缩。如果中央银行提高再贴现率,就意味着商业银行向中央银行再融资的成本提高了,因此,它们调高对客户的贴现率或提高放款利率,从而带动整个市场利率上涨,市场货币供应量减少;反之,如果中央银行降低再贴现率,就可以起到扩大信用的作用。因此,再贴现率的变动直接对货币供应量发挥作用,进而对国内总需求发生影响。当再贴现率提高时,就会降低总需求;当再贴现率降低时,就会扩大总需求。

2. 同业拆借利率

同业拆借利率是指银行同业之间的短期资金借贷利率。同业拆借有两个利率,即拆进利率与拆出利率。其中,拆进利率表示银行愿意借款的利率,拆出利率表示银行愿意贷款的利率。一家银行的拆进(借款)实际上也是另一家银行的拆出(贷款)。同一家银行的拆进利率和拆出利率相比较,拆进利率永远小于拆出利率,其差额就是银行的收益。同业拆借利率是拆借市场的资金价格,是货币市场的核心利率,也是整个金融市场上具有代表性的利率,它能够及时、灵敏、准确地反映货币市场乃至整个金融市场短期资金的供求关系。当同业拆借利率持续上升时,反映资金需求大于供给,预示市场流动性可能下降;当同业拆借利率下降时,情况相反。

3. 回购利率

回购是交易双方在全国统一同业拆借中心进行的以债券(包括国债、政策性金融债和中央银行融资券)为权利质押的一种短期资金融通业务,是指资金融入方(正回购方)在将债券出质给资金融出方(逆回购方)融入资金的同时,双方约定在将来某一日期由正回购方按某一约定利率计算的资金额向逆回购方返还资金,逆回购方向正回购方返还原出质债券的融资

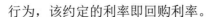

行为，该约定的利率即回购利率。

全国银行间债券市场的回购交易是以国家主权级的债券作为质押品的交易，其回购利率可以准确反映市场资金成本和短期收益水平，比较真实地反映中国金融市场的资金供求状况，已成为中国人民银行制定货币政策、财政部和其他债券发行人制定发行策略，以及市场参与者进行资产管理的重要参考指标。

(三)汇率

汇率是一国货币兑换另一国货币的比率，即以一种货币表示另一种货币的价格。一般来说，国际金融市场上的外汇汇率是由一国货币所代表的实际社会购买力平价和自由市场对外汇的供求关系决定的。

汇率变动是国际市场商品和货币供求关系的综合反映。一国的汇率会因该国的国际收支状况、通货膨胀率、利率、经济增长率等的变化而波动；同样，汇率波动又会影响一国的进出口额和资本流动，并影响一国的经济发展。特别是在当前国际贸易和国际投资带动下的国际分工的加剧、各国间经济联系十分密切的情况下，汇率的变动对一国的国内经济、对外经济以及国际经济联系都会产生重大影响。

(四)外汇储备

外汇储备是指一国政府所持有的国际储备资产中的外汇部分，即一国政府保有的以外币表示的债权，用于偿还外债和支付进口，是国际储备的一种。一国当前持有的外汇储备是以前各时期一直到现期为止的国际收支顺差的累计结果。狭义而言，外汇储备是一个国家经济实力的重要组成部分，是一国用于平衡国际收支、稳定汇率、偿还对外债务的外汇积累。广义而言，外汇储备是指以外汇计价的资产，包括现钞、国外银行存款、国外有价证券等。外汇储备是一个国家国际清偿力的重要组成部分，同时对于平衡国际收支、稳定汇率有重要的影响。

一国的国际储备除了外汇储备外，还包括黄金储备、特别提款权和在国际货币基金组织(IMF)的储备头寸。我国后两者所占比重较低，国际储备主要由黄金和外汇储备构成。当国际收支发生顺差时，流入国内的外汇量大于流出的外汇量，外汇储备就会增加；当发生逆差时，外汇储备减少。当外汇流入国内的时候，拥有外汇的企业或其他单位可能会把它兑换成本币，比如用来在国内市场购买原材料等，这样就形成了对国内市场的需求。

五、财政指标

(一)财政收入

财政收入是指国家财政参与社会产品分配所取得的收入，是实现国家职能的财力保证。我国财政收入包括预算收入和预算外收入。根据《中华人民共和国预算法》(以下简称《预算法》)的规定，预算收入包括税收收入、依照规定应当上缴的国有资产收益、专项收入和其他收入。除预算收入外，按照我国财政管理体制的规定，各地方、部门、单位还有一部分不纳入国家预算、自行管理使用的财政性资金，称为预算外资金，如各种附加费和其他不纳入预算的基金收入等。这些资金是国家预算资金的补充，是国家财政资金来源的组成部分。具体而言,目前财政收入主要包括以下几方面。

(1) 各项税收:包括增值税、消费税、土地增值税、城市维护建设税、资源税、城镇土地使用税、印花税、个人所得税、企业所得税、关税和耕地占用税等。

(2) 专项收入:包括排污费收入、城市水资源费收入、教育费附加收入等。

(3) 其他收入:包括基本建设贷款归还收入、基本建设基金收入、捐赠收入等。

(4) 国有企业计划亏损补贴:这项为负收入,冲减财政收入。

(二)财政支出

财政支出是指国家财政将筹集起来的资金进行分配使用,以满足经济建设和各项事业发展需要的支出。我国财政支出包括预算支出和预算外支出两部分。预算支出包括:经济建设支出;教育、科学、文化、卫生、体育等事业发展支出;国家管理费用支出;国防支出;各项补贴支出和其他支出。预算外支出是指财政性预算外资金的支出,如地方、各部门、各单位自行管理使用的、不纳入国家预算的那部分财政性资金的支出。

在财政收支平衡的条件下,财政支出的总量并不能扩大或缩小总需求。但财政支出的结构会改变消费需求和投资需求的结构。经常性支出的扩大可以增加消费需求,其中既有个人消费需求,也有公共物品的消费需求。资本性支出的扩大则增加投资需求。在总量不变的条件下,两者是此消彼长的关系。增加了投资,消费就必须减少;增加了消费,投资就必须减少。因此在需求结构调整时,适当调整财政的支出结构就能显著地产生效应。

(三)赤字或结余

财政收入与财政支出的差额即为赤字(差值为负时)或结余(差值为正时)。财政赤字或财政结余是宏观调控中应用最普遍的一个经济变量。如果财政赤字过大,就可能引起社会总需求的膨胀和社会总供求的失衡。财政发生赤字的时候有两种弥补方式:一是通过举债即发行国债来弥补,二是通过向银行借款来弥补。发行国债对国内需求总量是不会产生影响的。财政通过对银行借款弥补赤字,如果银行不因此而增发货币,只是把本来应该增加贷款的数量借给财政使用,那么财政赤字同样不会使需求总量增加。这是由债务本身的性质所决定的。只有在银行因为财政的借款而增加货币发行量时,财政赤字才会扩大国内需求总量。

第三节 证券市场的宏观经济分析

证券市场的宏观
经济分析.mp4

一、政治因素对证券市场的影响

(一)国际政治形势

国际政治形势的变化会对股市产生越来越大的影响,因为交通运输日益便利,通信手段、方法的日益完善,国与国之间、地区与地区之间的联系越来越密切,世界从独立单元转变成相互影响的整体,所以一个国家或地区的政治、经济、财政等结构将紧随着国际形势而调整变化,进而作用于股票市场。

(二)政权

政权的转移、领袖的更替、政府的作为以及社会的安定性等,均会对股价产生影响。

(三)法律制度

如果一个国家(特别是在金融方面)的法律制度健全,能够使投资行为得到管理与规范,并使投资者的正当权益得到保护,则会提高投资者投资的信心,从而促进股票市场的健康发展。如果法律法规不完善,投资者权益受法律保护的程度较低,则不利于股票市场的健康发展与繁荣。

二、战争及自然灾害对证券市场的影响

(一)战争

战争对股票市场及股价的影响,有长期性的,也有短期性的;有好的方面,也有坏的方面;有广泛范围的,也有单一项目的,这要视战争性质而定。一般来说,战争会让人们感到恐慌,对证券市场也会带来负面的影响。但是,战争促使军需工业兴起,凡与军需工业相关的公司股票价格自然会上涨。战争中断了某地区的海运、空运或陆运,提高了原料或成品输送的运费,因而商品涨价,影响购买力,公司业绩萎缩,与此相关的公司股票价格必然会下跌。其他由于战争引起的情况都足以扰动证券市场,因此投资者需要冷静地分析。

(二)自然灾害

自然灾害如同战争一样,都会造成巨大的经济损失,破坏正常的经济秩序,导致上市公司收益的大幅下滑。同时,为降低和弥补自然灾害的损失,国家和企业难免有超预算支出。以至于自然灾害一经发生,证券市场价格的下挫往往与自然灾害的严重程度和持续时间同步,不过,自然灾害引发的证券市场动荡一般只影响受灾国和地区的证券市场,而不会波及全世界。有时还会因为受灾国和地区需求扩大的刺激,非受灾国和地区的生产经营规模也会扩大,收益相应增加,推动证券市场价格攀升。同时,受灾国和地区的上市公司也会因为进入灾后复兴阶段而收益增加,尤其是与生产生活恢复密切相关的建筑材料、药品行业等相关上市公司股票会率先受到投资者的追捧,其股价会有明显上升。

三、宏观经济运行对证券市场的影响

证券市场是资金的供给方和资金的需求方通过竞争决定证券价格的场所。因此,证券市场是市场经济体系的重要组成部分,证券投资活动是国民经济活动的有效组成部分。因此,有必要将证券市场和证券投资活动放到整个宏观经济运行的过程中去考察,从全局的角度找出影响证券市场价格的因素,揭示宏观经济运行与证券投资间的关系。

(一)GDP 变动对证券市场的影响

GDP 变动是一国经济成就的根本反映,GDP 的持续上升表明国民经济的良好发展,制约经济的各种矛盾趋于或达到协调,人们对未来经济的预期良好;相反,如果 GDP 处于不

稳定的非均衡增长状态，暂时的高产出水平并不表明一个好的经济形势，不均衡的发展可能激发各种矛盾，从而可能孕育一个新的经济衰退。因此，研究分析 GDP 对证券市场的影响需要将 GDP 与经济形势结合起来进行考察，特别是 GDP 的变动是否导致各种经济因素(或经济条件)的恶化，下面分几种情况进行阐述。

1. 持续、稳定、高速的 GDP 增长

在持续、稳定、高速的 GDP 增长情况下，社会总需求与总供给协调增长，经济结构逐步合理并趋于平衡，经济增长来源于需求刺激并使闲置的或利用率不高的资源得到更充分的利用，从而表明经济发展的良好势头，这时证券市场会呈现上升走势。首先，随着经济持续增长，上市公司利润的不断上升，股息和红利持续增长，企业经营环境不断改善，投资风险逐步减小，因而公司的股票和债券会持续升值，促使其价格上涨。其次，人们对经济形势形成了良好的预期，投资积极性得以提高，从而增加了对证券的需求，促使证券价格上涨。最后，随着国内生产总值的持续增长，国民收入和居民收入水平将不断提高，从而增加证券投资的需求，引起证券价格上涨。

2. 高通货膨胀率下的 GDP 增长

当经济处于严重失衡下的高速增长时，总需求大大超过总供给，这将表现为高的通货膨胀率。这是经济形势恶化的征兆，必须采取调控措施，否则可能导致未来的"滞涨"(通货膨胀与增长停滞并存)。此时，经济发展中的矛盾逐渐显现出来，企业经营将面临困境，居民实际收入也将降低，最终因失衡的经济增长导致证券市场下跌。但如果政府能采取有效的宏观调控措施维持经济的稳定增长，经济矛盾会逐渐缓解，经济环境得以改善，证券市场也可能呈现平稳上升的趋势。

3. 宏观调控下的 GDP 增长

当 GDP 呈失衡的高速增长时，政府可能采用宏观调控措施以维持经济的稳定增长，这样必然减缓 GDP 的增长速度。如果调控目标得以顺利实现，GDP 仍以适当的速度增长，而未导致 GDP 的负增长或低增长，说明宏观调控措施十分有效，经济矛盾逐步得以缓解，为下一步的经济增长创造了有利条件，此时，证券市场将反映这种好的形势而呈平稳上升的态势。

4. 转折性的 GDP 变动

如果 GDP 一定时期内呈负增长，当负增长速度逐渐减缓并呈现向正增长转变的趋势时，表明恶化的经济环境逐步得到改善，证券市场走势也将由下跌转为上升。此时，若 GDP 由低速增长转为高速增长时，表明经济环境逐步改善，各类经济矛盾得以解决，证券市场价格将出现上涨之势。

(二)经济周期变动对证券市场的影响

1. 经济周期的含义

经济周期是指经济活动沿着经济发展的总体趋势所经历的有规律的扩张和收缩。理论研究和经济发展的实证均表明，由于受多种因素的影响，宏观经济的运行总是呈现周期性

变化。这种周期性变化表现在许多宏观经济统计数据的周期性波动上，如国民生产总值、消费总量、投资总量、工业生产指数、失业率等。这种宏观经济的周而复始的变化即为经济周期。研究表明，宏观经济周期一般经历四个阶段：萧条、复苏、繁荣、衰退。经济周期作为宏观经济运行的一种规律存在于经济活动中，它的存在并不依赖于国家、制度等的不同。国家宏观经济政策只能在一定程度上削弱经济周期的振幅，却不能根除经济周期，且经济周期也不像数学的"周期"那样具有严格的波长和振幅，这也给经济周期的阶段性判断带来困难。

2. 经济周期与证券市场波动

经济周期的时间有长有短，形态也多种多样，可以说没有完全相同的经济周期。但从证券市场的情况来看，证券价格的变动大体上与经济周期一致。与经济发展周期相适应，证券市场价格也呈周期性变化，每一个变化周期大致可分为上升、高涨、下降和停滞四个阶段。一般而言，经济繁荣时，证券价格上涨；经济衰退时，证券价格下跌。

虽然证券市场价格的变动周期与经济周期大体一致，但在时间上并不完全吻合。从实践上来看，证券市场走势比经济周期提前，也就是说，证券市场走势对宏观经济运行有预示作用。

(三)通货膨胀对证券市场的影响

通货膨胀一直是困扰各国政府的主要经济问题。通货膨胀与证券市场间的关联性也一直是宏观经济学研究的核心问题。一般而言，当经济处在通货膨胀初期特别是低通货膨胀时期时，通货膨胀通过货币供给量和利率等渠道正向作用于证券市场；随着通货膨胀的加剧甚至出现恶性通货膨胀时，由于未来通货膨胀的不确定性加大、宏观经济政策调控和未来经济紧缩特别是高利率与企业盈利下降的预期，通货膨胀对证券市场往往有负向作用。

1. 通货膨胀对股票市场的影响

通货膨胀的不同成因、不同程度、不同的宏观调控政策对证券市场的影响是不同的：例如，温和的、稳定的通货膨胀在一定程度上能刺激经济增长，扩大就业，因而被认为对股票市场是有利的；如果通货膨胀在一定的可容忍范围内增长，经济处于景气(扩张)阶段，产量和就业都持续增长，那么股价也将可能持续上升。然而，严重的通货膨胀是很危险的，经济将被严重扭曲，货币贬值，社会不稳定因素增加，这时人们将会囤积商品，购买房产以期对资金保值。这可能从两个方面影响股价：一方面，资金流出金融市场，引起股价下跌；另一方面，经济扭曲和失去效率，企业一方面筹集不到必需的生产资金，同时，原材料、劳务价格等成本飞涨，使企业经营严重受挫，盈利水平下降，甚至破产倒闭。当然，政府往往不会长期容忍通货膨胀存在，因而必然会动用某些宏观经济工具来抑制通货膨胀。政府反通货膨胀的一个重要手段就是采取紧缩的货币政策，提高利率，减少对资金的需求，从而抑制投资需求，降低物价水平。而紧缩的货币政策必然对经济运行造成影响，这种影响将改变资金流向和企业的经营利润，对证券市场十分不利。

另外，通货膨胀时期，并不是所有商品服务的价格和工资都按同一比率变动，也就是说，相对价格发生变化。这种相对价格变化会导致财富和收入的再分配，产量和就业的扭曲，因而某些公司可能从中获利，而另一些公司可能蒙受损失。与之相对应的是，获利公司的股票上涨；相反，受损失的公司股票下跌。通货膨胀对企业(公司)的微观影响可以从"税收效应""负债效应""存货效应"等方面对公司做具体的分析。但长期的通货膨胀，必然恶化经济环境、社会环境，股价必然受大环境的影响而下跌。而且通货膨胀使各种商品价格具有更大的不确定性，也使企业未来经营状况具有更大的不确定性，从而影响市场对股息的预期，并增加获得预期股息的风险，导致股价下跌。另外，通货膨胀不仅产生经济影响，还可能产生社会影响，并影响公众的心理和预期，从而对股价产生影响。

2. 通货膨胀对债券市场的影响

通货膨胀对债券市场的影响主要有：通货膨胀提高了投资者对债券收益率的要求，从而引起债券价格下跌；未预期到的通货膨胀增加了企业经营的不确定性，提高了还本付息的风险，从而使债券价格下跌；过度通货膨胀，将使企业经营困难甚至倒闭；投资者可能将资金转移到实物资产和交易上寻求保值，债券需求减少，债券价格下降。

(四)国际收支状况对证券市场的影响

国际收支状况与一国的总需求的增加或减少有着密切联系。国际收支余额为零，则总需求与总供给相等；当国际收支顺差时，则总需求增加；当国际收支逆差时，则总需求减少。总需求的增减变化最终体现在对国内商品和劳务需求的增加或减少，从而影响到产品市场、资本市场的均衡。

1. 贸易顺差的影响

持续的贸易顺差可以增加国民生产总值和居民收入，从而带动证券市场价格上扬。20世纪90年代初期，东南亚出口贸易顺差，经济增长较快，收入增长促进证券市场价格高涨，出口优良的企业的证券价格表现优异。

2. 贸易逆差的影响

一国出口贸易逆差时，生产出口产品的企业收益将下降，其价格在证券市场上表现较差。一国若持续贸易逆差，外汇储备减少，进口支付能力恶化，经济受其影响而不景气，证券市场将受到负面影响。

(五)汇率变动对证券市场的影响

汇率对证券市场的影响是多方面的，一般来讲，一国的经济越开放，证券市场的国际化程度越高，证券市场受汇率的影响越大。汇率上升，本币贬值，本国产品竞争力强，出口型企业将受益，因而出口型企业的股票价格将上涨；相反，依赖于进口的企业成本增加，利润下降，股票和债券价格将下跌。汇率上升，本币贬值，将导致资本流出本国，资本的流失将使本国证券市场需求减少，从而市场价格下跌；汇率上升，本币贬值，本币表示的进口商品价格提高，进而带动国内物价水平上涨，引起通货膨胀，通货膨胀对证券市场的影响需根据当时的经济形势、具体企业和政府的调控行为进行分析。汇率上升，为维持汇率稳定，政府可能动用外汇储备，抛售外汇，从而将减少本币的供应量，使证券市场价格持续下跌，直到汇率水平回落恢复均衡；当然相反的操作可能使证券价格回升。

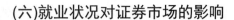

(六)就业状况对证券市场的影响

就业状况的好坏不仅反映了经济状况,而且与证券市场资金供给的增减变化有密切的关系。当整个社会就业率较高,国民经济运行态势良好,居民收入水平稳步提高,闲置资产会不断增加时,必然会有一定量的资金进入证券市场,从而推动证券市场价格上升。当整个社会就业率降低,失业率上升,国民经济运行景气度下降,社会总需求下降,人们的避险情绪提高,必然会减少高风险投资而增加储蓄,从而导致证券市场资金大量流出,股票价格下降。

四、宏观经济政策对证券市场的影响

宏观经济政策是指政府有意识、有计划地运用政策工具,调节控制宏观经济运行。宏观经济政策的目标有经济持续稳定增长、物价稳定、充分就业和国际收支平衡。由于宏观经济政策会影响到经济运行,因而对证券市场也会产生深远的影响。下面从财政政策、货币政策、收入政策和产业政策四个方面分析其对证券市场的影响。

(一)财政政策对证券市场的影响

财政政策是国家根据一定时期的政治、经济、社会发展的任务而规定的财政工作的指导原则,通过财政支出与税收政策来调节总需求,它主要包括财政收入(主要是税收)、财政支出、国债和政府投资。财政政策是需求管理的一部分,是刺激和减缓经济增长的最直接方式。财政政策实施的主要手段有税收调控、财政预算分配及国债发行。按照政策目标的不同,可将财政政策分为扩张性财政政策和紧缩性财政政策。总的来说,实施扩张性财政政策,会增加财政支出,减少财政收入,增加总需求,从而使公司业绩上升,经营风险下降,国民收入增加,证券价格上涨;反之,实行紧缩性财政政策会减少财政支出,增加财政收入,减少总需求,使经济过热受到抑制,从而使公司业绩下滑,国民收入减少,证券价格下跌。具体而言,实施积极的财政政策手段对证券市场的影响如下。

1. 减少税收,降低税率,扩大减免税范围

税收调节经济的首要功能是调节收入分配,通过设置个人所得税和企业所得税来实现;税收也可根据消费需求和投资需求的不同对象设置税种或在同一税种中实行差别税率,以控制需求数量和调节结构。实施积极的财政政策采取的减少税收、降低税率、扩大减免税范围的经济效应减少了国民和公司的支出,增加了国民的可支配收入和公司利润,从而增加了国民的消费支出和投资需求。这对证券市场的影响表现为将增加经济主体的收入,同时增加了他们的投资需求和消费支出。前者直接引起证券市场价格上涨;后者则使社会总需求增加,总需求增加反过来刺激投资需求,企业扩大生产规模,企业利润增加。同时,一方面,企业税后利润增加,也将激发企业扩大生产规模的积极性,进一步增加利润总额,从而促进股票价格上涨。另一方面因市场需求活跃,企业经营环境改善,盈利能力增强,进而降低了还本付息风险,债券价格也将上涨。

2. 扩大财政支出,加大财政赤字

政府购买是社会总需求的一个重要组成部分。政府通过购买和公共支出增加了对商品

和劳务的需求，一方面可直接增加对相关产业的产品需求；另一方面这些产业的发展又形成对其他产业的需求，以乘数的方式促进经济发展。这样公司的利润增加，进一步激励企业增加投入，国民收入水平也得到提高，促使证券价格上涨。特别是与政府购买和支出相关的企业将最先直接从财政政策中获益，因而有关企业的股价和债券价格将率先上涨。

3. 减少国债发行或回购部分短期国债

国债是国家按照有偿信用原则筹集财政资金的一种形式，同时也是实现政府财政政策、进行宏观调控的重要工具。国债可以调节资金供求和货币流通量，还可以调节国民收入的使用结构以及产业政策。减少国债或回购部分短期国债的政策效应可扩大货币流通量，扩大社会总需求，从而刺激生产，推动证券市场价格上升。另外，国债是债券市场的主要交易对象，国债发行规模的缩减使市场供给量减少，从而使证券市场的供求平衡发生变动，导致资金向股票市场流动，推动证券市场上扬。

4. 增加财政补贴

财政补贴往往使财政支出扩大，其政策效应是扩大社会总需求和刺激供给增加，从而使证券市场的总体价格水平趋于上涨。

紧缩性财政政策对证券市场的影响与上述分析相反。总而言之，政府利用财政预算、税收及转移支付等手段，不仅影响财政收支及整体经济景气，还对特定行业及企业产生差异化影响。如果国家对某些行业、某些企业实施税收优惠政策，如减税、提高出口退税率等措施，那么这些行业、企业就会处于有利的经营环境，其税后利润增加，该行业、企业的股票价格也会随之上涨。另外，针对证券投资收入的所得税的征收情况则对证券市场具有更直接的影响。一些新兴市场国家为了加快发展证券市场，在一个时期内免征证券交易所得税，这将加速证券市场的发展和完善。

(二)货币政策对证券市场的影响

货币政策是中央银行为实现一定的宏观经济调控目标运用各种货币政策工具调节货币供求的方针和策略的总称，是国家宏观经济政策的重要组成部分。更具体地说，货币政策是指调控货币的供给量来影响宏观经济的政策。货币政策的目标主要是通过影响利率而实现的。货币供给量的加大会使短期利率下降，进而刺激投资需求和消费需求。中央银行主要通过三大货币政策工具来实现对宏观经济的调控，即存款准备金率、再贴现率和公开市场业务。

1. 存款准备金率对证券市场的影响

存款准备金即法定存款准备金，是指金融机构为保证客户提取存款和资金清算需要而准备的存款，中央银行要求的存款准备金占其存款总额的比例就是存款准备金率。中央银行控制的商业银行的准备金的多少和准备金率的高低影响着银行的信贷规模。这一货币政策工具通常被认为是最猛烈的宏观调控工具之一。因为存款准备金率的小幅调整，会通过货币乘数关系引起货币供应量的巨大波动。当中央银行上调存款准备金率时，货币乘数变小，会有更多的存款从商业银行流向中央银行，商业银行的资金来源减少，放款能力降低，货币供应就会紧缩，社会资金供应紧张，股票价格有下跌的趋势；反之，下调存款准备金率,则有利于股票价格上涨。

2. 再贴现率对证券市场的影响

再贴现作为一种货币政策工具,其调控作用如下:一是通过再贴现率的调整,影响商业银行的准备金及社会的资金需求;二是通过规定贴现票据的资格,影响商业银行及全社会的资金投向。再贴现率的高低不仅直接决定再贴现额的高低,而且会间接影响商业银行的再贴现需求,从而影响整体的再贴现规模,即中央银行通过调整再贴现率的高低,进而影响商业银行的信贷规模。如果提高贴现率,商业银行借入资金的成本增大,就会迫使其提高再贷款利率,从而有效减少贷款量和货币供应量;反之,降低贴现率会刺激贷款规模的扩大和货币供应量的增加。总而言之,再贴现率提高会减少商业银行的贴现行为,从而减少流通到市场中的货币数量,流通货币数量减少,因而投入证券市场的货币也会减少,证券市场价格降低。

3. 公开市场业务对证券市场的影响

公开市场业务是指中央银行通过买进或卖出有价证券,调整基础货币,从而调节货币供应量的活动。与一般金融机构所从事的证券买卖不同,中央银行买卖证券的目的不是盈利,而是调节货币供应量。根据经济形势的发展,当中央银行认为需要收缩银根时,便卖出证券,相应地收回一部分基础货币,减少金融机构可用资金的数量;相反,当中央银行认为需要放松银根时,便买进证券,扩大基础货币供应,直接增加金融机构可用资金的数量。政府如果通过公开市场购回债券来达到增大货币供应量,则一方面减少了国债的供给,从而减少证券市场的总供给,使证券价格上扬,特别是被政府购买的国债品种(通常是短期国债)首先上扬;另一方面,政府回购国债相当于向证券市场提供了一笔资金,这笔资金最直接的效应是提升了证券需求,推动整个证券市场价格上扬,随后,增加的货币供应量将对经济产生影响。可见,公开市场业务的调控工具对证券市场产生了最直接的影响。

货币政策的变动方向主要有两种:宽松的货币政策和紧缩的货币政策。当国家为了防止经济衰退、刺激经济发展而实行扩张性货币政策时,中央银行会通过降低法定存款准备金率、降低中央银行的再贴现率或在公开市场上买入有价证券的方式来增加货币供应量,扩大有效需求和投资。当经济增长过快,通货膨胀压力较大时,则会采取适当紧缩的货币政策,即中央银行通过提高法定存款准备金率与再贴现率,或在公开市场上卖出有价证券来减少货币供应量,收缩银根,以实现总需求和总供给的平衡。对于投资者来说,当增加货币供给量时,一方面证券市场的资金增多,另一方面通货膨胀也使人们为了保值而购买证券,从而推动证券价格上涨;相反,当减少货币供应量时,会使证券价格呈下降趋势。对于上市公司而言,宽松的货币政策一方面为公司发展提供了充足的资金,另一方面扩大了社会总需求,刺激了生产发展,提升了上市公司业绩,推动证券价格上涨;反之,紧缩的货币政策使上市公司的运营成本上升,总需求不足,上市公司的业绩下降,证券价格随之下降。

(三)收入政策对证券市场的影响

收入政策是指政府为了影响货币收入或物价水平而采取的措施,其目的通常是降低物价的上涨速度。与财政政策、货币政策相比,收入政策具有更高层次的调节功能,它制约着财政政策和货币政策的作用方向及作用力度,而且收入政策最终也要通过财政政策和货币政策来实现。

收入政策主要从两个方面对证券市场发挥作用。一是消费者方面，收入政策的调整能改变整体消费结构，从而扩大有效内需，改善上市企业的发展和总体经济环境；在税率政策调整影响下，消费者会追加消费，与企业资本化形成长期良性循环。二是企业生产者方面，收入政策的调整会抑制企业进行不良或者过度竞争的欲望，从而使证券市场与实体市场均衡发展。有效、合理的收入分配会提高企业总体研发和创新的积极性，这对于企业的发展和创新起到积极的作用，从而从实体面上支持证券市场的发展。收入总量调控政策主要通过财政、货币机制来实施，还可以通过行政干预和法律调整等机制来实施。财政机制通过预算控制、税收控制、补贴调控和国债调控等手段贯彻收入政策。货币机制通过调控货币供应量、货币流通量、信贷方向和数量、利息率等贯彻收入政策。

(四)产业政策对证券市场的影响

产业政策是指国家根据国民经济发展的内在要求，调整产业结构和产业组织形式，从而提高供给总量的增长速度，并使供给结构能够有效地适应需求结构要求的政策措施。产业政策是国家对经济进行宏观调控的重要机制。产业政策的主要功能是弥补市场机制的不足，实现资源的优化配置；促进产业结构技术水平的提高。鼓励和促进需要发展的产业尽快建立和扩张，限制不需要发展的产业，促使其缩小或向其他产业转产，以保证供给和需求总量的平衡。产业政策的制定和实施要依据整体观念和思维，要求政策的各个方面相互配套和相互协调。

国家产业政策的制定和变化对证券市场具有直接的影响和作用。产业政策在内容上表明了国家在一段时间内经济建设的重点和取向，优先发展的产业将得到一系列的政策优惠和扶持。产业政策一经制定，在相当长的一段时间内就会比较稳定地发挥作用。当政府的产业政策向某一行业倾斜时，该行业往往会获得税收、信贷、进出口等方面的政策优惠。这些措施会为该行业公司的发展创造有利条件，从而获取较高的利润与较好的发展前景和空间，这将刺激这一行业股票价格上涨，即使在紧缩性财政政策和货币政策下，这些产业也会受到照顾。相反，如果政府需要限制某些行业的发展，它就会动用各种经济杠杆阻碍其发展，因此该行业的公司前景堪忧。

本 章 小 结

本章介绍了宏观经济分析的意义和方法；宏观经济分析的五大类指标，包括国民经济的总体指标、投资指标、消费指标、金融指标和财政指标；具体分析了政治因素、战争及自然灾害、宏观经济运行、宏观经济政策对证券市场的影响等内容。

第六章自测题请扫描右侧二维码。

第七章　行业及区域分析

【学习目标】

通过本章的学习，读者应当了解行业分析的意义和主要的行业分类方法；掌握行业的市场结构分析、竞争环境分析和生命周期分析；理解影响行业发展的四大因素；学会行业投资的策略选择；了解我国上市公司的区域格局。

【案例导读】 具体内容请扫描右侧二维码。

第一节　行业分析概述

行业分析概述.mp4

第六章的宏观经济分析能够帮助投资者了解国民经济运行的总体状况和发展趋势，但由于构成国民经济的各行业有自身发展的内在规律和特点，不同行业的发展与国民经济的发展并不同步，往往出现一些行业的增长快于国民经济的增长，而另一些行业的增长慢于国民经济的增长。宏观经济分析为证券市场分析提供了背景资料，但没能解决投资者投资选择与决策的问题。要准确选择投资对象，还必须进行行业分析和公司分析。行业分析的目的在于确定值得投资的行业，即通过比较各行业，把握其风险和收益，从而为正确的证券市场分析提供依据。

一、行业分析的意义

(一)行业的定义

行业是指具有某些相同特征的企业群体。在这个群体中，各成员由于产品在很大程度上可以相互替代而处于一种彼此紧密联系的状态，并且由于产品可替代性的差异而与其他企业群体相区别，如建筑业、汽车业、银行业等。在我国，行业和产业两个概念经常相互替代使用，但严格地说，两者之间存在一定区别。而在证券市场分析时关注的是具有相当规模的行业，因此一般将行业分析等同于产业分析。

(二)行业分析的目的与意义

如宏观经济分析一样，行业分析的目的在于寻找更好的投资机会。具体地，行业分析的目的在于分析行业本身所处的发展阶段及其在国民经济中的地位，分析影响行业发展的各种因素以及判断其对行业的影响力度，预测并应引导行业的未来发展趋势，判断行业投资价值，揭示行业风险，为各组织机构提供投资决策和依据。

由于各行业所处的经济周期不同，不同行业公司的经营业绩存在较大差异，这就意味着同一时期不同行业的收益率会表现出较大的差异，因而选择具有发展前景的高收益率行业十分重要。首先，行业分析可为投资者提供详细的行业投资资料。各行业的发展与整个宏观经济发展并不完全一致，它们之间存在着一定差异。因此，投资者除了解宏观政治经济背景之外，还需要对各个行业的一般特征、经营状况和发展前景进行了解，这样才能更好地进行投资抉择。其次，行业分析有助于投资者准确确定行业投资重点。国家在不同时期，其经济政策尤其是产业政策有很大的不同，它对不同行业的发展状况有着不同的影响。因此，无论投资者是为了避免损失还是寻找更好的行业投资机会，行业分析都是十分重要的，特别是在获取行业间收益率差异信息和寻找投资机会时是十分重要的。

二、行业的划分

(一) 按照行业的要素集约度的分类

按照行业的要素集约度，可分为资本密集型、技术密集型、资源密集型、劳动密集型和知识密集型等行业。资本密集型行业是指需要大量的资本投入的行业；技术密集型行业的技术含量较高；资源密集型行业对资源的依赖程度比较高；劳动密集型行业则主要依赖于劳动力；知识密集型行业依靠创意设计等智慧投入。由于行业投入要素之间并没有严格的界限，往往会出现有些行业既要投入大量的资本，又要投入大量的技术，因此，这些行业同时是资本密集型和技术密集型，如汽车行业、电力行业等。

(二) 我国国民经济行业标准的分类

为加强国家宏观调控、各级政府部门和行业协会的经济管理以及进行科研、教学、新闻宣传、信息咨询服务等提供统一的行业分类和编码，《国民经济行业分类》(GB/T 4754—2017)中对我国国民经济行业分类进行了详细的划分。新行业分类采用经济活动的同质性原则，将社会经济活动划分为四级，即门类(20 个)、大类(97 个)、中类(473 个)和小类(1382 个)。门类是国民经济行业分类中活动性质相近的经济部门的综合类别；大类构成了国民经济重要的经济部门；中类是活动性质相近的小类行业的综合类别；小类是国民经济行业分类的核心层，其活动性质的同质性最高。

【拓展阅读 7.1】我国国民经济行业标准的分类请扫描右侧二维码。

(三) 我国上市公司行业分类

2012 年，中国证监会公布了《上市公司行业分类指引》。该指引是根据《中华人民共和国统计法》《证券期货市场统计管理办法》《国民经济行业分类》(GB/T 4754—2011)等法律法规和相关规定制定的，并借鉴了联合国国际标准产业分类、北美行业分类体系。

1. 分类对象与适用范围

《上市公司行业分类指引》以在中国境内证券交易所挂牌交易的上市公司为基本分类对象，适用于证券期货监管系统对上市公司行业分类信息进行统计、评价、分析及其他相关工作。中国证监会另有规定的，适用其规定。各证券期货交易所、中国证券登记结算公司、中国证监会派出机构以及其他相关机构，向中国证监会报送统计数据所涉及的上市公司行业分类应符合《上市公司行业分类指引》的规定。市场机构基于投资分析目的所适用的上市公司行业分类可参照《上市公司行业分类指引》规定的行业类别，但非强制适用。

2. 编码方法

《上市公司行业分类指引》参照《国民经济行业分类》(GB/T 4754—2011)，将上市公司的经济活动分为门类、大类两级。与此对应，门类代码用一位拉丁字母表示，即用字母 A、B、C……依次代表不同门类；大类代码用两位阿拉伯数字表示，从 01 开始按顺序依次编码。

【拓展阅读7.2】我国上市公司行业分类结构与代码请扫描右侧二维码。

(四)战略性新兴产业分类

根据《国务院关于加快培育和发展战略性新兴产业的决定》(国发〔2010〕32 号)的要求，为准确反映"十三五"国家战略性新兴产业发展规划情况，满足统计上测算战略性新兴产业发展规模、结构和速度的需要，2018 年，国家统计局发布了《战略性新兴产业分类(2018)》(国家统计局令第 23 号)。

1. 分类范围和适用领域

《战略性新兴产业分类(2018)》规定的战略性新兴产业是以重大技术突破和重大发展需求为基础，对经济社会全局和长远发展具有重大引领带动作用，知识技术密集、物质资源消耗少、成长潜力大、综合效益好的产业，包括新一代信息技术产业、高端装备制造产业、新材料产业、生物产业、新能源汽车产业、新能源产业、节能环保产业、数字创意产业、相关服务业等九大领域。

《战略性新兴产业分类(2018)》适用于对"十三五"国家战略性新兴产业发展规划进行宏观监测和管理；适用于各地区、各部门依据本分类开展战略性新兴产业统计监测。

2. 编制原则

(1) 以国家战略性新兴产业发展政策为指导，根据《国务院关于加快培育和发展战略性新兴产业的决定》，以落实《"十三五"国家战略性新兴产业发展规划》为目的，以国家发展改革委发布的《战略性新兴产业重点产品和服务指导目录(2016)》和国家其他相关文件为主线，确定编制的总体思路、框架设计和范围，以确保本分类内容能够涵盖国家战略性新兴产业"十三五"规划的产品和服务。

(2) 以现行《国民经济行业分类》(GB/T 4754—2017)为基础，对其中符合"战略性新兴产业"特征的有关活动进行再分类。

(3) 注重实际可操作性，立足现行统计制度和方法，充分考虑数据的可获得性，以保证统计部门能够采集到"战略性新兴产业"活动的数据。

3. 编码方法

本分类为独立的分类体系，采用线分类法、分层次和可变递增格式编码方法。本分类主体编码分为一、二、三层。所有编码分层用"."隔开，每一层采用阿拉伯数字编码。除新材料产业以外的类别，第二层如果不再细分，则第三层代码补一位"0"。

本分类第一层共有 9 个类别，第二层有 40 个类别，第三层有 189 个类别。

第二节 行业的一般特征分析

投资者进行行业分类的目的是发现和选择收益率较高、发展前景较好的行业，从而为投资组合决策提供依据。因此，行业的盈利能力及未来成长性的预测是行业分析的主要内容。

一、行业的市场结构分析

在市场上，进行商品交换的主体是具有独立或相对独立经济利益的集团、企业和个人。这些市场主体在市场中的作用、位置和相互关系，以及市场交换的商品的特点，形成了行业的不同市场结构。市场结构是指某一市场中各种要素之间的内在联系及其特征，反映市场竞争和垄断的关系。根据行业中企业数量的多少、进入限制程度和产品差别，行业的市场结构可分为四大类：完全竞争市场、垄断竞争市场、寡头垄断市场和完全垄断市场。

(一)完全竞争市场

完全竞争市场是不存在垄断，竞争程度最高的市场。其主要特征如下。

(1) 产业集中度很低。市场上有大量相互独立的买方和卖方，企业是价格的接受者，而不是价格的制定者，因此不能影响市场价格。

(2) 产品同一性很高。所有企业都提供同质的标准化产品，产品具有无差异性。

(3) 不存在任何进入壁垒与退出壁垒。企业能自由进入与退出市场，没有任何资源流动的限制。

(4) 完全信息。所有买方和卖方都能获得完全信息，不存在由信息产生的交易成本。

从上述特点可以看出，完全竞争市场是一个理论上的假设，其根本特点在于企业的产品无差异，所有的企业都无法控制产品的市场价格。在现实经济中，完全竞争的市场类型是少见的，只有初级产品的市场类型较为类似于完全竞争市场。

(二)垄断竞争市场

垄断竞争市场是一种介于完全竞争市场和完全垄断市场之间，比较接近现实经济状况的市场结构。其主要特征如下。

(1) 产业集中度较低。市场上有很多企业，它们对市场的影响较为有限，但不能控制价格。

(2) 产品有差别，不同企业生产的产品是异质的，它们销售在质量、外观、商标等方面有差异的产品，使企业能够在一定程度上排斥其他产品。

(3) 进入壁垒和退出壁垒较低。企业能自由进入和退出市场。

可以看出，垄断竞争市场中有大量企业，但没有一个企业能有效影响其他企业的行为。在国民经济各产业中，大多数产成品的市场类型都属于这种类型。

(三)寡头垄断市场

寡头垄断市场是一种很普遍的市场结构形式，许多国家的电子设备和计算机行业、汽车、钢铁、有色金属、石油化工等都属于这种结构。其主要特征如下。

(1) 产业集中度较高，产业市场被少数大企业控制。企业之间既相互竞争，又相互依赖。

(2) 产品基本同质或差别较大。存在两种情况：一种是几个大企业提供的产品基本同质，相互之间依存度很高；另一种是产品有较大差别，彼此相关度较低。

(3) 进入壁垒和退出壁垒较高。产业被少数在资金、技术、知名度等方面占有绝对优势的大厂商控制，新企业很难进入。

因此在寡头垄断市场上，通常存在着一个起领导作用的企业，其他企业跟随该企业定价与经营方式的变化而相应进行调整。资本密集型、技术密集型产品因为生产这些产品所必需的投资、复杂技术或产品储量的分布限制了新企业进入这个市场，多属于这种类型。

(四)完全垄断市场

完全垄断市场是指不存在任何竞争的市场。完全垄断可分为以下两种类型。一是政府完全垄断，如国有铁路、邮电等部门。二是私人完全垄断，如政府赋予的特许专营或拥有专利的独家经营以及由于极其强有力的竞争实力形成的私人垄断经营。完全垄断市场的主要特征如下。

(1) 产业绝对集中度为100%，市场上只有一家企业提供产品。

(2) 没有可替代产品。

(3) 资本壁垒、技术性壁垒等进入壁垒非常高，其他企业难以进入完全垄断产业与垄断企业竞争。

在现实生活中，公用事业(如发电厂、煤气公司、自来水公司和邮电通信等)和某些资本、技术高度密集型或稀有金属矿藏的开采等行业属于接近完全垄断的市场类型。

二、行业的竞争环境分析

行业的竞争环境决定了该行业的利润水平。一般地，可采用迈克尔·波特(Michael Porter)教授提出的"五力分析模型"对行业的竞争环境进行分析。即竞争的五种力量的主要来源为：供应商的议价能力、购买者的议价能力、新进入者的威胁、替代品的威胁、同业竞争者的竞争强度(见图7-1)。不同力量的特性和重要性因行业与公司的不同而变化。

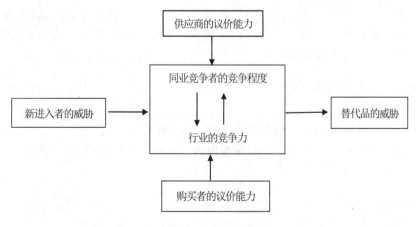

图 7-1　行业竞争环境分析

(一)供应商的议价能力

供应商主要通过其提高投入要素价格与降低单位价值质量的能力,来影响行业中现有企业的盈利能力与产品竞争力。如果关键供应商在行业中处于垄断地位,它将对供应产品索取高价,进而影响需求方行业的利润。决定供应商议价能力的关键因素是需求方能否得到相关的替代品。如果替代品存在而且可以被需求者获得,供应商就失去了议价的资本,因此很难向需求方索取高价;反之,供应方会有很强的议价能力。

(二)购买者的议价能力

如果购买者购买了某一行业的大部分产品,那么它就会掌握很大的谈判主动权,进而压低购买价格,具有要求提供较高的产品或服务质量的能力,这些行为都会降低行业中现有企业的盈利能力。

(三)新进入者的威胁

新进入者在给行业带来新生产能力的同时,也会在该行业的市场中占有一定份额,这对市场价格和利润形成压力,最终导致行业中现有企业盈利水平降低,甚至危及这些企业的生存。竞争性进入威胁的严重程度取决于两方面因素:进入新领域的障碍程度与现有企业对于进入者的反应策略。高盈利、低壁垒的行业将吸引大量的新进入者,从而加剧市场竞争程度,最终将影响行业利润率和投资回报率。

(四)替代品的威胁

如果一个行业的产品存在替代品,那么它将面临与相关行业形成竞争的格局。替代品的存在无形地降低了原行业向消费者索取高价的能力。两个处于同行业或不同行业中的企业,可能会由于所生产的产品互为替代品,从而产生相互竞争行为。根据替代程度的不同,替代品的范围也有差别,替代程度越大的产品对行业的威胁越大。

(五)同业竞争者的竞争强度

当某行业中存在一些竞争者时,由于它们都力图扩大各自的市场份额,因而行业内的竞争者常常出现在价格、广告、产品介绍、售后服务等方面的竞争。其竞争强度与很多因素相关。特别是随着行业增长率趋缓,行业内部的竞争强度有可能更加激烈。

三、行业的生命周期分析

通常每个行业都要经历由成长到衰退的演变过程,这个过程即为行业的生命周期。对行业生命周期的分析预测是行业分析的重要内容。一般地,行业的生命周期可分为幼稚期、成长期、成熟期和衰退期。

(一)幼稚期

处在幼稚期的创业公司的研发费用较高,而且消费者对其产品尚缺乏全面了解,致使产品市场需求小，销售收入低，因而这些创业公司可能不但没有盈利，反而出现较大亏损。同时，较高的产品成本和价格与较小的市场需求之间的矛盾使创业公司面临很大的市场风险。但是，高风险往往孕育着高收益，在幼稚期后期，随着行业生产技术的成熟、生产成本的降低和市场需求的扩大，新行业逐步由高风险、低收益的幼稚期迈入高风险、高收益的成长期。

(二)成长期

行业的成长实际上就是行业扩大再生产的过程。成长期的行业主要体现在生产能力和规模的扩张。在成长初期，企业的生产技术逐渐成熟，市场认可度逐步提高，产品的销量迅速增长，市场规模逐步扩大。在这一时期，一方面，拥有一定市场营销能力、雄厚的资本实力和畅通的融资渠道的企业逐渐占领市场；另一方面，由于高额的利润，大量潜在竞争者将进入该行业，行业的竞争程度将逐步增强，行业由高增长逐步过渡为稳定增长，并进入成熟阶段。成长期的行业增长非常迅猛，部分优势企业脱颖而出，投资于这些企业的投资者往往获得较高的投资回报，因此成长期阶段被称为投资机会时期。此时，投资者蒙受经营失败而导致投资损失的可能性显著降低，分享行业增长带来的收益的可能性则会极大提高。

(三)成熟期

在成熟期，产品的基本性能、式样、功能、规格、结构都将趋于成熟，产品和服务已达到基本饱和，产品变得标准化。进入成熟期的行业市场被通过市场竞争而生存下来的少数资本雄厚、技术先进的大企业控制。进入成熟期后，各厂商之间的竞争手段逐渐从价格手段转向各种非价格手段，如提高质量、改善性能和加强售后服务等。行业的利润由于垄断而达到较高的水平，而风险因市场比例比较稳定。在行业成熟期，行业增长速度降到一个适度的水平，甚至整个行业的增长可能会完全停止。因此，行业的发展很难较好地与国民生产总值保持同步增长，当国民生产总值减少时，行业甚至蒙受更大的损失。但是，由于技术创新等，某些行业或许实际上会有新的增长。

(四)衰退期

在衰退期，由于对原产品需求的转移和大量新产品或替代品的出现，该行业的市场需求逐步减少，产品的销售量逐步降低，利润率下降，一些企业开始出现亏损。一些厂商开始向其他更具盈利潜力的行业转移资金，因而原行业出现了厂商数量减少、利润水平停滞不前或下降的萧条局面。至此，整个行业便进入了衰退期。

可见，行业的生命周期分析可以帮助投资者确定其投资的行业所处的行业生命周期阶段，跟踪考察该行业的发展趋势，分析行业的投资价值和投资风险，评估该行业的销售增长率和利润率。当然，行业的实际生命周期由于受到多种因素的影响更为复杂。

第三节 影响行业发展的主要因素

影响行业发展的主要因素.mp4

行业生命周期勾勒出了一个行业发展的基本轨迹。通常分析影响行业生命周期的因素，主要有技术进步、产业政策、社会环境、经济全球化等因素，这些因素对行业的发展有着深刻的影响。

一、技术进步

当今社会，科技发展迅速，技术进步为经济的发展提供了源源不断的动力，也促进了行业的加速更新和升级。可以说，行业生命周期在这样的发展环境下已变成了技术生命周期的更替。技术进步，一方面推动现有行业的技术升级，甚至可以使处于衰退期的行业获得新的竞争力；另一方面，技术进步也决定了新行业的兴起和旧行业的衰亡，即它往往催生了一个新的行业，同时迫使一个旧的行业加速进入衰退期。未来优势行业将伴随着新技术创新而到来，处于技术尖端的人工智能技术、基因技术、新能源技术、纳米技术等将催生新的优势行业。当然，新旧行业并存是未来全球行业发展的基本规律和特点，大部分行业是国民经济不可缺少的。

二、产业政策

产业政策是国家指导、协调、规划产业发展的经济政策，是一个国家的中央或地区政府为了其全局和长远利益而主动干预产业活动的各种政策的总和。其目的在于引导社会资源在产业部门之间以及产业内部优化配置，提高效益，促进经济持续稳定发展。依据功能的不同，产业政策可分为产业组织政策、产业结构政策、产业布局政策和产业技术政策。

(一)产业组织政策

产业组织政策是指为了获得理想的市场绩效，由政府根据产业的特点和发展方向，优化产业组织而制定的干预和调整市场结构及市场行为、调节企业间关系的政策措施总和。产业组织政策是市场经济实践的产物，其产生的依据在于：市场力量本身并不能自发地避免过度竞争，也不能防止大规模企业凭借其垄断地位，采用共谋、卡特尔和价格歧视等不正当手段来获取高额利润，抑制竞争。在这种情况下，政府有必要以立法形式制定市场规则，规范企业的市场行为，从而提高市场绩效。

产业组织政策的一般目标是维护市场的有效竞争，以提高产业内部的资源配置效率。所谓有效竞争，是指产业组织处于既能保持产业内部各企业之间的适度竞争，又能获得规模经济的效益，即可以兼容竞争活力和规模经济效益的竞争。

(二)产业结构政策

产业结构政策是指政府制定的通过影响与推动产业结构的调整和优化来促进经济增长的产业政策。产业结构政策的核心内容是产业发展的重点顺序选择问题，即依照一定的基准，确定若干优先发展的产业，再施以政府的各种支持，使之得到较为迅速的发展，进而推动经济增长。产业结构政策会改变行业的成本、行业的投资规模,进而对行业的发展产生指导性和决定性的影响。

从具体内容看,产业结构政策通常包括幼小产业保护政策、主导产业选择政策、战略产业扶持政策和衰退产业调整政策等。其中,战略产业扶持政策和衰退产业调整政策是最基本的产业结构政策内容。战略产业扶持政策是产业结构政策中的主导和关键部分。它着眼于未来的产业优势,直接服务于产业结构的高度化。随着国际竞争的日益激烈,战略产业的扶持政策就越发重要。衰退产业调整政策是产业结构高度化过程中具有重大现实意义的基本政策,其立足点是帮助衰退产业实行有秩序的收缩、撤让,并引导其资本存量向高增长率产业部门转移。

(三)产业布局政策

产业布局政策是指政府机构根据产业的经济技术特性、国情国力状况和各地区的综合条件,对若干重要产业的空间分布进行科学引导和合理调整的相关措施。从本质上讲,产业布局合理化的过程也就是建立合理的地区分工关系的过程。需要特别指出的是,产业布局政策既是产业政策体系中不可或缺的重要内容,同时也是区域政策体系中非常重要的组成部分,而且后者更加侧重于建立和完善地区间的产业分工关系。

产业布局政策根据不同产业经济技术要求不同以及在布局上的不同特征,扬长避短,发挥优势,形成不同的产业结构。

(四)产业技术政策

产业技术政策是指国家对产业技术发展实施指导、选择、促进与控制的政策总和。它以产业技术为政策对象,是保障产业技术适度和有效发展的重要手段。对特定产业而言,产业技术政策在产业的幼稚期和衰退期具有决定性作用。该政策主要体现在以下两方面。

(1) 产业技术结构的选择和技术发展政策,涉及制定具体的技术标准,规定各产业的技术发展方向,鼓励采用先进技术等方面,主要是通过政府直接或间接的经济制度对民间科研、企业的研发工作进行诱导。

(2) 促进资源向技术开发领域投入的政策,包括技术引进政策、促进技术开发政策和基础技术研究的资助政策,主要是由政府通过各种途径对产业技术进步的目标以及各技术进步主体的行为进行指导。

三、社会环境

对行业发展产生影响的社会环境变化主要来自人口结构的变化和社会习惯的改变。人口结构是指各年龄层次人口的比例情况。处于不同年龄层次的人有着不同的消费需求、储蓄习惯和业余爱好。20~40岁是消费高峰期,这一年龄层次的人群对房产、汽车等生活必需耐用品有强烈的需求;40~60岁是储蓄高峰期,这一年龄层次的人群的增长为金融服务行业提供稳定的资金来源;60岁以上的老龄人口对医疗服务的需求显著增加。分析社会人口结构及人口结构变化趋势,对预测不同行业的市场容量与市场需求有很大帮助。

社会习惯对国民经济构成中的消费、储蓄、投资、贸易等方面都有较大影响。随着人们生活水平和受教育程度的提高，消费心理、消费习惯、文明程度和社会责任感会逐渐改变，从而引起对某些商品的需求变化并进一步影响行业的发展和行业结构的变化。所有这些社会观念、社会习惯、社会趋势的变化对企业的经营活动、生产成本和收益等方面都会产生一定的影响，促使一些不再适应社会需求的行业衰退，从而又激发新兴行业的发展。

四、经济全球化

经济全球化(economic globalization)是指世界经济活动超越国界，通过对外贸易、资本流动、技术转移、提供服务、相互联系而形成的全球范围的有机经济整体，即商品、服务、生产要素与信息跨国界流动的规模与形式不断增加。通过国际分工，在世界市场范围内提高资源配置效率，从而使各国经济相互依赖程度有日益加深的趋势。经济全球化有利于资源和生产要素在全球的合理配置，有利于促进资本和产品全球性的流动，有利于科技的全球性扩张，有利于促进不发达地区经济的发展，是世界经济发展的必然结果。但它对每个国家来说，都是一柄双刃剑，既是机遇，也是挑战。特别是对经济实力薄弱和科学技术比较落后的发展中国家，面对全球性的激烈竞争，所遇到的风险、挑战将更加严峻。

(一)经济全球化的主要表现

1. 贸易自由化

贸易自由化是指一国对外国商品和服务的进口所采取的限制逐步减少，为进口商品和服务提供贸易优惠待遇的过程或结果。随着全球货物贸易、服务贸易、技术贸易的加速发展，经济全球化促进了世界多边贸易体制的形成，从而加快了国际贸易的增长速度，促进了全球贸易自由化的发展，也使加入WTO组织的成员以统一的国际准则来规范自己的行为。贸易全球化通过贸易规模的扩大、贸易结构的变化、贸易范围的扩大以及贸易自由化进程的加快等变量表现出来。

2. 生产全球化

由于贸易管制的放松，关税和运输成本的下降以及国际产业分工的日益深化，生产要素跨国流动不仅对生产超越国界提出了内在要求，也为全球化生产准备了条件，是推动经济全球化的根本动力。经济全球化的日益膨胀使国际贸易正经历着巨大的变化。国际分工专业化的增长成为国际经济中的主要特点。以全球国际分工为特征的生产全球化使各国成为世界生产的一部分，成为全球价值链中的一个环节。全球价值链的构建有利于世界各国充分发挥优势，节约社会劳动，使生产要素达到合理配置，提高经济效益，促进世界经济的发展。

3. 金融全球化

金融全球化是金融自由化和放宽金融管制的必然结果。它由发达国家所主导，由跨国金融机构担任主角，其发展建立在各类金融市场融合的基础上，并紧密依托于多种科技化的创新结果。金融全球化的基本特征是，随着国际资本的大量迅速流动，各国相互开放金融领域，许多国家的金融机构和金融业务跨国发展，巨额国际资本通过国际金融中心在全球范围内迅速运转。世界各主要金融市场在时间上相互接续、价格上相互联动,尤其是外汇市场已经成为世界上最具流动性和全天候的市场。

4. 跨国公司的作用逐步增强

跨国公司的数量加剧,以发达国家和发展中国家为基地的跨国公司日益全球化,跨国公司开始结成"战略联盟",全球跨国兼并与收购总额上升,跨国公司国际生产的规模和重要性日益增加。跨国公司内部贸易在其他国家贸易中的比重提高,出现了无国界经济。经济全球化的四个主要载体(国际贸易、国际投资、国际金融、国际技术与信息交流)都与跨国公司密切相关,或者说跨国公司就是经济全球化及其载体的推动者与担当者。

5. 科技全球化

科技全球化是指各国科技资源在全球范围内的优化配置,这是经济全球化最新拓展和进展迅速的领域。其表现为,先进技术和研发能力的大规模跨国界转移,跨国界联合研发广泛存在。以信息技术产业为典型代表,各国的技术标准越来越趋向一致,跨国公司巨头通过垄断技术标准的使用,控制了行业的发展,获取了大量的超额利润。

(二)经济全球化对各国产业发展的重大影响

1. 经济全球化导致全球性的产业转移

根据产品生命周期理论,新产品的研发、生产往往发生在发达国家,随着产品技术的进步,生产活动逐步扩大,市场需求膨胀。这时发达国家逐步将低端制造技术生产环节向发展中国家转移,形成全球价值链网络:发达国家进行新的高端技术产品的研发和生产,因而高新技术行业是发达国家的主导产业,传统的劳动密集型(如纺织服装、消费类电子产品)甚至低端技术的资本密集型行业(如中低档汽车制造)集中转移到发展中国家。发达国家在将发展中国家变成它的加工组装基地和制造工厂的同时,仍然可以掌握传统行业的核心技术,并通过向发展中国家转让技术专利取得市场收益。例如,中国虽然是世界鞋业的"全球性工厂",但是美国 NIKE 公司却拥有最先进的运动鞋设计制造技术。其他诸如移动电话、汽车制造等行业都存在这种情况。也就是说,发达国家因为技术或市场优势占据全球价值链的核心环节和高利润环节,而发展中国家往往占据的是价值链的低附加值环节。

2. 国际分工出现重大的变化

(1) 国际分工的基础出现了重大变化。传统的国际分工理论认为,国家间分工的基础是各国的资源禀赋。各国资源禀赋的差异,导致各国产业结构的不同,通过不同商品的贸易可以增进各国的福利。经济全球化的不断深化,使生产要素与商品、服务跨国界流动的障碍与成本显著降低,一个国家的优势行业不再仅仅取决于资源禀赋,而是更多地取决于后天因素。所谓后天因素(高级生产要素),包括政府的效率、市场机制完善的程度、劳动者掌握知识与信息的能力、受到政策影响的市场规模等。

(2) 国际分工的模式出现了重大变化。以往的国际分工是各国从其比较优势出发,用具有比较优势行业的商品交换比较劣势行业的商品,表现在贸易结构上主要是产业间贸易。20 世纪 70 年代以来随着科技发展、国际分工的深化,发达国家的产业内分工、产业内贸易比重逐渐增加。它主要发生在同一产业部门内部，产品的投入要素比例、最终用途基本相近。伴随着经济全球化过程中的贸易与投资一体化，国际贸易格局又进一步发生了变化：虽然产业内贸易继续发展，但其贸易的对象、贸易的主体与以前大不相同，跨国公司内部贸易迅速增加，一些原来在跨国公司之间进行的产业内贸易也将有一部分转为在跨国公司内部进行。因而随着经济全球化的日益加深，跨国公司在全球范围内寻求资源的最佳配置，将全球价值链的不同环节布局在不同的国家，即越来越多的国家加入跨国公司的全球生产与服务网络之中。这种新的国际分工表现在贸易结构上就是产业内贸易和公司内贸易。与产业间贸易相比，产业内贸易和公司内贸易的主要特征是国际分工的模式进一步细化和深化。

3. 经济全球化导致贸易投资一体化

当今世界，国际贸易和国际直接投资之间的关系越来越密切，贸易和投资作为企业特别是跨国公司的活动日趋一体化，这种现象可以称为"贸易投资一体化"现象。贸易投资一体化的发展，使国际贸易、国际直接投资、国际利益分配和国际产业转移等国际经济活动都出现了许多新的变化。在贸易投资一体化环境中，动态利益应成为发展中国家的主要追求。一国是否从国际贸易、国际投资以及国际产业转移中获益，主要看这三者对该国产业结构的升级、技术和管理水平的提高、社会的现代化等是否做出了贡献。贸易投资一体化的发展，使国际贸易分工基础由比较优势转变为以跨国公司数量和在国际范围内整合资源的能力为主的竞争优势。贸易投资一体化的发展使国际贸易利益中的动态利益地位将日益突出。

第四节 行业投资的选择

行业投资的选择.mp4

结合经济周期的不同阶段确定相应的行业投资策略，是规避投资风险、稳定投资收益的一条有效途径。

一、行业投资选择的目的

一般来说，投资者进行投资选择的期望是以最小的投资风险获得最大的投资回报。因此，在投资决策中，应选择增长型行业和处于行业生命周期中的成长期和成熟期的行业。这就要求投资者仔细研究投资公司所处的行业生命周期及行业特征。一般而言，处于成长期和成熟期的行业有较大的发展潜力，基础逐渐稳固，盈利逐年增加，股息红利相应提高，有望得到丰厚而稳定的收益；而处于幼稚期和衰退期的行业发展前景难以预料，投资风险较大。

需要说明的是，对于处于不同发展水平的不同国家的经济，以及处于不同发展阶段的同一国家的经济而言，同一行业可能处于生命周期的不同阶段。

二、行业投资选择的方法

随着我国证券市场的发展，投资者如何在众多行业中做出选择呢？通常有两种方法来衡量：一是将行业的增长情况与国民经济的增长速度进行比较，从中找出增长型行业；二是利用行业历年的销售业绩、盈利能力等历史资料分析过去的增长情况，并预测行业未来的发展趋势。

(一)行业增长比较分析

判定某行业是否属于增长型行业，可用该行业历年的统计资料与国民经济综合指标进行对比来判断。首先，获取该行业历年销售额或营业收入的可靠数据并计算出年变动率，与国民生产总值增长率、国内生产总值增长率进行比较，确定该行业是否属于周期性行业。观察同一时期该行业的销售额是否与国民生产总值或国内生产总值呈同向变化，如果国民经济繁荣时期该行业的销售额逐年同步增长，或国民经济衰退时期该行业的销售额也逐年同步下降，则该行业属于周期性行业。其次，比较该行业销售额的年增长率与国民生产总值或国内生产总值的年增长率。若该行业大多数年份的增长率均大于国民生产综合指标的增长率，则该行业属于增长型行业；反之，如果该行业的年增长率与国民生产综合指标的增长率持平甚至偏低，则说明这一行业与国民经济同步增长或增长过缓。通过以上分析，基本上可以判断某行业的增长性。但需要注意的是，观察期不能太短，否则可能会引起判断失误。

在分析了行业过去的情况之后，投资者还需预测行业未来的增长变化，从而对其未来的发展趋势做出判定。下面分析如何预测行业的未来增长。

(二)行业未来增长率的预测

进行行业投资选择的核心问题是投资者必须了解和分析行业未来的增长，即对行业未来的发展趋势做出预测。预测的方法有很多，如回归分析、时间序列分析等。目前，经常使用的方法有两种：一种是描绘出行业历年销售额与国民生产总值的关系曲线，即行业增长的趋势线，根据国民生产总值的计划指标或预计值可以预测行业的未来销售额；另一种方法是利用行业自身历年增长率计算历史的平均增长率和标准差，从而在一定置信区间内估计出未来增长率。如果某一行业与居民基本生活资料相关，也可以利用历史资料计算人均消费量及人均消费增长率，再结合人口增长率预测行业的未来增长。

三、行业投资的策略

(一)判定行业类型

各行业变动时往往呈现明显的、可测的增长或衰退的格局。这些变动往往与国民经济总体的周期变动有关。根据行业变动与国民经济总体周期间的关系可将行业分为增长型行业、周期型行业和防守型行业。增长型行业的运动状态与经济活动总水平的周期及其振幅无关，因为增长型行业主要依靠技术的进步、新产品推出及更优的服务，从而使其呈现增长态势。周期型行业的运动状态直接与经济周期相关，当经济处于上升时期，周期型行业会紧随其扩张；当经济萧条时，周期型行业也相应衰退。防守型行业的产品需求相对稳定，不受经济周期衰退的影响。在经济萧条时，防守型行业或许会有所增加。

(二)投资策略的选择

通过对行业的一般特性的分析,投资者可做出选择某一行业的投资决策。一般地,行业投资决策的原则主要有:顺应产业结构演进的趋势,选择有潜力的行业进行投资;根据投资者自身的实际情况,选择不同生命周期阶段的行业进行投资;正确理解国家的产业政策,把握适宜的投资机会。

结合经济周期性的波动,行业投资策略选择的关键在于依据对经济周期各阶段的预测,当对经济前景持乐观态度时,选择周期型行业,以获取更大的回报率;而当对经济前景持悲观态度时,选择投资防守型行业以稳定投资收益,同时选择一些增长型行业加以投资。另外,投资者在进行投资决策之前,只有借助对于投资企业所属行业的考察,才能判断市场是否高估或低估了其证券及该行业的发展潜力,进而确定该证券的价格是否合理。

对个别投资者来说,商业性投资公司或证券公司公布的行业分析或调查资料及具有投资观点和建议的补充资料是极有价值的。因为个别投资者往往无法对必要的大量资料做出准确的计算,而这些投资机构的专业分析人员专长于各行业,能够提供以行业和经济分析为基础的报告,这些信息是十分有益的。

一般来说,股票的价格与其真实价值不会有太大的偏差,但投资者要确定某一行业证券的投资价值,必须辨别现实价格与其真实价值的差异及其所反映的未来收入的机会和投机需求程度有多大。当然,一个行业在过去某段时间的业绩并不能完全代表其未来的发展趋势,因而投资者还应考虑其他因素,结合其他影响因素进行综合分析,即通过广泛收集信息、系统地评估该行业,投资者才能进行正确的行业分析,从而最终做出明智的行业投资选择。

第五节 区 域 分 析

区域分析.mp4

众所周知,由于历史、地理、经济等原因,我国东部、中部、西部的经济发展极不平衡。正由于经济区域发展的不平衡,处于不同区域的产业发展速度和基本特点也会有所不同。投资者在选择上市公司进行证券投资时就有必要考虑这一因素对其收益的影响。

一、区域分析的含义及内容

(一)区域分析的含义

由于经济发展的不平衡,不同区域经济发达程度不同,各区域的行业布局也不同。区域分析涉及很多因素,如社会、政治、心理、地理等。同一区域内企业的股票价格存在关联性,因而需要对证券市场进行区域分析。

经济区域是指具有某种经济特征的经济地理区域。国内的经济区域通常跨越几个行政区,如"长三角经济区""珠三角经济区""环渤海经济区"等。由于自然资源和条件、社会发展、区位因素、市场化程度和政策环境的差异,各经济区域的经济发展是不平衡的,处于不同区域内的经济结构和产业发展也会受区域环境的影响而不同。因此,投资者进行证券市场分析时必须考虑区域环境对投资收益的影响。

(二)区域分析的主要内容

1. 区域发展条件分析

区域发展的自然条件及社会经济背景条件主要是指区域自然条件和自然资源、人口与劳动力、科学技术条件、基础设施条件及政策、管理、法制等社会因素。对这些条件分析的主要目的是明确区域发展的基础，评估潜力，为选择区域发展的方向、调整区域产业结构和空间结构提供依据。

2. 区域经济分析

区域经济分析主要是从经济发展的角度对区域经济发展的水平及所处的发展阶段、区域产业结构和空间结构进行分析。它是在区域自然条件分析的基础上，进一步对区域经济发展的现状作一个全面的考察、评估，为下一步区域发展分析打下基础。

3. 区域发展分析

区域发展分析是在区域发展的自然条件和经济分析的基础上，通过发展预测、结构优化和方案比较，确定区域发展的方向，制定区域发展的政策并分析预测其实施效应。由于区域发展是一个综合性的问题，它不仅涉及经济发展，而且涉及社会发展和生态保护，因此，区域发展的分析也应包括经济、社会和生态环境三个方面，并以三者综合效益作为区域发展分析中判断是非的标准。

二、我国经济发展的区域特征

改革开放以来，随着经济的快速发展，各区域经济发展的差距被拉大。根据国务院发展研究中心发布的《地区协调发展的战略和政策》报告中的经济区域划分内容，将我国经济区域一般划分为东北地区(黑龙江省、吉林省、辽宁省)，北部沿海(北京市、天津市、河北省、山东省)，东部沿海(上海市、江苏省、浙江省)，南部沿海(福建省、广东省、海南省)，黄河中游(山西省、内蒙古自治区、河南省、陕西省)，长江中游(安徽省、江西省、湖北省、湖南省)，大西南地区(广西壮族自治区、重庆市、四川省、贵州省、云南省)，大西北地区(甘肃省、青海省、宁夏回族自治区、西藏自治区、新疆维吾尔自治区)八大经济区域。总体来看，我国区域经济发展呈现以下趋势：各地区经济均有较快增长，东北地区自2003年以来经济持续发展，整体实力越来越强，GDP不断增加，但还是明显低于其他地区的经济发展速度；一直以来，东部沿海地区经济快速崛起，经济总量最大、人均GDP水平也是最高的，成为中国经济发展的主力；南部沿海地区以广东省广州、深圳、珠海等城市为主体，辐射泛珠江三角洲，是中国改革开放的先行地区，形成了传统产业与新兴产业共同发展的态势；黄河中游、长江中游地区近年来经济发展速度也很快，尤其是武汉及其周边地区，可能成为新的经济增长点，但是这两个区域由于没有明显的人力或资源以及交通等方面的优势，而且对外开放不足、产业结构比较传统，所以经济发展受到一定限制；大西南地区尤其是四川经济发展的优势主要是资源、天然气、矿产，其劣势就是交通不畅，而且投资政策环境一般，没有沿海地区的主动服务，整体经济现状发展缓慢、滞后；大西北地区近年来获得了政府政策的支持，国家不断加大对其经济开发的力度，采用增加重大基础性工程投资以及在投资和贷款、扩大自主权方面都给予一定的优惠政策。

【拓展阅读7.3】证券市场上市公司的区域格局请扫描右侧二维码。

本 章 小 结

本章介绍了行业分析的意义；行业的划分；行业的一般特征分析，包括行业的市场结构分析、竞争环境分析和生命周期分析；影响行业发展的主要因素，包括技术进步、产业政策、社会环境、经济全球化；行业投资选择，包括行业投资选择的目的、方法以及策略；区域分析的主要内容、我国经济发展的区域特征以及上市公司的区域格局等内容。

第七章自测题请扫描右侧二维码。

第八章 公司分析

【学习目标】

通过本章的学习，读者应该了解公司竞争地位的概念、类型，以及衡量公司竞争地位分析的主要内容；熟练掌握财务报表分析的基本方法和财务比率分析的基本内容；了解财务报表造假的动机、虚假财务报表产生的条件、虚假财务报表的类型，理解财务报表造假的手段，掌握虚假财务报表的识别方法。

【案例导读】 具体内容请扫描右侧二维码。

第一节 公司基本素质分析

公司基本素质分析.mp4

一、公司竞争地位分析

(一)竞争地位的概念

竞争地位是指企业在目标市场中所占据的位置，它是企业规划竞争战略的重要依据。

企业的竞争地位不同，其竞争战略也不同。竞争地位并不是一成不变的，今日的市场主宰者不一定是明天的行业老大。因此，市场主宰者竭力维护自己的领导地位，其他竞争者则拼命往前赶，努力改变自己的地位。正是这种激烈的市场竞争，促使企业争创竞争优势，占据市场有利位置，从而推动行业和社会的发展。企业在目标市场中的竞争地位主要取决于其所拥有的竞争优势和劣势，对竞争优势和劣势进行衡量和评价后，探求原因、寻找发挥优势的对策，可以促进企业在市场中竞争地位的提高。

(二)竞争地位的类型

根据阿瑟·D.利特尔咨询公司的观点，一个公司在其目标市场中有六种竞争地位。

(1) 主宰型。这类公司控制着整个目标市场，可以选择多种竞争战略。

(2) 强壮型。这类公司可以单独行动，而且能稳定其长期地位。

(3) 优势型。这类公司在一定的战略中能利用较多的力量，并有较多机会改善其竞争地位。

(4) 防守型。这类公司经营现状较好，能继续经营，但发展机会不多。

(5) 虚弱型。这类公司经营现状不佳，但仍有机会改善其不利地位。

(6) 难以生存型。这类公司经营现状差，而且没有机会改变被淘汰的命运。

行业地位分析的目的在于找准公司在所处行业中的竞争地位，如是否为行业中的"排头兵"、在价格上是否具有影响力、有无竞争力等。一般来说，在大多数行业中，无论其行业平均盈利能力如何，总有部分公司比其他公司具有较强的竞争优势和更强的获利能力。

公司的行业地位决定了其获利能力是高于还是低于同行业平均水平，决定了其在行业内的竞争地位。

(三)衡量公司竞争地位的主要内容

1. 技术优势分析

公司的技术优势是指公司拥有的比同行业其他竞争对手更强的技术实力及其研究与开发新产品的能力。这种能力主要体现在生产的技术水平和产品的技术含量上。技术具有十分广泛的内涵，通常有以下三种表现形式：①"硬件"，如设备、零部件以及原材料等有形资产；②"软件"，如专利、专有技术、设计图纸、工序说明、计算机程序和营销方案等无形资产；③"服务"，即由技术专家为提高产品质量、管理水平和营销技巧提供的服务。随着信息技术的发展，"软件"和"服务"在技术中的份额日益增大。对公司技术水平的评价可分为硬件部分和软件部分。硬件部分，如机械设备、单机或成套设备；软件部分，如生产工艺技术、工业产权、专利设备制造技术、生产能力如何以及新产品的研究与开发能力怎样等。

2. 产品质量分析

质量优势是指公司的产品以高于其他公司同类产品的质量赢得市场，从而取得竞争优势。由于公司技术能力及管理等诸多因素的差别，不同公司间相同产品的质量是有差别的。消费者在进行购买选择时，虽然有很多因素会影响他们的购买倾向，但是产品的质量始终是影响他们购买倾向的一个重要因素。质量是产品的保证，质量好的产品会给消费者带来信任感。严格管理、不断提高公司产品的质量是提升公司产品竞争力行之有效的方法。具有产品质量优势的公司往往在该行业占据领先地位。

3. 市场开拓能力和市场占有率分析

市场占有率是指一个公司的产品销售量占该类产品整个市场销售总量的比重。根据不同的目标市场，可以把市场占有率划分为两种。①国内市场占有率和国际市场占有率。国内市场占有率是公司某种产品销售额占市场上同类产品总销售额的比重；国际市场占有率是某种国产产品出口额占全世界该类产品出口总额的比重，某种国产产品进口额占该产品的主要进口国该类产品进口总额的比重。国内(国际)市场占有率的大小能大致地估计一个公司的经营能力和实力。②总的市场占有率和服务市场占有率。公司总的市场占有率是指其销售额在行业(产业)总销售额中所占的比重；公司的服务市场占有率是指其销售额占其所服务市场的总销售额的比重。

公司的市场占有率是利润之源。效益好并能长期存在的公司的市场占有率必然是长期稳定并呈增长趋势的。不断地开拓进取、挖掘现有市场潜力并不断进军新的市场，是扩大市场占有份额和提高市场占有率的主要手段。

4. 品牌战略分析

品牌是一个商品名称和商标的总称，它可以用来辨别一个卖者或卖者集团的货物或劳务，以便同竞争者的产品相区别。一个品牌不仅是一种产品的标识，而且是产品质量、性能、满足消费者效用的可靠程度的综合体现。品牌竞争是产品竞争的深化和延伸，当产业发展进入成熟阶段,产业竞争充分展开时,品牌就成为产品及公司竞争力的一个越来越重要的因素。品牌具有产品所不具有的开拓市场的多种功能:一是品牌具有创造市场的功能;二是品牌具有联合市场的功能;三是品牌具有巩固市场的功能。以品牌为开路先锋实现公司迅猛发展的目标,是国内外很多知名大公司行之有效的措施。效益好的公司,大多有自己的品牌和品牌战略。品牌战略不仅能提升产品的竞争力,而且能够利用品牌进行收购兼并。

5. 区位分析

区位或者说经济区位,是指地理范畴上的经济增长点及其辐射范围。上市公司的投资价值与区位经济的发展密切相关,处在经济区位内的上市公司,一般具有较高的投资价值。对上市公司进行区位分析,就是把上市公司的价值分析与区位经济的发展联系起来,以便分析上市公司未来的发展前景,确定上市公司的投资价值。具体来讲,可以通过以下几个方面进行上市公司的区位分析。①区位内的自然条件和基础条件。自然条件和基础条件包括矿产资源、水资源、能源、交通、通信设施、可利用土地资源、气候资源以及劳动力供给状况等,它们在区位经济发展中起着重要作用,也对所在地区上市公司的发展起着重要的限制或促进作用。②区位内政府的产业政策。一般来说,为了促进区位经济的发展,当地政府会制定相应的经济发展规划,提出相关的产业政策,确定地区内优先发展和扶持的产业,并给予相应的财政、信贷及税收等诸多方面的优惠措施。③区位内的经济特色。所谓经济特色,是指区位内经济与区位外经济的联系和互补性、龙头作用及其发展活力与潜力的比较优势。它包括区位的经济发展环境、条件与水平、经济发展现状等有别于其他区位的特色。特色在某种意义上意味着优势,利用自身优势发展本区位内的经济,无疑在经济发展中找到了很好的切入点。

6. 成本优势

成本优势是指公司的产品依靠低成本获得高于同行业其他公司的盈利能力。在很多行业中,成本优势是决定竞争优势的关键因素。公司一般通过规模经济、专有技术、优惠的原材料和低廉的劳动力实现成本优势。成本优势是一个行业中最容易成功的竞争战略。低成本可以使自己在同样的销售价格下获得高于竞争对手的利润率,并通过价格竞争的方式将高成本的公司挤出市场,从而相应地提高自己的市场占有率。近几年,我国汽车领域竞争十分激烈,给一些成本比较高的公司带来了致命的杀伤力,相反,一些成本相对较低的公司则获得了巨大的成功,市场占有率显著上升。以长城公司为例,近几年,通过大规模的价格战,挤占了国内运动型多用途汽车(Suburban Utility Vehicle,SUV)的市场份额,一举成为中国最大 SUV 的生产厂家,其市场占有率在国内市场稳居第一。投资者在对上市公司进行成本分析时,要特别注意其在规模经济、原料来源以及生产组织过程中各环节的效率变化,以确定它在未来的竞争中能否继续保持这种优势。

二、公司经营管理素质分析

(一)公司管理风格及经营理念分析

管理风格是企业在管理过程中所一贯坚持的原则、目标及方式等方面的总称。经营理念是企业发展一贯坚持的一种核心思想,是公司员工坚守的基本信条,也是企业制定战略目标及实施战略的前提条件和基本依据。一个企业不必追求"宏伟的"理念，而应建立一个切合自身实际的，并能贯彻渗透下去的理念体系。经营理念往往是管理风格形成的前提。一般而言，公司的管理风格和经营理念有稳健型和创新型两种。稳健型公司的特点是在管理风格和经营理念上以稳健原则为核心，一般不会轻易改变业已形成的管理和经营模式。奉行稳健原则的公司，其发展一般较为平稳，大起大落的情况较少，但是由于不太愿意从事风险较高的经营活动，公司较难获得超额利润，跳跃式增长的可能性较小，而且有时由于过于稳健，会丧失大发展的良机。稳健并不排斥创新，由于企业面临的生存发展环境在不断变化之中，企业也需要在坚持稳健的原则下不断调整自己的管理方式和经营策略，以适应外部环境的变化。创新型公司的特点是在管理风格和经营理念上以创新为核心，公司在经营活动中的开拓能力较强。创新型的管理风格是此类公司获得持续竞争力的关键。管理创新应贯穿于企业管理系统的各环节，包括经营理念、战略决策、组织结构、业务流程、管理技术和人力资源开发等各方面，这些也是管理创新的主要内容。

(二)公司管理人员的素质分析

所谓素质，是指一个人的品质、性格、学识、能力、体质等方面特性的总和。在现代企业里，管理人员不仅担负着对企业生产经营活动进行计划、组织、指挥、控制等管理职能，而且从不同角度和方面负责或参与对各类非管理人员的选择、使用与培训工作。因此，管理人员的素质是决定企业能否取得成功的一个重要因素。在现代市场经济条件下，企业面临的内外环境日益复杂，对公司管理人员的要求也不断提高。在一定意义上，是否有卓越的企业管理人员和管理人员团队，直接决定着企业的经营成败。显然，才智平庸、软弱无能者是无法担当起有效管理企业的重任的。因此，现代企业管理职能客观上要求企业管理人员具有相应的良好素质。换言之，良好的管理人员的素质是提高管理效能的不可或缺的重要条件。管理人员的素质要求是指从事企业管理工作的人员应当具备的基本品质、素养和能力，它是选拔管理人员担任相应职务的依据和标准，也是决定管理者工作效能的先决条件。对管理人员的素质分析是公司分析的重要组成部分。

一般而言，企业的管理人员应该具备的素质包括五个方面：①从事管理工作的意愿；②专业技术能力；③良好的道德品质修养；④人际关系协调能力；⑤综合能力。从一定意义上来说，管理过程就是不断发现问题、解决问题的过程。为此，管理人员必须具备较强的解决问题的能力，要能够敏锐地发现问题之所在，迅速提出解决问题的各种措施和途径，善于讲求方式、方法和处理技巧，使问题得到及时、妥善地解决。在解决问题的过程中，决策能力具有至关重要的作用。

(三)公司业务人员素质分析

公司业务人员的素质也会对公司的发展起到很重要的作用。作为公司的员工，公司业务人员应该具有如下素质：熟悉自己从事的业务，具备必要的专业技术能力，对企业的忠诚度，对本职工作的责任感，以及具有团队合作精神等。具有以上这些基本素质的公司业务人员，才有可能做好自己的本职工作，才有可能贯彻落实公司的各项管理措施以及完成公司的各项经营业务，才有可能把自身的发展和企业的发展紧密地联系在一起。在进取型的公司管理风格下，需要具有创新能力的公司业务人员，例如，技术创新、新产品的开

第八章 公司分析

发必须由技术开发人员来完成，而市场创新的信息获得和创新方式则离不开市场营销人员的努力。因此，公司业务人员的素质，包括进取意识和业务技能，也是公司发展不可或缺的要素。

第二节 公司财务分析

公司财务分析是以公司财务报告为主要依据，对公司的财务状况和经营成果进行评价和分析，反映公司在运营中的得失，从而为公司的管理提供重要依据。

一、公司的主要财务报表

公司财务报表是反映公司经营活动的重要原始资料来源。上市公司必须按照会计准则的要求，遵守财务公开的原则定期公开财务报表。一般而言，财务报表是对企业财务状况、经营成果和现金流量的结构性表述。财务报表主要有资产负债表、利润表、现金流量表和所有者权益变动表。

(一)资产负债表

资产负债表是最基本的财务报表。它根据"资产=负债+所有者权益"的恒等式编制。资产负债表的"资产"部分，反映企业的各类财产、物资、债权和其他权利，一般按变现能力的顺序表示。负债部分包括负债和股东权益两项。其中，负债表示公司所应支付的所有债务；股东权益表示公司的净值，即在偿清各种债务之后，公司股东所拥有的净权益。资产负债表是公司的财务状况在特定时刻的相对静止的反映。通过分析资产负债表，可以了解公司的财务状况，对公司的偿债能力、资本结构是否合理、流动资金是否充足做出判断。

【拓展阅读 8.1】ABC 公司资产负债表请扫描右侧二维码。

(二)利润表

利润表，也称损益表，是总括地反映企业一定期间内经营成果的实现及其分配情况的报表。资产负债表是反映企业某一时点的财务状况，是静态的；利润表是反映企业一段时期的经营成果，是动态的。

利润表的主要内容是一定时期(月、季、年)的收入、成本、费用和损失，以及由此计算出来的企业利润(或亏损)及利润分配情况。利润分配的有关内容，也可以另行编制利润分配表。

利润表的结构：利润表一般由表首、表身和补充资料三部分构成。利润表的表首，主要填制编制单位、报表日期、计量单位等。由于利润表说明某一时期的经营成果，因而利润表的表首必须写明某一时期的起讫日期，如"某年某月份"，或"某年某月某日结束的会计年度"。

表身是利润表的主体部分，主要反映收入、费用和利润各项目的具体内容及其相互关系。此外，为了使报表使用者通过比较不同期间利润的实现情况，判断企业经营成果的未来发展趋势，企业需要提供比较利润表，因此利润表的各项目分为"本期金额"和"上期金额"两栏分别填列。

常见的利润表结构主要有单步式和多步式两种。在我国，企业利润表采用的基本上是多步式结构，即通过对当期的收入、费用、支出项目按性质加以归类，按利润形成的主要环节列示一些中间性利润指标，分步计算当期损益。

【拓展阅读8.2】ABC公司利润表请扫描右侧二维码。

(三)现金流量表

现金流量表是反映企业会计期间内经营活动、投资活动和筹资活动等对现金及现金等价物产生影响的会计报表，其主要目的是为报表使用者提供企业一定会计期间内现金流入与流出的有关信息。现金流量表是反映一家公司在一定时期现金流入和现金流出动态状况的报表。其组成内容与资产负债表和损益表相一致。现金流量表可以概括反映经营活动、投资活动和筹资活动对企业现金流入、流出的影响，对于评价企业的实现利润、财务状况及财务管理，要比传统的损益表提供更好的基础。现金流量表的现金是广义的概念，由现金和现金等价物构成。现金是指企业库存现金以及可以随时用于支付的存款；现金等价物是指企业持有的期限短(一般在3个月以内)、流动性强、易于转换为已知金额的现金、价值变动风险很小的投资。

【拓展阅读8.3】ABC公司现金流量表请扫描右侧二维码。

(四)所有者权益变动表

所有者权益变动表，又称股东权益变动表，是反映某一特定时期构成企业所有者权益的各个组成部分当期的增减变动情况的报表，属于年度会计报表。该表除了列示直接计入所有者权益的利得和损失外，还包括最终属于所有者权益变动的净利润，从而构成企业的综合收益。该表既体现了对所有者权益的界定，也在一定程度上体现了企业的综合收益。

【拓展阅读8.4】ABC公司所有者权益变动表请扫描右侧二维码。

二、财务报表分析方法

财务报表分析是相关信息用户以企业财务报告为主要依据，结合环境信息，对企业财务状况、经营业绩和财务状况变动的合理性与有效性进行客观评估，并分析企业内在财务能力和财务潜力，预测企业未来财务趋势和发展前景，评估企业的预期收益和风险，据以为特定决策提供有用的财务信息的经济活动。财务报表分析方法主要有比较分析法、比率分析法和因素分析法。

(一)比较分析法

比较分析法是财务分析普遍使用的重要的分析方法。它是通过对经济指标在数据上的比较，揭示经济指标之间数量关系和差异的一种分析方法。对经济指标的对比，主要有以

第八章 公司分析

下两种形式。

1. 水平分析法

水平分析法是将企业报告期财务状况的信息与企业某一历史时期财务状况的信息进行对比，研究其发展变动情况的一种财务分析方法，主要应用于会计报表的分析。其基本要点是将不同时期的同项数据和指标进行对比，对比的方式有：①变动绝对值，是将不同时期、相同项目的绝对金额进行比较，以观察其绝对额的变化趋势；②增减变动率，是用变动绝对值除以基期的指标实际数，利用得出的数值进行比较。

2. 趋势分析法

趋势分析法是根据企业两期或者连续几个时期的分析资料，运用指数或完成率的计算，确定分析期各有关项目的变动情况和趋势的一种财务分析方法。趋势分析法的主要方式有两种。①定基分析法，是以分析期间某一固定时期的报表数据作为基数，其他各期与之对比，计算百分比，以观察各期相对于基数的变化趋势。②环比分析法，是以某一期的数据和上期的数据进行比较，计算趋势百分比，以观察每期的增减变化情况。

(二)比率分析法

比率分析法是根据财务报告中相互关联的两个项目或多个项目的绝对数进行对比，通过计算经济指标的比率来考察、计量和评价经济活动变动程度的一种分析方法。比率分析法是财务分析最基本也是最重要的方法。

1. 比率的分类

根据分析的不同内容和要求，可以计算出各种不同的比率进行比较，主要有以下三种。①相关指标比率，是根据经济活动客观存在的相互依存、相互联系的关系，将两个性质不同但又相关的指标加以对比，求出比率，然后进行各种形式的比较。②构成比率，又称结构比率，通过计算某项经济指标各个组成部分占总体的比重来探讨各个部分在结构上的变化规律。③动态比率，是将某项经济指标不同时期的数额对比求出动态比率，然后进行各种形式的比较，以便考察该项经济指标的发展变化趋势和增减速度。

2. 比率分析法应遵循的原则

在财务分析中，比率分析用途最广，但也有局限性，突出表现在：比率分析属于静态分析，对于预测未来并非绝对合理可靠。比率分析所使用的数据为账面价值，难以反映物价水平的影响。运用比率分析法，必须遵循以下原则。①相关性，所分析的项目要具有可比性、相关性，将不相关的项目进行对比是没有意义的。②一致性，即比率的分子项与分母项必须在时间、范围等方面保持口径一致。③科学性，选择比较的标准要注意行业因素、生产经营情况差异性等因素。④全面性，要注意将各种比率有机联系起来进行全面分析，不可孤立地看某种或某类比率。

(三)因素分析法

因素分析法是依据财务分析指标与其影响因素之间的关系，按照一定的程序和方法，从数量上确定各因素对分析指标差异影响程度的一种技术方法。一个经济指标往往是多种因素造成的。它们各自对某一个经济指标都有不同程度的影响，只有将这一综合性的指标分解成各个构成因素，才能从数量上把握每一个因素的影响程度。因素分析法既可以全面分析各因素对某一经济指标的影响，又可以单独分析某个因素对经济指标的影响，在财务分析中应用颇为广泛。因素分析法根据其分析特点可分为连环替代法和差额分析法两种。

1. 连环替代法

连环替代法是指在多种因素对某一指标综合发生作用的情况下，将分析指标分解为各个可以计量的因素，并根据因素之间的内在依存关系，顺次用各因素的比较值(通常即实际值)替代基准值(通常为标准值或计划值)，据以测定经济指标变动的原因及其各因素的影响程度。

2. 差额分析法

差额分析法也称绝对分析法，它是连环替代法的一种简化形式，即利用各个因素的比较值与基准值之间的差额，在其他因素不变的假定条件下，来计算各因素对分析指标的影响。

需要注意的是，并非所有的连环替代法都可以运用差额分析法进行简化，尤其在各影响因素之间不是连乘的情况下，运用差额分析法必须格外慎重。

三、财务比率分析

(一)偿债能力指标

偿债能力是指企业偿还到期债务的能力。偿债能力分析包括短期偿债能力分析和长期偿债能力分析两个方面。

1. 短期偿债能力分析

短期偿债能力，也称支付能力，是指企业以流动资产的变现偿还流动负债的能力。它反映企业偿付日常到期债务的能力。企业能否及时偿付到期的流动负债，是反映企业财务状况好坏的重要标志。影响企业短期偿债能力的因素主要有企业的流动资产结构、流动负债结构、融资能力、经营现金流量水平等。反映企业短期偿债能力的财务指标主要有流动比率、速动比率、现金流量比率。

1) 流动比率

流动比率也称营运资金比率或真实比率，是企业在某一时点上可以动用的流动资产与流动负债的比率，它表明企业每一元流动负债有多少流动资产作为偿还的保证。流动比率反映企业承受流动资产贬值的能力和企业用可在短期内转变为现金的流动资产偿还到期的流动负债的能力。其计算公式为

$$流动比率 = 流动资产 \div 流动负债$$

2) 速动比率

速动比率，也称酸性测试比率，是企业速动资产与流动负债的比率。速动资产包括货币资金、短期投资、应收票据、应收账款、其他应收款项等流动资产。存货、预付账款、

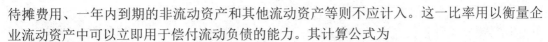

待摊费用、一年内到期的非流动资产和其他流动资产等则不应计入。这一比率用以衡量企业流动资产中可以立即用于偿付流动负债的能力。其计算公式为

$$速动比率=速动资产÷流动负债$$

3) 现金流量比率

现金流量比率是企业一定时期的现金净流量与流动负债的比率。该指标从现金流入和流出的动态角度对企业的实际偿债能力进行考察，反映本期经营活动所产生的现金净流量足以抵付流动负债的倍数。其计算公式为

$$现金流量比率=经营现金净流量÷年末流动负债$$

2. 长期偿债能力分析

长期偿债能力是指企业偿还长期负债的能力。影响长期偿债能力的因素主要有企业的盈利能力、投资效果、权益资金的增长和稳定程度、权益资金的实际价值以及企业经营现金流量等。企业的长期负债，包括长期借款、应付长期债券等。反映企业长期偿债能力的财务指标主要有负债比率、股东权益比率、产权比率和利息保障倍数。

(1) 负债比率，又称资产负债率，是企业负债总额与资产总额的比率。它表明企业资产总额中，债权人提供资金所占的比重，以及企业资产对债权人权益的保障程度。负债比率越小，表明企业的长期偿债能力越强。其计算公式为

$$负债比率=负债总额÷资产总额$$

(2) 股东权益比率，又称自有资本比率或净资产比率，是股东权益与资产总额的比率。该比率是企业长期偿债能力保证程度的重要指标，反映企业资产中有多少是所有者投资形成的。其计算公式为

$$股东权益比率=股东权益÷资产总额$$

(3) 产权比率，是负债总额与所有者权益之间的比率。它通过债务负担与偿债保证程度的相对关系来反映企业投资者权益对债权人权益的保障程度。这一比率越低，表明企业的长期偿债能力越强，债权人权益的保障程度越高，承担的风险越小，但企业不能充分发挥负债的财务杠杆效应。其计算公式为

$$产权比率=负债总额÷股东权益$$

(4) 利息保障倍数，是指企业生产经营所获得的息税前利润与利息费用的比率。它是测定企业以获取的利润偿付负债利息能力的指标，数额越大，说明企业支付利息费用的能力越强。其计算公式为

$$利息保障倍数=息税前利润总额÷利息支出$$

(二)营运能力指标

营运能力是指企业利用资金运营的效率和效益。资产运用效率高，企业就可以以较少的投入获取比较多的收益，反之亦然。营运能力分析包括流动资产周转情况分析、固定资产周转情况分析和总资产周转情况分析。

1. 流动资产周转情况分析

反映流动资产周转情况的指标主要有应收账款周转率、存货周转率和流动资产周转率。

(1) 应收账款周转率,是指一定时期内赊销收入净额与应收账款平均余额的比率。应收账款周转率有两种表示方法。一种是应收账款在一定时期内(通常为1年)的周转次数,另一种是应收账款的周转天数即所谓应收账款账龄。应收账款周转次数的计算公式为

$$应收账款周转率(次)=赊销收入净额÷应收账款平均余额$$

(2) 存货周转率,是指一定时期内企业销货成本与存货平均余额间的比率。它是反映企业销售能力和流动资产流动性的一个指标,也是衡量企业生产经营各个环节中存货运营效率的一个综合性指标。在流动资产中,存货所占比重较大,存货的流动性将直接影响企业的流动比率。因此,必须特别重视对存货的分析。其计算公式为

$$存货周转率(次)=营业成本÷平均存货余额$$

(3) 流动资产周转率,是指一定时期内流动资产的周转次数或周转1次所需要的天数,是销售收入与流动资产平均余额的比率。它是衡量流动资产周转速度的重要指标,可以反映全部流动资产的利用效率。其计算公式为

$$流动资产周转率=营业收入÷平均流动资产总额$$

2. 固定资产周转情况分析

固定资产周转率,是指企业年销售收入净额与固定资产平均净值的比率。它是反映企业固定资产周转情况,从而衡量固定资产利用效率的一项指标。其计算公式为

$$固定资产周转率=营业收入÷固定资产平均净值$$

固定资产周转率高,表明企业固定资产利用充分,同时也表明企业固定资产投资得当,固定资产结构合理,能够充分发挥效率。反之,如果固定资产周转率不高,则表明固定资产使用效率不高,提供的生产成果不多,企业的营运能力不强。

3. 总资产周转情况分析

总资产周转率是指企业在一定时期主营业务收入净额同平均资产总额的比率。其计算公式为

$$总资产周转率(次)=营业收入÷平均资产总额$$

总资产周转率是考察企业资产运营效率的一项重要指标,体现了企业经营期间全部资产从投入到产出的流转速度,反映了企业全部资产的管理质量和利用效率。

(三)盈利能力指标

盈利能力是指企业资金增值的能力,通常体现为企业收益数额的大小及其水平的高低。由于企业会计的六大要素有机地统一于企业资金运动过程,并通过筹资、投资活动取得收入,补偿成本费用,从而实现利润目标,因此,可以按照会计基本要素设置营业利润率、成本费用利润率、总资产报酬率和净资产收益率四项指标,借以评价企业各要素的获利能力及资本保值增值的情况。另外,上市公司经常使用的获利能力指标还有每股股利和普通股权益报酬率等。

1. 营业利润率

营业利润是企业一定时期内营业利润与营业收入的比率。其计算公式为

$$营业利润率=营业利润÷营业收入$$

营业利润率越高,表明企业市场竞争力越强,发展潜力越大,盈利能力越强。

从利润表来看,公司的利润包括营业利润、利润总额和净利润三种形式。而营业收入包括主营业务收入和其他业务收入,收入的来源有商品销售收入、提供劳务收入等。因此,在实务中也经常使用营业净利率、营业毛利率等指标来分析企业经营业务的获利水平。其计算公式为

$$营业净利率=净利润÷营业收入$$

$$营业毛利率=(营业收入-营业成本)÷营业收入$$

2. 成本费用利润率

成本费用利润率,也称经济效益指标,是反映企业生产经营过程中发生的耗费与获得的收益之间关系的指标。它主要用于评价公司在报告期内的投入产出情况,以及对成本的控制水平等。其计算公式为

$$成本费用利润率=利润总额÷成本费用总额$$

其中,

$$成本费用总额=营业成本+营业税金及附加+销售费用+管理费用+财务费用$$

成本费用利润率是一个能直接反映增收节支、增产节约效益的指标,该比率越高,表明企业耗费所取得的收益越高,成本费用控制得越好,盈利能力越强。企业生产销售的增加和费用开支的节约,都能使这一比率提高。

3. 资产净利率

资产净利率指标反映的是公司运用全部资产所获得利润的水平,即公司每占用 1 元的资产平均能获得多少元的利润。该指标越高,表明公司投入产出水平越高,资产运营越有效,成本费用的控制水平越高,体现出企业管理水平的高低。其计算公式为

$$资产净利率=净利润÷平均资产总额$$

4. 净资产收益率

净资产收益率,又称股东权益收益率、净值收益率或所有者权益收益率,是反映公司自有资金投资收益水平的指标,是净利润与平均股东权益的百分比,是公司税后利润除以净资产得到的百分比,该指标反映股东权益的收益水平,用以衡量公司运用自有资本的效率。该指标越高,说明投资带来的收益越高。

$$净资产收益率=净利润÷平均净资产$$

净资产收益率可衡量公司对股东投入资本的利用效率。它弥补了每股税后利润指标的不足。例如,在公司对原有股东送红股后,每股盈利将会下降,从而在投资者中造成错觉,以为公司的获利能力下降了,而事实上,公司的获利能力并没有发生变化,用净资产收益率来分析公司获利能力就比较适宜。

5. 总资产报酬率

总资产报酬率是企业本年总资产增长额同年初资产总额的比率,它反映企业本期资产规模的增长情况,表示企业全部资产获取收益的水平,全面反映了企业的获利能力和投入

产出状况。通过对该指标的深入分析，可以增强各方面对企业资产经营的关注，促进企业提高单位资产的收益水平。其计算公式为

$$总资产报酬率=息税前利润总额÷平均资产总额$$

$$息税前利润总额=利润总额+利息支出=净利润+所得税费用+利息支出$$

一般情况下，企业可将总资产报酬率指标与市场资本利率进行比较，如果该指标大于市场资本利率，则表明企业可以充分利用财务杠杆，进行负债经营，获取尽可能多的收益。

(四) 发展能力指标

1. 营业收入增长率

营业收入增长率是企业本年营业收入增长额与上年营业收入总额的比率，反映企业营业收入的增减变动情况。营业收入增长率大于零，表明企业本年营业收入有所增长。该指标值越高，表明企业营业收入的增长速度越快，企业市场前景越好。其计算公式为

$$营业收入增长率=本年营业收入增长额÷上年营业收入总额$$

2. 资本保值增值率

资本保值增值率是指企业本年末所有者权益扣除客观增减因素后同年初所有者权益的比率。其计算公式为

$$资本保值增值率=期末所有者权益÷期初所有者权益(扣除客观因素后)$$

资本保值增值率表示企业当年资本在企业自身的努力下实际增减变动情况，是评价企业财务效益状况的辅助指标，反映了投资者投入企业资本的保全性和增长性。该指标越高，表明企业的资本保全状况越好，所有者权益增长越快，债权人的债务越有保障，企业发展后劲越强。

3. 总资产增长率

总资产增长率，又称总资产扩张率，是企业本年总资产增长额同年初资产总额的比率，反映企业本期资产规模的增长情况。其计算公式为

$$总资产增长率=本年总资产增长额÷年初资产总额$$

其中，

$$本年总资产增长额=年末资产总额-年初资产总额$$

总资产增长率越高，表明企业一定时期内资产经营规模扩张的速度越快。但在分析时，需要关注资产规模扩张的质和量的关系，以及企业的后续发展能力，避免盲目扩张。

4. 营业利润增长率

营业利润增长率，又称销售利润增长率，是企业本年营业利润增长额与上年营业利润总额的比率，反映企业营业利润的增减变动情况。其计算公式为

$$营业利润增长率=本年营业利润增长额÷上年营业利润总额$$

其中，

$$本年营业利润增长额=本年营业利润-上年营业利润总额(年初数)$$

(五)综合指标分析

企业的各种财务活动、各项财务指标是相互联系、相互影响的。单独分析任何一项财务指标或一张会计报表,可以就企业某一方面的财务活动做出评价,但是难以全面评价企业的财务状况和经营成果。因此,必须采用适当的标准将相互依存、相互作用的各种因素结合起来进行综合性的评价。综合评价的主要方法有杜邦分析法和财务比率综合评价法。

1. 杜邦分析法

杜邦分析法是利用各个主要财务比率指标之间的内在联系,建立财务比率分析的综合模型来综合分析企业财务状况的方法。这种方法是由美国杜邦公司最先设计和采用的,故称杜邦分析法。

【拓展阅读8.5】杜邦分析图请扫描右侧二维码。

杜邦分析图中,包含以下几种主要的指标关系。

$$净资产收益率=总资产净利率×权益乘数$$
$$=销售净利率×总资产周转率×权益$$

其中,

$$权益乘数=\frac{资产}{权益}=\frac{1}{1-资产负债率}$$

进行层层分解可得

$$总资产净利率=销售净利率×总资产周转率$$

$$销售净利率=\frac{净利润}{营业收入}$$

$$总资产周转率=\frac{营业收入}{资产总额}$$

净利润=总收入-总成本费用

资产总额=流动资产+非流动资产

从杜邦分析图可以看出,企业的核心比率——净资产收益率取决于企业的三项指标:企业盈利能力、营运能力和财务杠杆。通过比较本企业净资产率与前期的差异,将各期净资产报酬率进行层层分解,直至分解到各项明细成本、费用、资产等,从而分析出企业净资产报酬率上升或下降的主要原因。运用这种方法,可以找到企业总体盈利能力变动的根源,从而制定正确的决策,使企业健康发展。

(1) 净资产收益率是一个综合性最强的财务比率,是杜邦财务分析系统的核心。财务管理的目标是使所有者财富最大化,净资产收益率反映所有者投入资金的获利能力,反映企业筹资、投资、资产运营等活动的效率,提高净资产收益率是所有者财富最大化的基本保障。因此,所有者、经营者都十分关心这一财务指标,净资产收益率的高低,取决于总资产利润率和权益乘数的水平。

(2) 总资产净利率也是一个重要的财务比率,综合性也较强。它是销售净利率和总资产周转率的乘积,因此,要进一步从销售成果和资产运营两方面来分析。

(3) 权益乘数反映了企业资本结构的指标,对提高净资产收益率具有杠杆作用。在总资产需要量既定的前提下，企业适当开展负债经营，相对减少股东权益所占的份额，就可使此项财务比率提高。因此，企业既要合理使用全部资产，又要妥善安排资本结构，这样才能有效地提高净资产收益率。

(4) 销售净利率是反映企业商品经营能力最重要的指标，提高销售净利率是提高企业盈利能力的关键所在。提高销售净利率的途径，一是要扩大销售收入，二是要降低成本费用。利用杜邦分析图可以研究企业成本费用的结构是否合理，从而加强成本控制。同时，结合资本结构来分析，还需关注利息费用与利润总额(或息税前利润)的关系，若企业利息费用过高，应检查其负债比率是否合理，防止资本结构不合理影响企业所有者的收益。

(5) 总资产周转率是反映企业营运能力最重要的指标，企业资产的营运能力和流动性，既关系到企业的获利能力，又关系到企业的偿债能力。如果企业持有的现金超过业务需要，就可能影响企业的获利能力；如果企业占用过多的存货和应收账款，则既影响获利能力，又影响偿债能力。因此，分析企业资产的使用是否合理、营运效率高低、流动资产和非流动资产的比例安排是否恰当是企业资产经营的核心问题。

杜邦财务分析的局限性表现在：杜邦财务分析系统偏重企业所有者的利益。在其他因素不变的情况下，资产负债率越高，权益报酬率就越高，这是因为利用较多负债，从而利用财务杠杆作用的结果，但是杜邦财务分析系统没有考虑财务风险的因素，即负债越多，财务风险越大，偿债压力越大，因此还要结合其他指标综合分析。

2. 财务比率综合评价法

各种财务比率分别反映了企业会计报表中各项目之间的对比关系，但是，每项财务比率只能反映某一方面的情况。为了获得一个总的认识，可以运用指数法计算一个综合指数。

运用指数法编制综合分析表的步骤如下。

(1) 选定评价企业财务状况的比率指标。通常要选择能够说明问题的重要指标。由于偿债能力、营运能力和获利能力三类比率指标能从不同侧面反映财务状况，故应分别从中选择若干具有代表性的重要比率。

(2) 根据各项比率指标的重要程度，确定其重要性系数。各项比率指标的重要性系数之和应等于1。重要程度的判断，需根据企业经营状况，一定时期的管理要求，企业所有者、债权人和经营者的意向而定。

(3) 确定各项比率指标的标准值。财务比率指标的标准值是指各该指标在本企业当前条件下的最理想的数值，即最优值。

(4) 计算企业在一定时期各项比率指标的实际值。

(5) 求出各项指标实际值与标准值的比率，称为关系比率。

(6) 求得各项比率指标的综合指数及其合计数。各项比率指标的综合指数，是关系比率和重要性系数的乘积，其合计数可作为综合评价企业财务状况的依据。一般而言，综合指数合计数如果为1或接近于1，表明企业财务状况基本上符合标准要求；如果与1有较大的差距，则表明企业财务状况偏离标准要求。

采用指数法综合评价企业财务状况，关键在于正确确定重要性系数和标准值这两项重要因素。这两项因素的确定，常有较大的主观性，因此要根据历史经验和现实情况，合理加以确定，才能得出正确的结果。

第八章 公司分析

第三节 虚假财务报表鉴别

虚假财务会计报告，是指违反《会计法》和国家统一会计制度的规定，根据虚假的会计账簿记录编制财务会计报告以及对财务会计报告擅自进行没有依据的修改的行为。

在证券市场的三大违法行为(虚假陈述、操纵市场、内幕交易)中，虚假陈述是后两种违法行为发生的基础。国内外一系列虚假会计信息造成的触目惊心的恶果不胜枚举。几乎所有的研究机构都认为，如果能够得到及时、可靠的会计信息，尤其是关于众多微观层次问题和衍生金融工具情况的披露和分析，那么银行、公司、投资人、国家金融监督管理总局就可以及早地察觉和防范这种潜在的、不可接受的金融风险。

一、财务报表造假的动机

一般来说，会计信息的质量与会计信息的生成过程有极为密切的联系。虚假财务报表的产生机理包括内在(主观)动因和外部(客观)环境两个方面。就虚假财务报表而言，内在动因是其主观基础，外部环境是其客观条件，只有这两方面共同发挥作用，才会产生虚假财务报表。财务报表造假的动机主要包括以下几方面。

(一)公司业绩考核的需要

考核公司的经营业绩，一般总是要求以财务指标为基础，如利润(或扭亏)计划的完成情况、投资回报率、产值、销售收入、资产保值增值率、资产周转率、销售利润率等，这些都是经营业绩的重要考核指标。而这些财务指标的计算，都要涉及会计数据。除了内部考核以外，外部考核(如行业排行榜)，主要也是根据销售收入、资产总额、利润总额来加以确定的。

更为重要的是，经营业绩的考核，不仅涉及公司总体经营情况的评价，还影响到管理层的提升、奖金福利等方面。为了在经营业绩上多得分，公司就有可能对其会计报表进行包装、粉饰。

(二)获取信贷资金或提高商业信用的需要

从事企业经营的人都知道，目前的企业外部环境，仍然是热衷于"锦上添花"，而不愿意"雪中送炭"。而企业需要的则恰恰相反，锦上添花可有可无，雪中送炭则大受欢迎。因此，企业为了获得外界的资助，就需要通过粉饰会计报表来欺骗舆论和外界。对于这些企业来说，对会计报表进行造假，实在是不得已而为之。另外，在市场经济条件下，银行等金融机构出于风险考虑和自我保护的原因，一般也不会贷款给亏损企业和缺乏资信的企业。这就必然导致企业为了获得金融机构的信贷资金或者其他供应商的商业信用，即使经营业绩欠佳、财务状况不理想，也要对其会计报表进行修饰、打扮，力图使其符合银行的"需求"。

(三)首次发行股票或再发行的需要

股票发行分为首次公开发行(IPO)和后续发行(配股、增发)两种情况。根据《公司法》等法律规定，如果企业要发行股票，就必须连续 3 年盈利，而且要经营业绩比较突出，这样才有可能通过证监会的审批。除此以外，股票发行的价格高低也与盈利能力有关。这样，准备上市的企业为了能够多募集资金，就必须"塑造"优良业绩的形象，其主要手段就是在设计股份制改造方案的时候，对会计报表进行造假。

(四)偷逃税款或者操纵股价的需要

所得税的上缴，是在会计利润的基础上，通过纳税调整来进行计划的。具体方法是，将会计利润调整为应纳税所得额，再乘以企业所适用的所得税率。企业为了达到偷税、漏税、减少或者推迟纳税的目的，往往会对会计报表进行造假。当然，也有的企业愿意虚增利润"多缴税"。但这并非出于善意，而是为了制造盈利能力强的假象，进而操纵股价。

(五)推卸企业和个人责任的需要

推卸企业和个人责任的需要主要表现在以下几个方面。①企业在调动高级管理人员的时候，一般要进行离任审计。离任审计的时候，会计报表会根据"需要"进行调节，暴露或者不暴露业已存在的许多问题。等到新任领导上任以后，为了明确责任或者推卸责任，往往要大刀阔斧地对陈年老账进行清理，这时候同样会在会计报表上造假。②把责任推给会计准则和会计制度的变化。近几年会计准则、会计制度变化比较频繁，而每当会计制度发生重大变化的时候，就会根据新制度的要求，重新编制和调整会计报表。这时候也是会计报表造假的好机会。因为可以通过这种方式，提前消化潜亏，并将责任归咎于新的会计准则和会计制度。③当企业发生天灾人祸的时候，具体来说是发生了自然灾害，或者是高级管理人员卷入经济案件的时候，企业很可能利用这种机会对会计报表进行造假，以便推卸责任。

(六)其他需要

公司财务报表造假的原因很多，除了前文所述，还有一些列举如下。①为了大股东自身的利益。大股东通常会通过其在董事会中的地位和影响，要求上市公司按照其意愿进行一些不合规的关联交易，并以虚假的形式在财务报表中出现。②改制或重组过程中的需要。企业的改制和重组，往往涉及很多人的利益，为了满足不同利益集团的需要，企业通常会借改制和重组之机制造虚假的财务报表。③政治企图的需要。有些企业的会计报表，主要是应付主管部门和政府部门的。换句话说，是给上级部门看的，是为了某种政治企图。④特定业务的需要。一些特殊行业如设计、施工等企业，为了获得特定资格或承接特定的项目(投标)等需要，会虚报企业规模和营运状况。⑤上市公司为避免"戴帽"、退市需要。我国上市公司中还有一部分是为了避免"戴帽"("ST""*ST")以及退市等原因，人为地使财务报表扭亏为盈等。

随着我国证券市场的发展，国家对证券市场的监管力度不断加大，上市公司发布虚假财务报表所需要承担的风险也逐渐加大。

二、虚假财务报表产生的条件

(一)虚假财务报表产生的内部条件

1. 会计信息生产者的利益驱动是虚假财务报告产生的内在动因

会计信息生产者与会计信息之间存在一定的利益关系。这里所讲的"会计信息生产者",包括会计人员、企业负责人及其他能对会计信息施加影响的人员。所指的"利益",既涵盖企业利益也包括个人利益,既可能是直接的,也可能是间接的。在与会计信息相关的利益中,首先,是企业利益。企业可能通过提供虚假会计信息骗取投资者、债权人及国家管理机关的信任,进而获取投资、贷款或减少税金支出等经济利益。其次,是个人利益。企业负责人有能力也有条件影响会计人员,通过制造虚假会计信息骗取投资者信任,从而获得职务晋升、薪金增加、股票升值等个人利益;会计人员作为会计信息的直接生产者,他们在会计信息质量上发挥重要作用,他们需要在遵守国家法律避免违规影响自身利益的同时,又要接受企业负责人的领导,并由此获得薪金、升迁、奖励等利益。

2. 会计工作的主观判断为虚假财务报告的产生提供了操作空间

会计核算工作虽具有客观性,但也不能完全脱离会计人员的主观判断。在日趋复杂的经济活动中,会计核算方法、程序的选择以及财产价值的评估等,都需要会计人员进行客观、公正的主观判断。如果会计人员不能排除利益干扰,其判断可能失去客观性和公正性,从而为制造虚假财务报告提供了操作上的便利。

3. 会计信息生产过程的内部控制强化了虚假财务报告的内部动因

我国会计法规规定,企业应设立会计机构并配备会计人员。除少数小企业采用代理记账外,多数企业设立了专门的会计机构和相应人员,这使会计信息生产过程完全处于企业内部,由企业控制。当会计信息生产过程完全由生产者控制,就为制造虚假财务报告提供了便利。如果企业负责人有意通过虚假报表获取利益,就可以利用会计工作的企业内部控制优势有针对性地制造虚假会计信息。显然,这也是虚假财务报告难以发现和治理的根本原因。

(二)虚假财务报表产生的外部条件

内部动因虽然是虚假财务报表产生的关键,但往往需要与外部条件相结合。虚假财务报表产生的外部条件主要包括政治经济环境的不足、法律环境的缺陷等。

1. 政治经济环境的不足是虚假会计信息产生的重要条件

我国法治建设尚不完善,经济管理工作在一定程度上依赖行政手段。如果行政管理部门未能有效履行职能,甚至包庇会计工作中的不法行为,就会为虚假会计信息提供滋生土壤。此外,社会造假行为的普遍性,也可能导致虚假会计信息泛滥。从反腐倡廉的角度来看,虚假会计信息与腐败现象关系密切,腐败现象若未被根除,虚假会计信息也难以彻底治理。

2. 法律环境的缺陷是虚假财务报表产生的关键因素

要通过法律手段治理虚假会计信息，必须明确其非法性。虚假财务报表的产生，在很大程度上取决于特定时期法律环境的状况。会计工作除了受法律制度的科学性和会计法规的可操作性影响外，还受人们的法律意识、违法行为的处罚力度和执行情况的影响。对会计法规违法行为的处罚力度和执行情况，是影响会计信息质量的关键因素。

三、虚假财务报表的类型

研究虚假财务报表，我们可以从不同的角度对其进行分类。

从内容上看，虚假财务报表可以分为财务数据虚假型财务报表和非财务数据虚假型财务报表两种。财务数据虚假型财务报表是最常见的，如多计资产、少列负债、虚增利润、少计费用等。而非财务数据虚假型财务报表则涉及对非财务数据的虚假陈述，例如，在上市公司中对公司成立时间的虚假披露，或对关联方关系的虚假陈述等。

从所反映的信息来看，虚假财务报表可分为经营业绩虚假、财务状况虚假和现金流量虚假。

从形成的性质看，虚假财务报表可分为错误型虚假财务报表和舞弊型虚假财务报表。错误型虚假财务报表通常是由会计人员素质较低导致，如经济业务的遗漏、对会计政策的误解等，这种错误是无意识的，并非有意使财务报表歪曲地反映企业经营状况。而舞弊型虚假财务报表则是为了实现特定的经济目的而有意识地偏离会计准则和其他会计法规，对企业财务状况、经营成果和现金流量情况进行虚假陈述，这种行为通常是由利益集团或个人为了经济利益而进行的有意作为，是一种损人利己的行径。

从造假策略来看，虚假财务报表可分为夸张式虚假、缩小式虚假和均衡式虚假。夸张式虚假通过提前确认收入、推迟结转成本、潜亏挂账、少提各项准备等手段来增加利润，或通过资产评估、虚构交易、虚增利润等来高估资产，以及通过账外账、特殊目的实体(SPE)等来低估负债。缩小式虚假则通过推迟确认收入、多转成本、多提各项准备等手段使利润最小化，或通过对某些资产一次性处理为损失等方法来"清洗利润"。均衡式虚假则是通过对上述方法的综合利用来使利润平滑，制造企业利润稳定增长的假象。

四、财务报表造假的手段

从虚假财务报表的表现形式来看，无论什么单位、在什么时候、以什么方式、用何种方法编制和提供虚假财务报表，总是要在资产、负债、所有者权益、收入、成本、费用、投资收益、税金、利润以及财务报表附注等财务数据与非财务数据上做文章。虚假财务报表从性质上看是恶意的、不合法的，因而必须从执法上严厉打击，从制度上加以防范。

(一)资产项目虚假

资产项目包括流动资产、固定资产、无形资产和其他资产。造假主要表现为多计资产或少计资产，现实中大量的是多计资产，又称虚估、虚列资产。具体内容如下。

(1) 改变资产确认的条件，将不是企业拥有或控制的，不能给企业带来经济利益流入的，不能可靠地计量的资产确认为企业的资产入账，故意提前或推迟确认时间和结账时间，将

第八章 公司分析

资产提前或推迟入账，虚列或漏列资产价值。

(2) 修改资产计量的标准，以计划成本、预计成本代替实际成本，高估或低估资产的入账价值，不遵循稳健性、公允性原则，任意少摊资产的使用损耗价值，资产的账面价值大于或小于实际价值或可实现净值。

(3) 虚构交易事项，虚增资产，同时虚增负债或所有者权益，扩大资产总额，随意改变存货成本计价方法、固定资产折旧计提方法和无形资产及其他资产的摊销方法。

(4) 不按规定计提资产减值准备；不按公允价值反映资产的账面价值，坏账准备、存货跌价准备、长期投资减值准备、固定资产减值准备、在建工程减值准备、委托贷款减值准备、无形资产减值准备等不予提足或不予计提，或计提提前准备。

(5) 资产的损失不予转销和挂账。在会计期末，对存货、固定资产、货币资金及各项投资和债权不进行清理，已发现的潜亏、报废、损毁和短缺的资产价值未予转销或不全部转销，待摊费用、待处理财产损溢挂账，有确凿证据证明应收债权和对外投资发生损失以及或有损失不予以预计，致使资产账面价值大于资产实际价值。

(二)负债项目虚假

负债项目包括流动负债、长期负债，造假主要表现为漏列负债或虚列负债，侧重于漏列负债，又称低估负债。具体内容如下。

(1) 改变负债确认的条件，对已经发生的应当履行的现时义务不列为负债，或者将不属于企业的债务列入负债，将债务作为接受投资，或将接受的投资作为债务入账，故意推迟或提前确认负债时间或结账日期，将负债推迟或提前入账，因而漏列、少列负债或多列负债。

(2) 变更负债计量的标准，不以实际发生的应付金额入账，故意低估、少列或高估、虚列负债项目账面价值。

(3) 违背负债的形成、偿还的会计核算原则。对交易事项应付款、预收款和借款不按实际发生的时间和金额入账，对已经发生而尚未支付的工资、福利费、劳动保险费、利息、大修理费、税金等未预计负债，或者虽已预计但未计入负债项目。虚假还债，凭空转销负债或增加负债。

(4) 通过关联方交易，滥用债务重组政策，冲销负债。

(三)所有者权益项目虚假

所有者权益项目包括实收资本(股本)、资本公积、盈余公积及留存收益，造假主要表现在虚增或少计所有者权益。具体内容如下。

(1) 实收资本虚假。投资者投入的注册资本未按章程规定缴足，且未按规定的比例计入实收资本；现金投入资本并未存入银行；非现金资产投入资本不以经过评估且双方确认的价值入账；外币投入资本不按规定汇率折合；中外合作企业已归还投资不作为实收资本的减项反映；发行股票募集资本不按面值计入实收资本；资本公积、盈余公积、未分配利润转增资本以及减少注册资本不经过批准。违规将国有股转为法人股和个人股，随意虚增注册资本或抽逃注册资本。

(2) 资本公积虚假。通过虚增应收债权、无形资产及存货等而虚增资本公积，或者通过虚假债务豁免将债务转增资本公积，通过虚假评估增值和虚增受赠资产价值扩大资本公积。虚增或虚构投入资产价值而虚增资本(股本)溢价。在采用权益法核算时，无根据地加大被投资企业的资本公积而虚增企业的资本公积，或将其他项目转入资本公积。

(3) 盈余公积虚假。法定盈余公积、任意盈余公积、法定公益金的提取、转入不符合制度规定或不经过审批。已经发生盈余公积的支出或减少不列账冲销。外商投资企业依照规定该提取的储备基金、发展基金等不按规定计提。用盈余公积弥补亏损不作转销。

(四) 收入项目虚假

收入项目包括主营业务收入、其他业务收入、投资收益、营业外收入等，其造假表现形式主要为虚列收入或隐瞒收入，侧重于虚列收入。具体内容如下。

(1) 修改收入确认的条件，将不符合收入确认条件的经济业务(如企业销售商品的所有权的主要风险和报酬尚未转移给购货方、仍然保留对已售出商品的所有权实施继续管理和控制、与交易相关的经济利益不能流入企业、不能可靠地计量等情况)确认为销售收入；不按权责发生制原则，故意提前或推迟确认时间和结账日期，将收入提前或推迟入账，造成虚列收入或少列收入。

(2) 改变收入的计量标准，不是按企业与购货方或接受劳务方签订的合同或协议金额，也不是按实际交易发生的收入金额确定销售收入，擅自高估收入金额或随意用红字冲减收入，应按收入净额反映收入而按总额反映收入等。

(3) 违反收入的会计核算原则，虚构交易或事项，或利用代购代销进行虚构虚销。虚增主营业务收入，同时虚增主营业务成本；将预收账款等负债作为收入或将收入作为负债列示；发生销售退回、销售折让不冲减营业收入，建造合同和提供劳务不按合同金额和实际完工进度百分比确认收入，将为第三方收取的款项作为业务收入，将收入直接抵减支出。

(五) 成本费用项目虚假

成本费用项目包括存货成本(采购成本、在产品成本、库存产品或商品成本等)、销售成本、销售税金及附加、销售费用、管理费用、财务费用、其他业务支出、营业外支出、所得税费用等，造假主要表现为少列费用或虚列费用，侧重于少列费用。具体内容如下。

(1) 改变费用的确认原则，混淆收益性支出与资本性支出的界限。将收益性支出作为资本性支出，不按权责发生制原则，将当期费用留待以后分摊。不按配比原则，当期实现的收入不结转与其相关的成本和费用，或人为调节成本费用，少计或多计当期费用。

(2) 修改成本费用的计量标准。不以实际发生的成本费用入账，不按规定的年限折旧率和原值计提固定资产折旧，不摊或少摊无形资产价值及债券折价、溢价，待摊费用不按规定期限摊销，对已发生但尚未支付的费用不预提。

(3) 违反成本的计算规定，不按规定的成本对象归集和分配成本费用，混淆各种产品成本、完工产品与在产品成本、制造成本与期间费用、盈利分布与亏损分布之间的成本费用界限，随意改变成本计算方法、成本对象、成本计算期和存货成本的摊销及结转方法，少摊当期成本和费用或多摊成本和费用。

(4) 违反成本费用的会计处理原则，应当在当期列支或摊销的费用不列支、期末不结转，而悬挂于资产项目，应当于当期预提的支出、费用、营业税金、所得税等不予计提或不予提足;将费用直接抵冲收入,随意压低或提高产品或商品销售成本,混淆成本费用各项目之间的费用界限,将对外投资费用随意计入投资的初始成本;汇兑损失长期不列账,或损失和费用预计不充分,造成隐瞒、少计当期费用或虚列、多计当期费用。

(5) 利用母子公司进行费用分担或转嫁。由于企业与关联方之间存在千丝万缕的联系,关联方之间往往利用转嫁费用的方式转移利润,进行盈利管理。这一点在母子公司之间发生得最为明显。

(6) 滥用借款费用资本化,将应计入当期损益的财务费用计入固定资产或在建工程,按照我国《企业会计准则——借款费用》规定,借款费用是指企业因借款而发生的利息、折价或溢价的摊销和辅助费用,以及因外币借款而发生的汇兑差额。借款费用的会计处理可以采取两种方法:一是费用化,即于发生时直接将借款费用确认为当期费用;二是资本化,即将借款费用计入所购置、建造或生产的相关资产的成本。

(六)投资收益与利润等项目直接造假

直接通过虚增营业利润、投资收益、补贴收入、其他业务利润和营业外收支净额而虚增利润总额,或以隐瞒收入、虚列支出的方式隐瞒利润总额。具体内容如下。

(1) 随意改变长期投资核算的成本法与权益法。典型的做法是:对于盈利的被投资企业,年度合并会计报表时,采用权益法,将被投资企业的利润纳入本企业;对于亏损的被投资企业,倾向于采用成本法核算。例如,一些公司迫于压力,经常在会计年度即将结束之际,与关联公司签订股权转让协议,按权益法核算或合并会计报表,将被收购公司全年的利润纳入该公司会计报表。

(2) 利用资产重组调节利润。资产重组往往具有使上市公司一夜之间扭亏为盈的神奇功效,其"秘方"是:由上市公司将一些闲置资产高价出售给非上市的国有企业,确认暴利;由非上市国有企业将盈利能力较高的下属企业廉价出售给上市公司;借助关联交易,由非上市公司的国有企业以优质资产置换上市公司的劣质资产,进行以"垃圾换取黄金"的利润转移。

(3) 假借托管经营调节利润。托管经营,通常包括两种基本形式:一种是企业将自己的资产委托给他人经营,按一定标准计算收取一定的托管费作为委托人收益;另一种是企业受托经营他人的资产,所获收益扣除交付给委托方的托管费后的净额,作为受益人的收益。

(4) 计收资金占用费。关联方交易的一种表现形式是计收资金占用费。

(5) 利用母子公司之间的不正常的资产购销、资金往来行为以及利用当地政府滥用补贴与减免等非市场行为,调节公司利润。

五、虚假财务报表的识别方法

虚假财务报表的识别实际上是审计的一种特殊审计程序与方法。识别过程中所用的具体方法也与一般的审计方法相类似,如查询法、审阅法、核对法、调节法、盘存法、估计法、分析法等。只是因为它们服务的目标有所不同,所以在使用过程中的侧重点、内容和效果也不尽相同。在此,主要结合虚假财务报表审计的特殊性,列举一些相对重要的识别方法。

虚假财务报表识别的一般程序是：执行环境分析、深入了解客户的经营状况、进行风险评估、执行分析性程序、保持应有的职业谨慎、深入现场调研、积极利用专家的专业智慧、执行延伸审计等。

(一)执行环境分析

1. 外部环境分析

外部环境包括宏观环境和经营环境两个层次。宏观环境因素包括政治、法律、经济、技术、社会和文化；经营环境因素包括政府、投资者、银行、供应商、顾客、竞争对手和社会公众。从一般意义上来说，这些因素属于企业不能控制的因素，因此在审计过程中给予的关注比较少。但是，新的会计造假手段涉及的面比较广，使其中的一些因素由不可控变为可控，例如，由于利益关系，企业可以利用供应商或顾客成为其费用或利润的调节手段。另外，有些外部因素会间接地影响企业财务报表的真实性，例如，法律的某些规定(如对上市公司进行 ST、*ST 处理的标准)会影响企业财务报表的动机，影响企业采取相应的对策。因此，外部环境分析在虚假财务报表侦查中应该作为一个重要的程序。

对外部环境进行分析可以采用的传统审计方法包括调查法、审阅法和分析法。以因素分析法为例，该方法在操作中主要是围绕虚假财务报表的审计目标，对外部环境因素具体分解，找出其中一个因素作为标准，其他因素按照重要性赋予权重(又被称为"风险系数")，采用列表打分的办法，审计人员对不同得分的因素给予的审计关注点不同，具体的审计计划也不同。例如，在某企业的造假动机中，利润是其关注的焦点，那么在外部经营环境因素中，顾客的权重就比政府的权重大。如果某企业要进行改制，那么政府的权重就比顾客的权重大。

2. 内部环境分析

内部环境主要包括企业可以控制的一些因素，有企业的组织结构、人员、企业战略、系统、技术和企业文化。这些是影响财务报表真实性的直接因素，对这些因素的分析，有助于审计人员充分认识企业的过去、现状和发展趋势，有助于发现"红旗"，从而对审计风险做出正确的评估，同时也为分析性复核提供比较准确的对比标准。

对内部环境的研究表明以下几点。①大多数的财务报表舞弊行为都有高管人员参与。②审计委员会的实质效果并不明显。③董事会的内部性较强且管理经验明显不足。④样本公司中高管人员之间的相互牵制作用不明显。⑤高管人员承认进行财务报表舞弊的最主要动机是避免体现亏损或获取其他财务支持、为牟取内幕交易利益或者吸引更多的资金而提高股票价格、掩盖资产被个人占用、为了获得上市资格或者为了不被摘牌。⑥一些公司还存在着其他值得关注的情况，如高管人员或董事曾经或正面临法律指控、在舞弊被曝光前至少有一名高管人员或董事辞职、首席财务官(CFO)曾是外部审计师且直接跳槽到被审计单位。

(二)深入了解客户的经营现状

客户的经营现状不佳，可能影响管理层的诚信，进而影响到财务报表的可靠性。评估客户的经营现状，有赖于审计人员对客户的经营及其产业的了解。经营状况包括内在及外

第八章 公司分析

在两个因素,外在因素包括经济景气及竞争情况,内在因素包括财务结构及经营绩效。外在经济景气及竞争情况可能说明客户经济活动及经营结果的变化或发现某些个别问题,例如,经济衰退可能造成催收困难,技术变革可能导致存货滞销、陈旧,同行激烈竞争可能使营业额(市场占有率)减少或毛利率降低。了解这些因素,有助于审计人员评估客户财务报表有无重大错误或舞弊的可能性,判断在侦查过程中可能遭遇的困难程度。

任何企业在发布虚假财务报表之前总是有一些迹象或征兆的,在审计职业界通常将这些征兆称为"红旗"或"警讯"。

【拓展阅读8.6】Coopers & Lybrand 的警讯和审计准则的规定
请扫描右侧二维码。

我国的研究者通过大量的统计研究,也总结出了极有可能采取会计造假的公司的特征:①前两年连续亏损,今年经营业绩没有得到根本改善的公司(为了避免被 ST 处理);②前两年平均净资产报酬率达到10%,今年行业不景气的公司(为了争取配股的资格);③资本运作和关联交易频繁的上市公司;④业绩和股价波动剧烈的上市公司;⑤全行业亏损或行业过度竞争的上市公司。

(三)进行风险评估

虚假财务报告侦查采用风险基础审计方法,风险评估贯穿于侦查的全过程。正如美国注册舞弊审查师协会(Association of Certified Fraud Examiners,ACFE)提到,财务报告舞弊不是始于管理层的不诚实,而是发端于某种环境——这种环境中存在两个特征:①激进的财务业绩目标;②目标未实现将被视为不可宽恕的氛围。换言之,财务报告舞弊来源于压力。

美国审计准则公告第 82 号(SAS No.82)列举了一些与管理当局舞弊有关的典型风险因素,当存在这些风险因素时,说明公司出现财务报告舞弊的可能性大大增加:①不切实际的、过于激进的盈利目标,以及基于这些盈利目标的管理当局奖金计划;②管理当局过分关注,通过运用非常激进的会计手段来维持公司股价或者盈利趋势;③管理当局给公司经营人员设定过分激进的财务目标和期望;④虽然实现了盈利以及盈利的增长,公司经营当中却不能创造充足的现金流量;⑤资产、负债、收入或者费用的确认涉及非常主观的职业判断,例如,金融工具的可靠性;⑥重大的关联交易。

(四)执行分析性程序

企业由盛转衰,最终导致财务失败或者经营失败是一个逐渐累积的过程,上市公司从非 ST 变为 ST 乃至*ST 同样有一个长期积累的过程,在这一过程中表现出来的是某些财务指标的逐步恶化。财务、经营正常的企业,它的财务指标总在某个特定范围波动,超出这个波动范围就属于不正常。当然,并不是某一个指标值超出波动范围就能导致企业财务失败,但是当多个财务指标都超出正常波动范围时,就可能产生由量变到质变的转换,即企业发生财务失败。

同样,一个健康、真实的企业,经过一年的融资、投资和经营活动,从年初的状态转换为年末状态,各项财务指标之间总是存在着一系列的均衡。年初的资金加上本期融资所增加的额外资金与本期的投资活动相匹配,本期的投资加上年初的资产总是与本期的经营活动相适应。按照财务学的观点，企业的各项财务指标之间存在勾稽关系。如果这种惯常的勾稽、均衡关系被打破，例如，公司销售收入的大幅增长没有引起销售费用的上升，或者没有伴随着应收款项的巨额增加，则可能预示着会计造假的存在。为了能够简单、有效地识破财务报告陷阱，科学合理地运用分析性程序能够取得良好的效果。

大量研究证实，分析性程序是一种应用十分广泛而且颇为有效的审计方法，尤其在发现和检查财务报告舞弊方面的作用相当明显。相当比例的财务报告舞弊的曝光最初均源于分析性程序中发现的线索，而且大量财务报告舞弊案件，事后看，只要实施简单的分析性程序就可以察觉舞弊的端倪。

(五) 保持应有的职业谨慎

职业谨慎是防范舞弊风险应持有的工作态度。目前，公司造假已经成为一个普遍的问题。大部分上市公司的业绩不可信，都不同程度地存在舞弊嫌疑。为此，审计人员必须保持应有的职业谨慎，要对审计事项的重要性和审计风险水平进行合理的判断，选派合格的审计人员，制定合理的审计侦查方案，并在工作过程中遵守审计规范，客观地评估所观察的情况及所收集的证据，对于任何潜在的异常经济指标或迹象，需要认真分析，多方查证，避免工作疏忽而遗漏重要审计事项或造成审计结论错误，提高审查结论的可靠性。

在所有的审计过失中，最主要的原因是缺乏认真谨慎的职业态度。在执行审计业务的过程中，有些审计工作人员未严格遵守独立审计准则，不执行适当的审计程序，对有关被审计单位的问题未持有应有的职业谨慎，或为节省时间而缩小审计范围和简化审计程序，都会导致重大错报、漏报不被发现，从而承担相应的审计风险引发的法律责任。因此，作为一名优秀的审计人员，必须有好奇心及敏锐的观察力，对于一些看似无关的问题或线索，能锲而不舍地审查。

(六) 深入现场调研

目前，我国许多注册会计师在审计财务报告是否真实、合法时，主要是看报表金额与总账、明细账、记账凭证以及原始凭证是否相符。这种单纯地从报表向总账、明细账、记账凭证以及原始凭证追索审查的方法，需要一个假设条件，即必须保证原始凭证与经济业务的事实真相一致。如果公司采取伪造原始凭证(如伪造销售合同、销售发票等)的方法进行舞弊或恶意欺诈，那么这种以查账和对账为基础的审计方法必定失败。如果管理当局提供的重要的会计资料都是有意伪造的，这时再一味强调实质性审计岂不是正中了被审计单位为审计师设下的圈套。相反，如果审计人员能在审计之初多花点时间到生产、管理现场进行符合性测试，与相关的工作人员(如操作工、质检员、库管员、统计员、业务员等)交谈询问，许多管理漏洞、真实的生产经营及销售情况是不难被发现的。另外，如果有必要，还应该对相关的供应商、代理商、消费者、类似产品的市场竞争者等外部环境进行调查。通过全面的调查取证，即使像万福生科那样通过虚开增值税发票以虚增收入的造假行为亦不难发现。目前，在审计实务工作中的一个重要缺陷就是到生产、管理现场的时间太少，而把大量的时间花费在对会计数据的整理和复核上，这样做的一个重大隐患是：如果被审计单位提供的会计资料严重失真，那么所有基于这些资料的实质性审计都没有意义。

第八章　公司分析

(七)积极利用专家的专业智慧

审计工作不仅是一个审计问题,而且涉及许多具体的专业知识。譬如,"银广夏事件"中有充分迹象说明天津广夏萃取产品出口收入可疑,由于该事项对会计报表影响重大,审计师应当获取充分、适当的审计证据,以证实舞弊存在或排除合理怀疑。但是审计师对萃取产品有关的知识一无所知,也没有聘请相关专家协助其工作,最终导致审计失败。"银广夏事件"发生后,《财经》杂志记者采访了几位萃取专家和业内人士,得出三个结论:第一,以天津广夏萃取设备的产能,即使通宵达旦运作,也生产不出其所宣称的数量;第二,天津广夏萃取产品的出口价格高得近乎荒谬;第三,银广夏对德国出口合同中的某些产品,根本不能用二氧化碳超临界萃取设备提取。审计师不是万能的,对一些自己没有把握且对会计报表有重大影响的事项,一定要向专家请教或聘请专家协助工作,这是银广夏审计失败案所带来的深刻教训。

【拓展阅读8.7】银广夏事件请扫描右侧二维码。

(八)执行延伸审计

延伸审计也是虚假财务报告审计中一项非常重要的程序。通常认为,期后事项审计也是延伸审计的一种,但深入分析,两者还是有着很大的差别。期后事项审计只是财务报告时间上的常规的延伸。而延伸审计是指在审计对象的时间范围、空间范围和深度上均可以延伸的审计,而且通常情况下不是常规的,是有目标的追踪审计。常言所说的"拔萝卜带出泥",就是指审计人员在审计过程中根据已经掌握的线索,延伸开来或深挖下去查找根源。延伸审计可以延伸到多年以前,可以延伸到其他单位、其他事件。延伸审计的主要缺陷是要受到审计成本的限制。财务报告的造假者通常也是基于这一点而造假,比如,造假的时间拉得很长,或者将费用等转移到不相干的一方,其目的就是增加审计的难度。

舞弊行为在通过复核、观察、比较、询问、账户分析和内部控制测试这些审计技术仔细追踪之后,只要审计师敏感地抓住各种舞弊特征,并且紧紧追踪这些线索,不断追查下去,是可以被揭露出来的。

本 章 小 结

本章首先介绍了公司基本素质分析的主要内容,包括公司竞争地位分析、公司经营管理素质分析等,然后介绍了公司主要财务报表、财务报表分析的基本方法,以及财务比率分析的基本内容,最后详细地介绍了财务报表造假的动机、虚假财务报表产生的条件、虚假财务报表的类型、财务报表造假的手段以及虚假财务报表的识别方法。

第八章自测题请扫描右侧二维码。

第三篇 证券市场技术分析篇

第九章 技术分析概论

【学习目标】

通过本章的学习,读者应当了解证券市场技术分析的概念和发展历程;掌握技术分析的要素以及技术分析与基本面分析的关系;熟悉技术分析的三大假设;认识技术分析的主要方法。

【案例导读】具体内容请扫描右侧二维码。

第一节 技术分析的概念和要素

一、技术分析的概念

技术分析的概念和要素.mp4

技术分析是指仅从证券的市场行为来分析证券价格未来变化趋势的方法。技术分析的要点是通过观察分析证券在市场中过去和现在的具体表现,应用有关逻辑、统计等方法,归纳总结出在过去的历史中所出现的典型市场行为特点,得到一些市场行为的固定"模式",并利用这些模式预测证券市场未来的变化趋势。而正是因为技术分析"仅仅(或重点)"考虑市场行为,因此人们对技术分析的认可比较片面,只要某个方法带来了盈利,就可以认为这是一个成功的方法而加以肯定。不管这个方法是否符合现有的"经济定律"或人们普遍认为应该遵循的某些规则。从这个意义上讲,技术分析只注重结果,不讲究分析方法的因果关系和严格的科学逻辑。

在掌握技术分析概念的同时,了解技术分析的历史能够更有效地帮助投资者准确地理解技术分析的本质。据笔者所知,最早用于技术分析的图表应该出现在 200 多年前的日本,当时出现的技术分析方法正是现在 K 线理论的前身。

K 线理论尽管出现得很早,但是没有从理论上得到提升,只能认为是一个技术分析的早期萌芽。对当今技术分析方法影响最大的是美国人查尔斯·道(Charles Dow),他对市场的基本观点和认识经过自己和其他人的总结形成了道氏理论。道氏理论出现在 1890 年前后,并被普遍认为是技术分析的开山鼻祖。正是因为道氏理论的出现,才使技术分析的理念和思维方式得到传播和推广。

在道氏理论之后,相继出现了多位对技术分析的历史产生重大影响的分析大师。威廉·江恩(William D. Gann)、拉尔夫·纳尔逊·艾略特(Ralph Nelson Elliott)、约翰·马吉(John Magee)、韦尔斯·怀尔德(J. Welles Wilder)等是其中的佼佼者,他们的天才构思和对市场独特的观察方式,至今仍然"主导"着技术分析的主流。这些分析大师对技术分析方法的丰富和完善、对技术分析理论的传播发展做出了不可低估的贡献。

1932年,江恩在其出版的书中总结了技术分析中时间、循环的分析方法,首次对周期的问题进行了比较系统的说明。江恩正方形、时间隧道等是其代表"作品"。1938年,艾略特在其出版的书中提出了波浪理论的完整构思,勾画了价格波动所应该遵循的8浪结构。波浪理论是当今技术分析理论中一个重要的分支,其不可思议的结论和分析方式令很多投资者着迷。1948年首次出版的由爱德华和马吉所著的《股市趋势技术分析》(Technical Analysis of Stock Trend)中,对形态理论和支撑压力理论进行了系统的总结。这本书被多次再版,被称为华尔街投资的"宝典圣经"。20世纪70年代后,计算机技术的发展为技术指标的发展提供了基础。这个时期群星璀璨,众多的分析人士相继发明了对市场有较大影响的技术指标。其中,怀尔德是比较突出的一位。他在1978年出版的《技术交易系统的新概念》(New Concepts in Technical Trading Systems)中,对多种技术指标的应用进行了更高层次的提炼。

二、技术分析的要素

技术分析的要素是证券价格、成交量和价格变动的时间跨度以及价格波动的幅度。技术分析可以简单地归结为价、量、时、空四者之间的关系分析。分析这几个要素的具体情况和相互关系是进行技术分析的基础。

(一)价

技术分析中的"价"是指股票过去和现在的成交价。可以从排序中看出,"价"是四大要素之首,技术分析中主要依据的价格有开盘价、最高价、最低价和收盘价,其中最重要的是收盘价,这是因为每一天价格波动是多空双方市场博弈的结果,这直接反映到收盘价上,股票收盘价连续三天突破重要关口,才算是真正意义上的突破。价包括以下四个方面的含义。

首先,是个股本身所具备的价值。这一点涉及基本面分析,因为个股的价格归根结底是由其基本面决定的。但这里要强调一点,个股的价值投资并不能简单以现在的业绩论英雄,业绩只能说明过去,而不能说明将来,价格和价值也是两个不同的概念。而股票投资正好就是投资未来的艺术。当个股业绩很好的时候,往往市场早已经提前炒作,是其价格达到历史高点的时候,而它的业绩能一直这样维持吗?这需要好好斟酌,仔细进行行业分析、财务分析,一般来说,能够维持长期高增长的股票是非常少的,大多聚集在垄断行业、特殊资源行业之中。

其次,是个股目前价格在市场价格体系中的位置。我们可以把市场所有的股票价格大致分成高价区、中价区和低价区。观察我们的目标股目前处于什么位置,从概率上来说,目标股目前价位越低,它的上涨空间也就越大。

再次,是同行业及相关行业证券的比价。要对照目标个股同行业及相关行业个股的价格分布，观察目标股所处的位置，这是瞄准比价效应，当然，即使是同行业，个股的自身情况也往往差别很大，要具体情况具体分析。

最后，是对照目标个股自身的历史价位分析个股目前的位置。这一条可以说是最重要的，技术分析本身就是依据历史经验得出一个关于概率而非必然的推论，而最重要的历史经验当然来源于个股本身。一般来说，个股目前价位距离其本身历史高点、近期高点越遥远，它上涨的概率自然越大，而一旦突破历史高点，那么就说明这一个股或者市场环境发生了根本变化，到了调整对该个股的固有认识的时候了。

(二)量

技术分析中的"量"是指股票过去和现在的成交量(或成交额)。对成交量的分析是仅次于价格分析的，其实作为对市场价格短期运动的分析，成交量分析的价值更甚于价格分析，这是因为很多时候市场的行为并非完全理性的，股票价格的波动是围绕股票本身的价值进行波动，但又并不限于股票本身的价值，股票买卖的并不仅是现在，还有未来。技术分析要做的工作就是利用过去和现在的成交价和成交量资料来推测市场未来的走势。成交量是反映市场动力和人气的指标，和价格之间存在一定的推理关系，对一个价格的认同与否，需要通过成交量来体现。

首先，当市场对证券价格认同度越高时，往往成交量越小。而成交量越小，越容易成为底部的先兆。但要判断这一点，需要观察证券的调整幅度。一般来说，调整幅度越大且成交量越小，底部形成的可靠性越高。但前提是价格必须停止创新低。

其次，当市场对价格分歧越大时，成交量往往会持续放大或突然放大。成交量大幅放大一般会出现在三个位置：市场价格经历低位缩量横盘后反转时；对重要价格进行向上突破时；经过一定上涨后引发市场抛售时。以上三个位置的放量是标志性的、易于把握的，而其他位置的放量则多为诱多或诱空信号，需慎重对待。一般来说，成交量越大，越能说明市场主力活跃其中，而投资者则需要观察成交量放大后的价格运动方向和力度，分析其中利弊，进而做出正确抉择。

最后，对成交量的研判，必须以其他三大要素为基础，研究成交量的价值，主要在于对中短期的价格波动，可以比较清晰地判断出较佳的介入时机。在介入市场前，需满足一系列严格的前提条件。

"价"和"量"是市场行为最基本的表现。过去和现在的成交价、成交量涵盖了过去和现在的市场行为。技术分析就是利用过去和现在的成交量、成交价资料，以图形分析和指标分析工具来分析、预测未来的市场走势。在某一时点上的价和量反映的是买卖双方在这一时点上共同的市场行为，是双方的暂时均势点。随着时间的变化，均势会不断发生变化，这就是价量关系的变化。价、量是技术分析的基本要素，一切技术分析方法都是以价、量关系为研究对象的，目的就是分析、预测未来价格趋势，为投资决策提供服务。

(三)时

技术分析中的"时"是指股票价格变动的时间因素和分析周期，一轮牛市或熊市有一年甚至几年的时间，牛市和熊市是存在周期交替的，股价是存在周期性变化的，因为股价反映经济，经济本身存在周期性。研究时间的意义在于寻找市场趋势的转折点。一个已经形成的趋势在短时间内不会发生根本性改变，中途出现的反方向波动，对原来趋势不会产生大的影响。一个形成了的趋势又不可能永远不变，经过一定时间又会有新的趋势出现。循环周期理论着重关心的就是时间因素，它强调了时间的重要性。分析人员进行技术分析时，还要考虑分析的时间周期，可以以"日"为单位，也可以以"周""月""季"或"年"为单位。比如用日K线、周K线、月K线、季K线或年K线来进行短期、中期或长期分析。此外，在对证券的"时"这一重要因素进行分析时，还需考虑以下几个方面。

(1) 当市场价格在一个区域横盘越久，那么市场成本会越集中于这个价格区域，当向上或向下有效突破该价格区间的时候，其所具有的意义也就越大。所谓"横有多长，竖有多高"就是这个意思。同样，横有多长，向下的话，也会有多深。

(2) 当证券下跌所花的时间越少，而跌幅越大时，说明该证券下跌动力充足，在短暂反弹后还会继续探底。但这里又要结合具体情况进行分析，观察该证券下跌所处阶段，如果该快速下跌处于下跌初期，那么要以回避策略为主；但如果是在该证券已经历长时间的缓慢下跌后，再出现急剧的跌幅，则往往是重要底部将要出现的征兆，这个时候如果出现成交量巨幅放大反转的现象，多半情况下是短期黑马无疑。

(3) 当证券上涨所花的时间越少，而涨幅越大时，它将来的调整幅度就越大。如果证券大幅上涨后始终没有出现大幅度的成交量，或者在大成交量之后仍常以不高的换手率创新高，则该股成为长期牛股的希望很大。

(4) 证券在上涨或下跌过程中，所花的时间越长，价格波动幅度就越小，这通常意味着该证券活跃度低，其在后来的下跌或上涨过程多数情况下也会相对缓慢，而且涨、跌幅度小，要改变这一局面几乎只有成交量发生突增才能实现。

(四)空

技术分析中的"空"是指股票价格波动的空间范围，也就是股票价格可能上涨或者下跌的空间。从理论上讲，股票价格的波动是"上不封顶、下不保底"的，但是，市场是以趋势运行的，在某个特定的阶段中，股票价格的上涨或下跌由于受到上升趋势通道或下跌趋势通道的约束而在一定的幅度内震荡运行，空间因素考虑的就是趋势运行的幅度有多大。不言而喻，一个上涨趋势或一个下跌趋势会延续多大的幅度，这对市场投资者的实际操作有着重要的指导意义。对证券的"空"进行分析，主要有以下几个方面。

(1) 分析证券价格的上涨或下跌空间，首先要参考历史最高价格和历史最低价格，并与黄金分割理论相互印证。

(2) 当证券价格创出历史新高或新低时，需要对该证券进行重新认识。

(3) 证券短期涨跌空间可以参考该证券近期形态，并以形态理论为依据进行分析。一般来说，重要高点和低点会构成阻力和支撑。

(4) 成交量的堆积位置也对证券价格影响很大，要特别关注成交量突增的位置及其对证券价格的推动方向以及推动速度。

(5) 移动平均线系统对证券价格有吸引、支撑和阻力作用，吸引作用在证券价格距离均线系统越远时越有效，而支撑、阻力作用则在证券价格调整幅度越大时越有效。这也是判断证券价格涨跌空间的一个重要工具。

"时"和"空"是市场行为的另一种表现形式。时间因素体现的是事物发展的周而复始的特性。以股票为例，每个挂牌的上市公司都是一个企业。企业的发展必然受到经济发展周期和行业发展周期的影响，进而影响到二级市场上价格的波动。每只股票在市场上所表现出来的周期不一样，分析时间因素有利于了解股票价格波动的局部低点和高点，为预测行情服务。此外，投资者个人心理上的情绪变化也会呈现某些周期性的因素。比如，在某些时期，投资者买入的愿望比卖出的愿望可能会强烈一些。当大量投资者的个人买卖行为趋于一致时，就会影响价格的波动。空间因素所体现的是价格波动大小的"极限"。比如，我们知道，价格在短时间内不可能从1元上升到100元。不同的证券或者同一证券在不同的时期，其波动变化的空间是不同的。了解价格波动大小在空间方面的规律，对于投资者所进行的具体投资也是有好处的。总之，通过对时间和空间的研究，我们可以明确价格变动趋势的深度和广度。

三、技术分析与基本分析的关系

对证券市场进行分析，是每个进入证券市场参与交易的投资者，并且打算对自己的资金负责的投资者都必须要做的事情。在长期的投资实践中，市场分析的方法逐渐形成两大"主力流派"——技术分析和基本分析。技术分析的英文名称是 Technical Analysis，基本分析的英文名称是 Fundamental Analysis。技术分析是通过分析证券市场的市场行为，对市场未来的价格变化趋势进行预测的研究活动。其目的是预测市场价格未来的变动趋势，为达到这个目的所使用的手段是分析股票市场过去和现在的市场行为。基本分析又称基本面分析，是指证券分析师根据经济学、金融学、财务管理学及投资学等基本原理，对决定证券价值及价格的基本要素，如宏观经济指标、经济政策走势、行业发展状况、产品市场状况、公司销售和财务状况等进行分析，评估证券的投资价值，判断证券的合理价位，提出相应投资建议的一种分析方法。

技术分析和基本分析既有联系又有区别。两者的联系是，基本分析与技术分析的起点与终点都是为了更好地把握投资时机，进行科学决策，以达到盈利目的。两种分析方法的操作基础都是人们在长期投资实践中逐步总结归纳并提炼的科学方法，两者自成体系，既相对独立又相互联系。两种分析方法在实践运用中应相辅相成。基本分析方法决定股票的选择，技术分析决定投资的最佳时机。两者的适时结合，才能选准对象并把握时机，使投资者在证券投资中有所斩获。两者的区别在于三个方面：一是对市场有效性的判定不同。以技术分析为基础的投资策略是以否定弱式有效市场为前提的，技术分析认为投资者可以通过对以往价格进行分析而获得超额利润；而以基本分析为基础的投资策略是以否定半强式有效市场为前提的，基本分析认为公开资料没有完全包括有关公司价值的信息、有关宏观经济形势和政策方面的信息，因此，通过基本分析可以获得超额利润。二是分析基础不同。技术分析的研究基础是市场的历史交易数据，市场上的一切行为都反映在价格变动中；基本分析是以宏观经济、行业和公司经济数据为研究基础，通过对公司业绩的判断确定其投资价值。三是使用的分析工具不同。技术分析通常以市场历史交易数据的统计结果为基础，通过曲线图的方式描述股票价格运动的规律；基本分析则主要以宏观经济指标、行业基本数据和公司财务指标等数据为基础进行综合分析。

应该说明的是，目前在国际市场上还有一些结合了基本分析和技术分析的第三类分析方法，这些方法暂时可以称为"机械交易法"。从构造上看，这些方法更接近于技术分析方法，它们将基本分析中的定性"资料"定量化，然后输入到自己设计的数学模型中。该模型将根据市场的价、量、时、空等因素的变化，进行自动跟踪，如果满足了自己所设定的条件，模型将自动发出进行交易的信号。像神经网络之类的比较"高新"的科学分析技术，正越来越多地被应用于证券分析中。当然，目前从道理上讲，计算机还不能代替人脑的思维，这些方法应该还处在试用阶段。鉴于证券市场影响因素众多，用模型来解决问题还需要相当长的时间。

第二节 技术分析的三大假设

技术分析的三大假设.mp4

在经济学中，建立模型和理论之前，必须先对所研究的对象做一些假设。这个步骤是不可缺少的，区别仅在于假设条件的多少。一般来说，这些假设条件对现实情况进行了高度的概括，至少在某个局部反映了客观现实，这是假设条件的合理部分。同时，这些假设条件也有与现实不符的地方，或者说不合理的成分。如何面对和处理这些合理与不合理的成分，投资者需要自己把握。而作为证券市场的一种分析工具，技术分析也有自己的假设条件，包括市场行为包容一切信息、价格沿着趋势移动并保持趋势及历史会重演。这些假设条件集中体现在市场价格波动的规律上，并且这些假设是技术分析赖以生存的基础。如果这些假设不成立，技术分析的"分析过程"将是徒劳的。

一、市场行为包含一切信息

市场行为包含一切信息这一假设是进行技术分析的基础。该假设认为，影响证券价格变动的所有内外因素都将反映在市场行为中，没有必要对影响价格因素的具体内容给予过多的关注。如果不承认这一前提条件，技术分析所作的任何结论都是无效的。这个假设的合理性在于，投资者关心的目标是市场中的价格是否会发生变化，而不关心是什么因素引起的变化，因为价格的变动才真正涉及投资者的切身利益。如果某一消息公布后价格没有大的变动，就说明这个消息对市场不产生影响，尽管有可能在此之前，无论怎么看，这个消息的影响力都是相当大的。例如，1999年10月，国家宣布了允许保险基金入市的消息，这显然是一个利好消息，但市场并没有像大多数"分析家"预期的那样上涨，而是持续走低。这个例子说明，市场走势并不总是按照人们"正常的"思维进行。

二、价格沿着趋势移动并保持趋势

价格沿着趋势移动并保持趋势这一假设是进行技术分析最根本、最核心的因素。该假设认为，价格的运动是按一定规律进行的，如果没有"外力"的影响，价格将保持原来的运动方向。从物理学的观点看，就类似于牛顿第一运动定律。按照牛顿第一运动定律的说法，如果一个物体所受的力是平衡力，那么该物体将保持静止或匀速直线运动。同样地，一般来说，一段时间内如果价格一直是持续上涨(或下降)，那么如果不出意外，价格也会按这一既定的方向继续上涨(或下降)，没有理由改变原来已经存在的运动方向。证券市场中的"不出意外"就是牛顿第一运动定律中所要求的"平衡力"。"顺势而为"是证券市场中的一条名言，如果没有产生掉头的内部因素和外部因素，投资者没有必要逆大势而为。

针对这一假设，我们可以这样理解，一个股票投资者之所以决定要卖掉手中的股票，是因为他对市场有了"悲观的感觉"，他要么认为价格很快就要下降，要么认为即使价格还会继续上升也没有很大的上升空间了。他的这种悲观的观点是不会立刻改变的：例如，若他在1小时前，预测股票价格将要下跌，而1小时后，在没有任何外在影响的情况下就改变自己的看法，这种现象是不合逻辑的，这说明在他前后的两次分析判断中，至少有一次可能存在误差。因此，这种悲观的观点不会在短时间内改变，会一直影响着这个人，直到发生某些事情使其悲观的观点得以改变。

三、历史会重演

历史会重演这一假设是从统计学和人的心理因素方面考虑的。在市场中进行具体买卖交易的是人，买卖决策最终是由投资者做出的。既然是人，其行为就必然要受到某些心理因素的制约。在某个特殊的情况下，如果某个交易者按照某种方式进行交易并取得成功，那么以后遇到相同或相似的情况，他就会按同一方式进行交易。如果前一次失败了，此后他就会采取不同于前一次的交易方式。投资者自己的和别人的投资实践，将在投资者的头脑里留下很多的"战例"，其中有失败的战例，也有成功的战例。市场交易的实际结果留在投资者头脑中的阴影和快乐将会永远影响投资者的行动，人们倾向于重复成功的做法，回避失败的做法。

从统计学的观点看，这一假设是认为市场中存在某种"重复出现的规律"。实际生活中，在投资者进行分析时，一旦遇到与过去相同或相似的情况，他最迅速和最容易想到的方法就是与过去的结果做比较。我们假设，过去重复出现某个现象是因为有某个"必然"的原因，它不是偶然出现的。有时，即使我们不知道具体的原因是什么，也可以运用其结果。过去的结果是已知的，这个已知的结果应能作为对未来进行预测的参考。任何有用的东西都是经验的结晶，是经过多次实践检验而总结出来的。我们对那些重复出现的现象的结果进行统计，可以得到某种交易策略或方法的成功和失败的数量及概率，这些概率对具体的投资行为有不可低估的重要指导作用。

从心理学的观点看，某个投资方法其实可能没有什么道理，但是只要多数人相信这样做是正确的，那么，这个方法就变成了有道理的。比如，天上的月亮只要一圆，就开始买入。显然，这个做法肯定是没有什么道理的，甚至是很荒唐的。然而，如果有很多投资者相信这个做法，并且在月亮圆的时候真的陆续买入了，那么，价格就会上升。价格的上升就强烈地"告诉"其他投资者，"月圆即买的策略"是正确的。当下一次月圆的时候，就会有更多的投资者陆续买入，价格可能上升得更高。这样，相信这个做法的投资者就会越来越多，这个做法就会越来越正确。

在以上三大假设之下，技术分析构成了自己的理论基础。第一大假设肯定了研究市场行为就意味着全面考虑了影响股价的所有因素；第二大假设和第三大假设使我们找到的规律能够应用于股票市场的实际操作之中。

但是，对这三大假设本身的合理性至今一直存在争论，不同的人有不同的看法。例如，对于第一大假设——"市场行为包含一切信息"，但有人认为，市场行为反映的信息只体现在股票价格的变动之中，与原始的信息毕竟有差异，损失信息是必然的。再如，对于第三大假设"历史会重演"，但有人提出股票市场的市场行为是千变万化的，不可能有完全相同的情况重复出现，差异总是或多或少地存在。

第三节　技术分析的主要方法

技术分析的主要方法.mp4

对反映市场行为或市场表现的资料数据进行加工处理的方法都属于技术分析方法，或涉及了技术分析方法。对技术分析方法进行分类，目的是全面地理解技术分析方法的整体。在实际的分析过程中，能够清楚地知道自己所使用的技术分析方法，将有助于提高分析结果的准确性。这是因为，在实际使用的技术分析方法中，讲究多种分析方法结合使用和共同研判，如果多种分析方法同时指出应该采取某种行动，那么其成功率将得到很大的提高。

目前流行的技术分析方法可以分为如下六大类：①技术指标法；②支撑压力法或切线法；③形态法；④K线分析法；⑤波浪理论法；⑥循环周期法。

一、技术指标法

技术指标法给出数学计算公式，并建立数学模型，然后得到一个具体体现市场某个方面内在特征的数字，这个数字称为技术指标值。指标值的具体数值和数值之间的相互关系将确认市场处于何种状态，并为投资者的交易行为提供指导建议。技术指标所反映的情况大多数是无法从行情报表的原始数据中直接获取的。

世界上目前已经存在的技术指标的数量数不胜数。相对强弱指标(RSI)、随机指标(KD)、趋向指标(DMI)、平滑异同移动平均线(MACD)、心理线(PSY)、乖离率(BIAS)等都是著名的技术指标。更为可喜的是，新的技术指标还在不断涌现。每个致力于投资分析的研究机构和投资者都不时地根据自己对市场的认识和理解，不断地创新出各类技术指标。

二、支撑压力法

支撑压力法是按一定的方法在价格图表中画出一些直线，这些直线称为切线。切线的作用是限制证券价格波动，也称为支撑或压力。根据这些直线可以推测价格的未来趋势，支撑线和压力线的延伸位置也有可能对价格今后的波动起一定的制约作用。使用支撑压力法的重点是切线的画法，切线画得好坏直接影响预测的结果。画切线的方法是人们在长期研究中逐步摸索出来的，著名的支撑压力线有趋势线、通道线、黄金分割线、速度线等。

三、形态法

形态法是根据价格在波动过程中留下的轨迹形状来判断多空双方力量的对比，进而预测价格未来趋势的方法。技术分析的假设之一是市场的行为包括了一切信息，价格走势的形态是市场行为的重要部分，是证券市场对各种信息感受之后的具体表现，这种表现比任何一个"聪明的大脑"所研究出来的"东西"都要准确有效，用价格的轨迹或者说形态来推测价格的未来走势应该是很有道理的。从价格轨迹的形态中，我们可以推测出证券市场中多空双方力量的对比和优势的转化，明确当前的市场处在一个什么样的大环境之中。形态分为反转和持续两种大的形态类型，著名的形态有 M 头、W 底、头肩形、三角形等十几种。

四、K 线分析法

K 线分析法是用某种方式记录了市场中证券价格每个时间段的位置，其中使用最多和最方便的是 K 线(日本线)。K 线的研究方法是根据若干天 K 线的组合形态，推测证券市场中多空双方力量的对比。K 线图是进行技术分析的最重要图表，我们将在后文详细介绍。单独 1 天的 K 线形态有 12 种，若干天 K 线的组合种类就无法数清了。人们经过不断地总结经验，发现了一些对证券买卖具有指导意义的组合形态。K 线分析法在我国很流行，广大投资者进入证券市场后，在进行技术分析时首先就会接触 K 线图。

应该说明的是，K 线分析法是指一大类分析方法，而不仅仅是指利用 K 线组合形态的分析方法，K 线组合仅仅是这一类方法中一个突出的代表。除 K 线外，这一类方法还应该包括宝塔线、OX 线、三价线等。不过，从实际的使用情况来看，K 线组合形态是这一类方法中最具代表性的，也是使用最方便的。

五、波浪理论法

波浪理论在 20 世纪 70 年代 J.柯林斯(J.Collins)发表的专著《波浪理论》(Wave Theory)而声名鹊起。波浪理论的实际发明者和奠基人是艾略特，他在 20 世纪 30 年代前后有了波浪理论的基本构想。

波浪理论把价格的上下变动和不同时期的持续上涨、下降看成波浪的上下起伏，价格的波动过程遵循波浪起伏的周期规律，这个周期规律就是 8 浪结构。

此外，波浪理论指出了价格波动形状的"相似性"。在波浪理论看来，不论波动的规模大小，价格波动都是 8 浪结构。因此，波浪理论中的各个波浪在波动长度上有一定的规律，这就是波浪理论的比率分析，利用比率分析可以计算价格未来波动的支撑压力位置。

如果数清楚了浪，就能知道当前所处的位置，进而明确应该采用何种策略，利用比率分析还可以知道应该在"何时何地"采取行动。波浪理论最大的优点就是能提前预测市场转折点，而其他方法往往要等到新的趋势已经确立之后才能看到。波浪理论同时又是公认的最难掌握的技术分析方法，在现实中，能够真正正确数浪的投资者可谓凤毛麟角。

六、循环周期法

循环周期法关心价格的起伏在时间上的规律，它通过对时间的分析，告诉我们应该在一个正确的时间进行投资。循环周期理论是周期法的重要代表，波浪理论也通过分析波浪的持续时间来研究市场周期。此外，还有利用日历、螺旋历法、节气等进行周期分析的方法。

循环周期法的出发点是根据价格的历史波动过程，发现价格波动有可能已经存在的周期性。既然证券市场是经济发展的"晴雨表"，证券市场中的价格起伏就应该与经济发展的周期行为有一定的联系。

循环周期法对时间的考虑分为两种方式。第一种是等周期长度的方式。例如,"每经过两年就会有一次牛市"和"每个上升的过程大约是两个月"就属于这一类。第二种是固定时间的方式。例如,"春节附近是低点"就是典型的固定时间的方式。

综上所述,六类技术分析方法从不同的方面理解和分析证券市场,各有其特点和适用的范围。从严格意义上讲,这六类方法不是彼此孤立的,相互之间有交叉和联系。例如,波浪理论中就涉及时间和形态等方法。总之,这些方法都经过了证券市场"战火"的考验,尽管它们所采取的方式不同,但彼此并不排斥,我们在使用时应该注意相互之间的借鉴。

本 章 小 结

本章介绍了技术分析的概念;技术分析的发展历史;技术分析的要素;技术分析与基本分析的关系;技术分析的三大假设;技术分析的主要方法。

第九章自测题请扫描右侧二维码。

第十章 常用技术分析理论

【学习目标】

通过本章的学习，读者应当了解证券市场技术分析的道氏理论、波浪理论、移动平均线理论、量价理论；掌握这些理论的基本要点、特性、本质属性、分析要诀；认识这些理论的缺陷。

【案例导读】 具体内容请扫描右侧二维码。

证券价格在证券市场中的波动起伏是扑朔迷离且令人激动的。每个从市场中暴富的例子都会成为众多后人追求的目标。但是，证券市场如同战场，失败和成功是并存的，发财的喜悦，赔钱的沮丧。造成这种差异的原因是多方面的，包括个人素质和外部国际、国内环境，而对证券市场的认识、了解程度及对其未来趋势的判断能力对投资者来说是至关重要的，这种能力的培养除了前文讲的基本分析之外，还有技术分析。俗话说："三分手艺，七分工具。"证券市场的工具就是指技术分析理论。常用的技术分析理论有道氏理论、波浪理论、移动平均线理论、量价理论、K 线理论和技术指标理论。本章主要介绍道氏理论、波浪理论、移动平均线理论、量价理论。K 线理论和技术指标理论将在后文分两章另行介绍。

第一节 道 氏 理 论

一、道氏理论的基本要点

道氏理论.mp4

道氏理论(Dow Theory)是技术分析的鼻祖，它被认为是最古老、最著名的证券分析工具。在道氏理论之前，技术分析是不成体系的。它起源于新闻记者、首位《华尔街日报》的记者和道琼斯公司的共同创立者查尔斯·亨利·道(Charles Henry Dow，1851—1902)的社论。

道氏理论认为，证券市场虽然变化多端，但总是沿着一些特定的趋势运行，而这些趋势又可以从市场上某些代表性证券价格的变动中反映出来，认识和掌握了这些趋势，就可以考察这些证券过去的变动情况，预测出整个市场将来的运行方向。

道氏理论的基本要点是：任何时候证券市场的波动都可以划分为三种不同的趋势——基本趋势、次级趋势、短期趋势。这三种趋势互相推移，互相转变。

(一)基本趋势

基本趋势是指市场整体向上或向下运行，一般(并非总是)持续一年以上，甚至时间可能长达数年。只要每一波连续上涨达到一个新的高度，且每一次回调的低点都高于前一次回调的低点，那么基本趋势就是向上，这被称为多头市场。反之，只要每一波下跌都达到一个新的低点，且每次反弹的高点都低于前一次反弹的高点，那么基本趋势就是向下，这被称为空头市场。一般从理论上来说，真正的长期投资者唯一关心的是三大趋势中的基本趋势。因为长期投资者的目标是在确信多头市场即将开始时尽可能早地购买股票并持有，直至有明显证据表明空头市场已经形成。他们并不在意其中的次级趋势和短期趋势。但是，短线投资者则对次级趋势十分在意，因为他们从中也能获利。

(二)次级趋势

次级趋势是指逆基本趋势而动的重要调整。在多头市场中，次级趋势表现为中期回调或修正；在空头市场中则是中期反弹或修复。次级趋势一般持续3周到数月，通常不会更久。一般情况下，次级趋势会从基本趋势的前一高点的1/3~2/3处回调(或反弹)。例如，在多头市场中，道琼斯工业平均指数稳步上涨了30点，那么接下来的次级趋势则可能使指数回调10~20点，直至新一轮的上攻趋势形成。但是，这个1/3~2/3调整法则并非绝对。大多数中线趋势调整幅度都符合这个法则，有些调整几乎达到50%，一般都不会低于1/3，但有时也会完全抵消前期涨跌幅。

(三)短期趋势

短期趋势一般持续不到6天，极少会达到3周。道氏理论认为短期趋势本身并没有意义，但是，几个短期趋势合起来会形成一个次级趋势。无论是次级趋势还是两波次级趋势之间的基本趋势波段，一般都由三个或三个以上的短期波动组成。仅从短期波动得出的推断往往会误导投资者。短期趋势也是三种趋势中唯一一个可以被"操纵"的(现在，即便是短期趋势也不一定能被有效操纵)。

上述证券市场波动的三种趋势，与海浪的波动极其相似。在证券市场里，主要趋势就像海潮的每一次涨(落)的整个过程。其中，多头市场好比涨潮，一个接一个的海浪不断地涌来拍打海岸，直到最后到达标示的最高点，而后逐渐退去。逐渐退去的落潮可以和空头市场相比较。在涨潮期间，每波接下来的波浪其水位都比前一波涨得多而退得却比前一波要少，从而使水位逐渐升高。在退潮期间，每波接下来的波浪都比先前的更低，后一波不能恢复前一波所达到的高度。涨潮(退潮)期的这些波浪就好比是次级趋势。同样，海水的表面被微波涟漪覆盖，这和市场的短期变动相比较，它们是不重要的日常变动。潮汐、波浪、涟漪代表着市场的主要趋势、次级趋势、短期趋势。

二、道氏理论的缺陷

(1) 道氏理论对市场中信号的反应有一定的滞后性。投资者根据道氏理论得出的判断结论通常较迟，往往错失最佳获利良机。

(2) 道氏理论只对长期投资者有较大的指导意义，对于注重次级趋势的短期投资者帮助很少。

(3) 道氏理论研究的是市场大势，不能对个股投资进行有效指导。

第十章 常用技术分析理论

第二节 波浪理论

"做大势者赚大钱,做小势者赚小钱,逆势而行者亏老本",这是在资本市场投资操作中的经典之言。证券市场的证券价格跌宕起伏,往往会使许多得小利就开溜的投资者"丈二和尚摸不着头脑",于是在实际操作中只能浮躁地追涨杀跌、闻风而动,错失许多本该做一波行情的绝好良机。证券价格的波动初看似乎毫无规律可循,其实证券价格的起伏如同大自然中的海浪潮汐,有其不可抗拒的自然规律。大自然中的海浪潮汐有潮涨、潮平、潮落:潮涨时,虽然时时会夹杂浪尖浪底,但随着时间的推移,每一个浪底都会超过前一波的浪尖;潮落时,虽然亦会时时夹杂着许许多多的浪尖浪底,但随着时间的推移,每一个浪尖都会低于前一波的浪尖。证券价格的波动与自然中的潮汐现象极其相似,在多头市场中,每一个高价都会是后一波的"垫底价";在空头市场中,每一个低价都会是后一波的"天价"。如果投资者能审时度势,把握证券价格的波动大势趋向,而不是老围着证券价格的小小波动忙出忙进,随着大势一路做多或一路做空,这样既能抓住有利时机赚取大钱,又能规避不测之险及时止损,艾略特的波浪理论为投资者提供了判断证券价格波动大势的有效工具。

一、波浪的基本形态

艾略特波浪理论中的基本信条之一是:"时间的长短不会改变波浪的形态,因为市场仍会依照其基本形态发展。波浪在其运行中可以拉长,也可以缩短,但其根本的形态则永恒不变。"根据上述理论,一个超级循环的波浪,与一个极短线的波浪(如分时价格走势)比较,其基本的形态还会按照一定的模式进行。分析的方法也大同小异。所不同的,仅仅是涉及的波浪级数高低有异而已。

图 10-1 所示为艾略特的波浪理论中证券市场的运动规律。在该理论中,艾略特将波浪级数分为九级,给予最小至最大的波浪不同的名称。不过名称对于波浪分析者实际上并不重要。通常而言,一个超级循环的波浪可包含数年甚至数十年的走势。至于微波和最细波,则属于短期的波浪,需要利用每小时走势图才能加以分析。

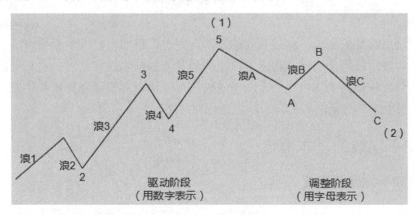

图 10-1 波浪理论

如图 10-1 所示，可以对证券市场的波浪划分情况作如下结论。

(1) 证券价格的运动方式不是单纯地呈一条直线，而是像波浪一样起伏变化的。

(2) 推动波或主要趋势行进方向相关的波浪，可细分为五个小级波浪，修正波或者和主要趋势行进方向相反的波浪，可细分为三个更小等级的波浪。

(3) 当一个完整证券市场的八浪运动构成一个周期(五升三跌)后，这个周期便又成为另一个更大等级的证券市场周期中的一部分。

(4) 波浪的形状会呈扩张或紧缩式行进，但其基本形态并不因时间改变。

二、波浪理论的基本特点

波浪理论的基本特点如下。

(1) 证券价格指数的上升和下跌将会交替进行。

(2) 推动浪和调整浪是价格波动的两个最基本形态，而推动浪(即与大市走向一致的波浪)可以再分割成五个小浪，由浪 1、浪 3、浪 5、浪 A、浪 C 表示，调整浪也可以划分成三个小浪，由浪 2、浪 4、浪 B 表示。

(3) 在上述八个波浪(五涨三落)完毕之后，一个循环即告完成，走势将进入下一个八波浪循环。

(4) 时间的长短不会改变波浪的形态，因为市场仍会按照其基本形态发展。波浪可以拉长，也可以缩短，但其基本形态永恒不变。

总之，波浪理论可以用一句话来概括，即"八浪循环"。

【拓展阅读 10-1】波浪的特性、数浪的基本规则、波浪理论的缺陷请扫描下方二维码。

波浪的特性

数浪的基本规则

波浪理论的缺陷

第三节　移动平均线理论

移动平均线理论.mp4

移动平均线起源于美国，经过长期的发展、完善，目前已经成为股票市场上最富灵活性和适用性、使用范围最广泛、构造方法最简便易懂的技术指标之一。它利用证券平均价格的移动走势反映证券平均价格的变动，通过它不仅可以观察证券价格变化的动态过程，还可以进行证券价格变动的趋势分析，进而判明买卖时机。

一、移动平均线的基本概念

(一)移动平均线的定义

移动平均线(Moving Average，MA)是指将一定时期内的平均股价逐日连接而形成的轨迹线。在证券市场中，对价格趋势进行平滑处理的最有效的方法，就是计算市场价格的移动平均线。所谓"移动"是指每天产生的新价格会被纳入后一日的平均计算公式里，形成更新的价格平均值。具体来说，移动平均线是用统计中"移动平均"的原理处理的方式，将若干天的股价加以平均，然后连接成一条线，用以观察股价运动趋势的一种方法，它是道氏理论的形象化表述。

(二)移动平均线的计算方法

$$MA=(C_1+C_2+C_3+\cdots+C_i)/N$$

式中，C_i 为某日收盘价；N 为移动平均周期。

移动平均线按照计算周期分为短期(如5日、10日)、中期(如30日)和长期(如60日、120日)移动平均线。

移动平均线计算法分为算术移动平均线、线性加权移动平均线、阶梯形移动平均线、平滑移动平均线等多种，最常用的是算术移动平均线。

所谓移动平均，首先是算术平均数，如1到10十个数字，其平均数便是5.5；而移动则意味着这十个数字的变动。假如第一组是1到10，第二组变为2到11，第三组又变为3到12，那么，这三组平均数各不相同。而这些不同的平均数的集合，便统称为移动平均数。

(三)移动平均线的意义

移动平均线的意义主要表现在以下两个方面。

(1) 移动平均线实质上是一种追踪趋势的工具。其目的在于识别和显示旧趋势已经终结或反转、新趋势正在萌生的关键契机。它以跟踪趋势的进程为己任。我们也可以把它看成弯曲的趋势线。然而，需要明确的是，正统的图表分析并不试图预测市场走势。移动平均线也不例外，它也不超前市场行为，它追随着市场。仅当事实发生之后，它才能告诉我们，新的趋势已经启动了。

(2) 移动平均线是一种平滑工具。通过计算价格数据的平均值，我们求得一条起伏较为平缓的曲线。从这条较平滑的曲线上，我们大大地简化了探究潜在趋势的工作。不过，就其本质来说，移动平均线滞后于市场变化。较短期的移动平均线，比如5天或10天的移动平均线，比30天的移动平均线更贴近价格变化。可是，尽管较短的移动平均线能减少滞后的程度，但绝不能彻底地消除。短期移动平均线对价格变化更加敏感，而长期移动平均线则迟钝些。在某些市场交易状况下，采用短期移动平均线更有利。而在另外的场合，长期平均线虽然迟钝，也能发挥所长。

(四)移动平均线的特点

(1) 追踪趋势。移动平均线能表示证券价格变化的方向，并追随趋势。它把证券价格的变动连续起来看，从而消除了在价格运动中，受偶然因素影响引起的价格起伏。

(2) 滞后性。这是由其追踪趋势的特性决定的。与价格趋势相比，当价格趋势反转时，移动平均线的行动迟缓，掉头速度落后于价格方向，这是移动平均线的弱点。等它发出反转信号时，股价掉头的深度往往已经很大了。

(3) 稳定性。从计算方法的角度来看，移动平均线的数值变化取决于整体价格的数值，而不是某一天的数值，目的是消除价格变动的偶然性。因而，移动平均线的数值一般不会大起大落。

(4) 助涨助跌性。当证券价格突破移动平均线时，无论是向上突破还是向下突破，价格都有继续向突破方向再走一程的趋势。

(5) 支撑与压力作用。由于移动平均线的上述四个特性，使它在股价走势中起着支撑线或压力线的作用。对 MA 的突破，实际上是对支撑线和压力线的突破。

(五)移动平均线的种类

一般将移动平均线分为短期、中期、长期三种。

(1) 短期移动平均线主要包括 5 日、10 日均线。5 日均线对应着一周交易的平均价格，由于上证所通常每周五个交易日，因此 5 日线也称周线。5 日均线的缺点是起伏较大，因此，用 10 日均线来弥补此缺点。

(2) 中期移动平均线主要有 20 日、30 日、45 日、60 日、90 日均线。20 日均线又称月线，标志着股价在过去一个月中的平均交易价格达到了什么水平。30 日均线的使用频率非常高，一直是业内中短期买卖股票的重要依据。45 日均线基本等于两月线，它在中期均线的组合中使用比较多。60 日均线也被称为季度线，是三个月的市场平均交易价格线。90 日均线是中期均线和长期均线的分界线，90 日均线常被作为中期护盘线。

(3) 长期移动平均线主要包括 120 日均线、200 日均线。120 日均线又称半年线，通常在长期均线组合中使用频率较高。200 日均线的地位相当于我国股市中的年线，通常是西方技术分析中股价长期趋势的看门线。

(六)价格对移动平均线的穿越

判断穿越的有效性没有绝对可靠的方法，只能使用过滤的技巧，排除某些错误的穿越信号。过滤方法取决于时间的长度以及个人的经验。通常我们所说的连续三天收盘价或者 3%穿越幅度原则是有效的，但对于不同的期间，效果会有所差异。例如，短期移动平均线遵循 3%穿越幅度原则，可能会因价格的波幅较小使交易受损，此时就应把百分比降低，以适应短期交易的需要。同样对于使用较长期的移动平均线来说，应根据价格趋势的运行状况，确定是否把有效突破的百分比适当调高。

【拓展阅读 10-2】移动平均线的交叉请扫描右侧二维码。

二、葛兰维尔买卖法则

(一)买入信号

(1) 移动平均线从下降开始走平，证券价格从下向上穿越移动平均线时。当价格在移动平均线之下时，说明买方的需求较低，卖方的抛售意味较重，以至于证券价格受到下降中的移动平均线的压制。当证券价格的下降趋势减缓并向上运动后，并不能肯定上升趋势的确立，而当 MA 走平后，证券价格向上突破了移动平均线，则说明市场需求的增长，意味着买方力量的增强，因此是买入的信号和时机。

(2) 移动平均线处于上升状态，证券价格跌至移动平均线以下(急速下跌)后。移动平均线的上升趋势表明了价格的运动方向，由于它消除了日常价格波动中偶然因素的影响，因此当价格向下突破 MA 时，并不意味着价格趋势的反转，更大的可能只是价格上升中的调整，因此可作为买入的信号。当然，在价格上升的幅度很大时，此信号只能作为参考，还需要结合其他技术分析方法来验证。

(3) 证券价格在移动平均线之上，且向下跌至移动平均线附近，再度上扬时。移动平均线在上升趋势中具有支撑作用，证券价格在上升的过程中会出现正常的调整，但每次回落的低点在逐级抬高。虽然价格的回落并不一定触及移动平均线，但在接近该线时上扬是较好的买入时机。

(4) 证券价格在移动平均线之下大幅下降，远离移动平均线时。证券价格在移动平均线之下大幅下降，意味着市场出现恐慌性的抛售行为，当价格大幅下降之后，这种抛售行为通常会因超卖现象导致的价格过低而终止，进而引发价格的暂时性反弹，对于短线交易者来说，是买入时机。不过，由于证券价格远离移动平均线没有明确的距离标准，交易者可以参考反映超买超卖现象的技术指标作为交易的依据。

(二)卖出信号

(1) 移动平均线由上升开始走平，证券价格向下跌破移动平均线时。移动平均线追踪价格趋势，当移动平均线由上升转为平缓时，表明价格趋势有下降倾向，当价格向下有效穿越移动平均线后，即已确认价格的反转，是卖出的一个依据。

(2) 移动平均线下降，证券价格向上突破移动平均线，又回到移动平均线之下时。移动平均线反映了价格的下降趋势，虽然证券价格向上穿越了移动平均线，但并不能就此说明趋势的反转，更大的可能则是较强的价格反弹。因此，当价格回落时，形成卖出信号。

(3) 移动平均线向下，证券价格在移动平均线下方向上，到达移动平均线遇阻回落时。下降的移动平均线具有阻力作用，当价格向上到达移动平均线的附近时，通常会遇阻回落，形成卖出时机。

(4) 移动平均线向上，证券价格在移动平均线之上暴涨远离移动平均线时。移动平均线追踪并反映价格趋势，当价格快速上扬并远离移动平均线时，意味着因上升的势头过快而不能持久，证券价格会有回归移动平均线的倾向，因此是卖出时机。同样，证券价格远离移动平均线的距离在判断上具有主观性，可参考超买超卖指标作为依据。

(三)信号的过滤

事实上穿越是否有效没有固定的标准，下面几种情况可供参考。

(1) 不仅收盘价穿越移动平均线，而且当日全部价格穿越移动平均线。对于谨慎的交易者来说，要提高警惕。

(2) 收盘价对移动平均线的穿越幅度达到预定的要求。

(3) 时间过滤，采用三天原则。因为绝大部分错误信号在三天内会显露出来。

(4) 利用其他分析工具对移动平均线信号验证，如验证结果不与移动平均线同步，则可忽略该信号。

第四节 量 价 理 论

量价理论.mp4

证券市场中的技术分析虽然千变万化，但其根源只来自两种元素，那就是成交量和价格。几乎所有的技术分析方法、技巧、指标等都是从这两个元素派生出来的。这两个元素就像是计算机里的"1"和"0"，或者类似于太极中的两仪，可以从中产生万千变化。证券市场中所有的技术分析都建立在价格和成交量这两大要素的基础上，掌握了量价分析实际上就掌握了技术分析的根本，因此，在证券市场的投资过程中，只有从量价分析入手，才能认清行情的本质，了解市场的趋势，并准确把握市场的机会。

市场趋势最基本的元素就是成交量和成交价，量价分析就是通过对成交量与成交价的关系变化进行相关的研究，从而预测证券的未来趋势。量价分析主要具有三个重要的属性，即量价的功能性、相互性和市场性，量价分析的属性就是量价分析最本质的特性。

(一)量价的功能性

量价的功能性主要表现在：通过成交量和成交价相互关系的变化进行相关性分析研究，揭示市场行为的内在本质，从而预测市场的未来趋势。

(二)量价的相互性

量价的相互性主要表现在因果性和对应性两个方面。量价因果性是指成交量决定成交价，量价的运动形成了市场趋势运动的因果循环。一般而言，成交量和成交价在同一趋势方向上呈现正相关关系，量价同步是趋势运动的内在本质之一。而在破坏量价关系因果性的同时，也为技术分析提供了一个研究的视角。量价的对应性是指成交价对应着成交量的变化。有什么样的成交价就有什么样的成交量。成交价与成交量的对应性，与成交量对成交价的决定性都具有同步与背离两种状态，都是技术分析关注的研究视角。必须指出，量价的因果性与对应性具有相同的表现形式，但存在着本质区别，这主要是指：量对价是因果关系，价对量非因果关系，仅为对应关系。

(三)量价的市场性

量价的市场性表现在量价关系充分反映了多空双方对市场的认可程度和交易心理状态。一般而言，交易双方对证券价格趋势的认同程度通过其反向交易来确认。交易双方反向认可程度越大，成交量越大，成交呈现增量状态，意味着多空分歧的力度增大，趋势波动增大，趋势行情延续的可能性增大；交易双方反向认可程度越小，成交量越小，成交呈现减量状态，意味着多空分歧力度减小，趋势波动减小，多空能量也趋于平衡，市场转势随时可能发生。

第十章 常用技术分析理论

【拓展阅读10-3】古典量价理论、葛兰维尔九大法则、量价关系分析要诀、涨跌停板制度下量价关系分析请扫描下方二维码。

古典量价理论　　　　葛兰维尔九大法则　　　　量价关系分析要诀　　　　涨跌停板制度下
　　　　　　　　　　　　　　　　　　　　　　　　　　　　　　　　　　　量价关系分析

本 章 小 结

本章介绍了证券市场上比较著名的四种技术分析理论，即道氏理论、波浪理论、移动平均线理论、量价理论。通过对这四种理论基本内容及基本运用原则的梳理，归纳提炼出证券价格变动的规律和趋势。这些理论是市场人员根据市场规律和投资经验总结出来的证券投资技术分析理论，因而这些理论也将随着市场的变化而不断修正和完善。

第十章自测题请扫描右侧二维码。

第十一章　K线形态分析

【学习目标】

通过本章的学习，读者不仅应了解单根K线的意义，而且要了解典型K线组合所代表的意义；熟悉反转形态、整理形态、缺口形态的市场含义和分析要点；掌握反转形态、整理形态、缺口形态的应用要领。

【案例导读】 具体内容请扫描右侧二维码。

第一节　K线理论概述

一、K线图的特点

K线理论概述.mp4

K线图起源于日本德川幕府时代，最初被日本米市的商人用来记录米市的行情与价格波动，后来因其细腻独到的标画方式，被引入股市及期货市场。目前，这种图表分析法在我国乃至整个东南亚地区均尤为流行。由于用这种方法绘制出来的图表形状颇似一根根蜡烛，并且这些蜡烛有黑白之分，因而也被称为阴阳线图表。通过K线图，我们能够把每日或某一周期的市场交易状况表现完全记录下来，在图上形成一种特殊的区域或形态，不同的形态显示出不同的意义。我们可以从这些形态的变化中摸索出一些规律。K线图形态可分为反转形态、整理形态、缺口形态和趋向线等。

1. 绘制方法

首先我们找到该日或某一周期的最高价和最低价，垂直地连成一条直线；然后找出当日或某一周期的开市价和收市价，把这两个价位连接成一条狭长的矩形柱体。如果当日或某一周期的收盘价高于开盘价（即低开高收），我们便以红色来表示，或在柱体上留白，这种柱体就称为"阳线"。如果当日或某一周期的收盘价低于开盘价（即高开低收），我们则以蓝色表示，或在柱体上涂黑色，这种柱体就称为"阴线"。

K线（见图11-1）从时间上分为日K线、周K线、月K线、年K线，以及将一日内交易时间分成若干等份，如5分钟K线、15分钟K线、30分钟K线、60分钟K线等。这些K线各有不同的作用。周K线、月K线、年K线反映的是市场价格的中长期趋势。5分钟K线、15分钟K线、30分钟K线、60分钟K线反映的是市场价格的超短期趋势。

2. K线分析的优点

K线能够全面、透彻地观察到市场的真正变化。我们从K线图中，既可以看到证券价格（或大市）的趋势，也可以了解到每日市场交易状况的波动情况。

第十一章 K线形态分析

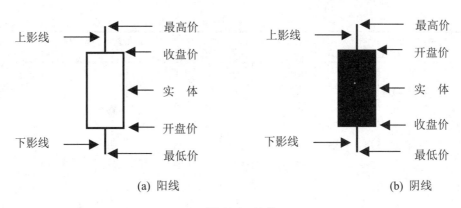

(a) 阳线　　　　　　　　　　　　　　(b) 阴线

图 11-1　K 线

3. K 线分析的缺点

阴线与阳线的变化繁多，对初学者来说，在掌握分析方面可能会遇到一定的困难，而且同样的 K 线组合在不同人的眼里可能得到不同的结论。

二、单根 K 线分析

K 线所包含的信息极为丰富，要进行 K 线分析，首先必须分析单根 K 线的市场意义。对单根 K 线而言，上影线和阴线的实体表示市场价格的下压力量，下影线和阳线的实体表示市场价格的上升动力；上影线和阴线实体较长说明市场价格的下跌动能较大，下影线和阳线实体较长则说明市场价格的上升动力较强。如果将多根 K 线按照不同规则组合在一起，又会形成不同的 K 线组合，这样的 K 线形态所包含的信息就更加丰富。例如，在涨势中出现乌云盖顶可能说明升势已尽，多头应尽早离场；在跌势中出现曙光初现 K 线组合，可能说明市场价格已触及底部并开始回升，投资者可考虑逢低买入建仓。证券市场的 K 线共有 28 种，如表 11-1 所示。

表 11-1　28 种 K 线

项目	分类													
阳线	大阳线	光头光脚大阳线	光头大阳线	光脚大阳线	中阳线	光头光脚中阳线	光头中阳线	光脚中阳线	小阳线	光头光脚小阳线	光头小阳线	光脚小阳线	十字星	T形线	倒T形线	一字线

续表

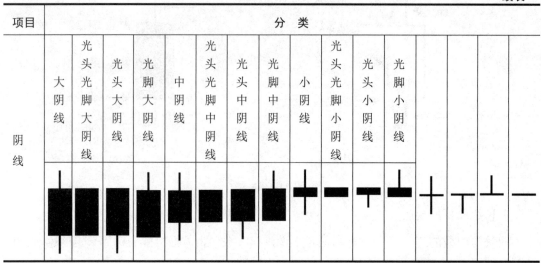

【拓展阅读 11.1】典型 K 线组合分析请扫描右侧二维码。

第二节 反转形态分析及应用

一、头肩顶

头肩顶如图 11-2 所示。其含义如下。

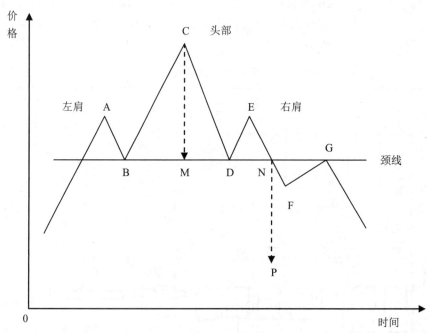

图 11-2 头肩顶

(1) 左肩部分——持续一段时间上升，成交量很大，过去在任何时间买入的人都有利可图，于是开始获利卖出，导致股价出现短期的回落，成交量较上升到其顶点时有显著的减少。

(2) 头部——股价经过短暂的回落后，又一次强力上升，成交量也随之增加。不过，成交量的最高点较之于左肩部分，明显减少。股价突破上次的高点后再一次回落。成交量在回落期间同样减少。

(3) 右肩部分——股价下跌到接近上次的回落低点再获得支撑回升，但是，市场投资情况明显减弱，成交量较左肩和头部明显减少，导致股价未能抵达头部的高点时便告回落，从而形成右肩部分。

(4) 突破——从右肩顶下跌穿破由左肩底和头部底所连接的底部颈线，其突破颈线的幅度要超过市价的3%或者连续三天收盘价在颈线以下。

【拓展阅读11.2】头肩顶的应用及应注意的问题请扫描右侧二维码。

二、头肩底

头肩底如图11-3所示。其含义如下。

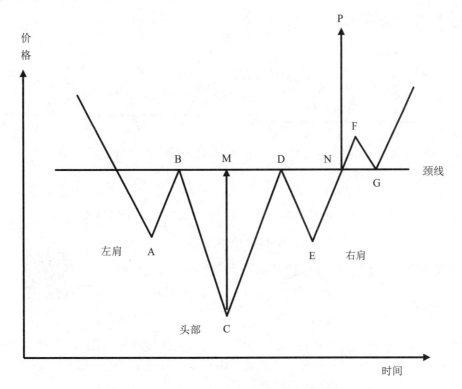

图11-3 头肩底

(1) 和头肩顶的形状一样，只是整个形态倒转过来，又称"倒转头肩顶"。形成左肩时，股价下跌，成交量相对增加，接着为一次成交量较小的次级上升。然后股价又下跌且跌破上次的最低点，成交量再次随着下跌而增加，较左肩反弹阶段时的交易量多——形成头部；

从头部最低点回升时,成交量有可能增加。整个头部的成交量,较左肩多。

(2) 当股价回升到上次的反弹高点时,出现第三次回落,这时的成交量明显少于左肩和头部,股价跌至左肩的水平,跌势便稳定下来,形成右肩。

(3) 最后,股价正式启动一次升势,且伴随成交量大量增加,当其颈线阻力被突破时,成交量显著上升,标志着整个形态的正式确立。

【拓展阅读11.3】头肩底的应用及应注意的问题请扫描右侧二维码。

三、双重顶(底)

一只股票上升到某一价格水平时,出现大成交量,股价随之下跌,成交量减少。接着股价又升至与前一个价格几乎相等的顶点,成交量再随之增加却不能达到上一个高峰的成交量,股价第二次下跌,股价的移动轨迹就像"M"字,这就是双重顶,又称M头走势,如图11-4(a)所示。

一只股票持续下跌到某一平台后出现技术性反弹,但回升幅度不大,时间也不长,股价再次下跌,当跌至上次低点时却获得支撑,再一次回升,这次回升时成交量要大于前次反弹时的成交量。股价在这段时间的移动轨迹就像"W"字,这就是双重底,又称W底走势,如图11-4(b)所示。

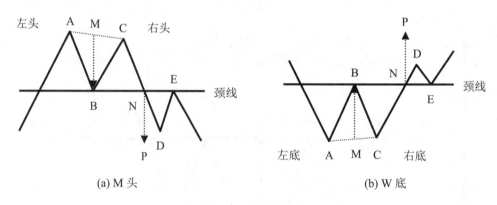

图 11-4 双重顶(底)

【拓展阅读11.4】M顶、W底的分析应用请扫描右侧二维码。

四、潜伏底

潜伏底形成的时间比圆形底耗时长,股价经过一段幅度的下跌后,长期在一个非常狭窄的区间内横向波动,并且每日股价的高低波幅极少,成交量也十分稀疏,图表上形成一条横线带状的形状,这种形态称为潜伏底。

经过一段长时间的潜伏静止后,股价和成交量同时摆脱沉闷的盘整,大幅向上突破,盘整越久,爆发的力度和高度越高,即市场上广泛流传的"横有多长,竖有多高",如图11-5所示。

潜伏底大多出现在市场平淡之时或冷门股上。一般这些股票的公司不太注重宣传,前景题材模糊缺乏吸引力,结果受到投资者的忽视,稀少的买卖使股票的供求关系比较平衡,持有股票的人找不到急于卖出的理由,有意买进的人也找不到急于追入的原因,于是股价就在一个狭窄的区域内窄幅波动,既没有上升的趋势,也没有下跌的迹象,走势相当淡漠沉闷。直至最后该股突然出现不寻常的大成交量,股价也脱离潜伏底大幅上扬。

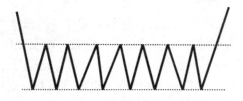

图 11-5 潜伏底

在潜伏底形态中,先知先觉的投资者,在潜伏底形成期间不断地在暗中吸纳,众多的投资者却忍受不了潜伏底的长时间折磨而低位让筹斩仓。由于潜伏底筑底时间长,浮筹较少,因此主力启动拉升时就会十分轻松,往往走出连续逼空的走势。

【拓展阅读 11.5】潜伏底的形态特征、操作策略及要点提示请扫描右侧二维码。

五、V 形

V 形反转是实战中比较常见的、力度极强的反转形态,往往出现在市场剧烈波动之时,在价格底部或顶部区域只出现一次低点或高点,随后就改变原来的运行趋势,股价呈现相反方向的剧烈变动。

V 形反转在投资品种的 K 线组合里是常见的。V 形反转是一种强烈的上涨信号。它的出现一般是在 K 线趋势经过一段较长时间的下跌后(下跌按某个角度下行),在利空消息极度发泄后,突发较大的利好消息(如股票),这时 K 线拐头向上而且有相当一段时间的持续性。因此在 K 线图形上呈现了一个 V 形,如图 11-6 所示。

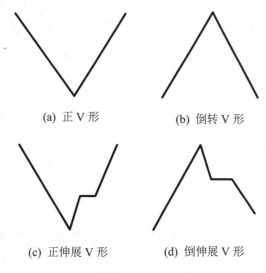

图 11-6 V 形

【拓展阅读 11.6】V 形的特征、类型、征兆请扫描右侧二维码。

第三节　整理形态分析及应用

整理形态分析及应用.mp4

　　整理形态是一种暂时方向连续的状态，这是一种过渡形态，一旦完成主力目的(如基本出货完毕)，随之而来的就是转折。通常，出货完毕后主力常常会用剩余的筹码砸盘，于是形成破位。当然，如果你幸运的话，主力也可能向上做假突破以引诱你上当。不过，这种假突破出货常常出现在那些形态构筑良好、技术面和基本面都较好的股票，散户往往较难分辨。

　　整理形态的幅度、位置、成交量决定了其可操作性。通常情况下，大多数整理形态的波动幅度较小，缺乏操作价值，因此不宜在整理期介入，等待整理结束并重新选择方向之后操作是比较安全的。在整理过程中，越接近整理末期越要少参与，因为一旦整理结束，市场可能迅速下跌，从而导致快速亏损。而那些迟迟不向上突破的，则越接近整理末端越要考虑止损，因为迟迟不突破可能表明主力在做空。

　　整理形态主要包括对称三角形、上升三角形、下降三角形、矩形和旗形等。

一、对称三角形

　　对称三角形由一系列价格变动所组成，其变动幅度逐渐缩小，也就是说，每次变动的最高价低于前一次的水平，而最低价比前一次的水平高，呈一压缩图形，如果从横向看股价变动领域，其上限为向下倾斜的直线，下限为向上倾斜的直线，将短期高点和低点分别以直线连接起来，就可以形成一个相当对称的三角形。对称三角形的成交量随着股价波动幅度逐渐缩小，成交量递减，然后当股价突然跳出三角形时，成交量随之增大，如图 11-7 所示。

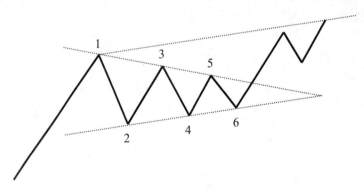

图 11-7　对称三角形

【拓展阅读 11.7】对称三角形的形成机理和应用请扫描右侧二维码。

二、上升三角形

顾名思义，上升三角形其趋势为上升态势，从形态上看，多方占优，空方较弱，多方的强大买盘逐步将价格的底部抬高，而空方能量不足，只是在一水平颈线位做抵抗。从 K 线图中可绘制低点与低点相连，出现由左至右向上方倾斜的支撑线，而高点与高点相连，基本呈水平位置。单纯从图形上看，当前价格形态呈现上升三角形特征，预示着价格可能会随时向上突破，形成一波涨势。但技术分析不能带有单一性，一般形态派人士将价格形态作为一个重点，但也不会忽视形态内成交量的变化。在上升三角形形态内的成交量也是从左至右呈递减状态，但当它向上突破水平颈线的那一刻，必须有大成交量的配合，否则价格将会出现盘整的格局，从图形上走出失败形态。如果在上升三角形形态内的成交量呈不规则分布，则维持盘整的概率较大。上升三角形属于强势整理，价格的底部在逐步抬高，多头买盘踊跃，上升三角形突破成功的话，突破位为最佳买点，后市则会有一波不俗的涨幅，如图 11-8 所示。如果上升三角形突破失败，则会承接形态内的强势整理而出现矩形整理，形成头部形态的概率也不会太大。

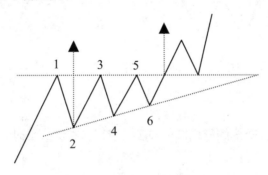

图 11-8　上升三角形

【拓展阅读 11.8】上升三角形的形成机理和应用请扫描右侧二维码。

三、下降三角形

下降三角形是对称三角形的变形，与上升三角形恰好相反，空头显得相当急迫，但由于多头在某特定水平出现稳定的购买力，因此，每回落至该水平便告回升，造成颈线支撑线呈一水平线；同时市场的沽售力量在不断加强，空头要求卖出的意愿越来越高涨，不断降低卖出委托的价格，如图 11-9 所示。

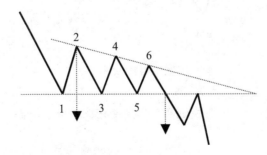

图 11-9　下降三角形

【拓展阅读 11.9】下降三角形的形成机理和应用请扫描右侧二维码。

四、矩形

矩形是股价在两条水平的上下界线区间波动而成的盘局形态。股价在某个范围之内波动，当上升到某一水平时，遇到阻力抛压掉头回落，在下方某处便获得支撑而回升，但是回升到前次同一高点时再次受阻，而跌落至上次低点时则又获得支撑，将这些短期高点和低点分别以直线连接起来，便可以绘出一条水平通道，通道既非上倾，也非下降，而是平行发展，这就是矩形形态，简称"箱体"，如图 11-10 所示。然而，就其广义而言，所有股价变动范围都可以看作由不同的箱体组成，因此实战时也有一套体系操作理论，俗称"箱体理论"。

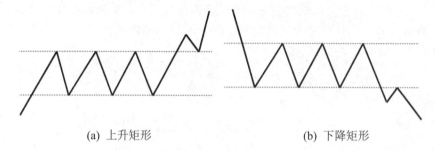

(a) 上升矩形　　　　　　　　(b) 下降矩形

图 11-10　矩形

【拓展阅读 11.10】矩形的形成机理和应用请扫描右侧二维码。

五、旗形

旗形走势的形态就像一面挂在旗杆上的旗帜，此形态通常在市场剧烈波动后出现。股价经过一段快速且显著的短期价格波动后，市场会进入一个短暂的调整期，这期间股价会形成一个与先前趋势相反的倾斜长方形，这就是旗形走势。旗形走势又可分为上升旗形和下降旗形，如图 11-11 所示。

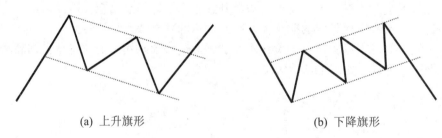

(a) 上升旗形　　　　　　　　(b) 下降旗形

图 11-11　旗形

【拓展阅读 11.11】旗形的形成机理和应用请扫描右侧二维码。

第四节 缺口形态分析及应用

缺口形态分析及应用.mp4

一、缺口的概念

缺口是指在 K 线图上没有发生交易的区域。例如，在上升趋势中，某天最低价高于前一日的最高价，从而在 K 线图上留下一段当时价格不能覆盖的空白区域，称之为"向上跳空缺口"。在下降趋势中，某天开盘价低于前一日的收盘价，称为"向下跳空缺口"。"向上跳空缺口"表明市场趋势显著上升，而"向下跳空缺口"则表明市场趋势显著下降。

二、缺口的类型

1. 普通缺口

普通缺口常发生在交易量较小的市场中，或者是在横向盘整区间的中间阶段及在多种价格形态的内部。发生的原因可能是市场参与者毫无兴趣，市场清淡，相对较小的成交量便足以导致价格跳空。一般而言，普通缺口可以忽略不计。

2. 突破缺口

突破缺口通常发生在重要价格区域，如横向整理需要一举突破支撑线(或阻力线)时，或者头肩顶(底)形成后需要对颈线进行突破时，或者对重要趋势线及移动平均线进行跨越式突破时，就常常会出现跳空缺口。它反映了群体的一致思维和意愿，也预示着后市的价格运动会更大、更快。

由于突破缺口是在突破重要价格区域时发生的，所以不看好突破的卖盘将全被吸收，而看好突破的卖盘则高价待售(上升突破时)，因此买盘不得不以高价成交，由此形成向上缺口(这里常常伴随着较大的交易量)。这种重要区域的突破一旦成功，其跳空缺口往往不易被完全封闭(指价格又回到了突破之前)。如果该缺口被完全封闭，价格重新回到了缺口下方，那么说明原先的突破并不成立。

3. 持续缺口

在突破缺口发生之后，如果市场前进趋势依然明显，一方推动热情高涨，那么价格会再度跳跃前进，形成一个跳空缺口或一系列跳空缺口，此为持续缺口。此类缺口常常是以中等的交易量来完成的，它说明趋势发展顺利。在上升趋势中，它的出现表明市场坚挺；在下降趋势中，则表明市场疲软。如同突破缺口一样，持续缺口点将成为此后市场调整中的支撑区，它们通常也不会马上被封闭。如果价格重新回到持续缺口之下，则对原有趋势不利。

一般来说，在突破缺口发生之后，第二个明显的缺口往往是持续缺口而不是衰竭缺口。持续缺口的出现，意味着行情将会突飞猛进，其运动空间至少为从被突破的地方到这个缺口之间的距离。如果出现了几个持续缺口，则价格运动空间的预测变得困难，但也意味着衰竭缺口可能随时来临，或最后一个"持续缺口"就是衰竭缺口。

4. 衰竭缺口

衰竭缺口常常出现在趋势将要结束的末端。在突破缺口和持续缺口均已清晰可辨，同时测量的价格目标已经达到后，许多人就开始预期衰竭缺口的到来。在上升趋势的最后阶段，价格往往会随着盲从者的疯狂进入另一个喷发期，但清醒的交易者则开始平仓了结。随着主力的平仓动作，衰竭缺口后往往会出现一段时间的价格滑落，并伴随着巨大的成交量。当后续的价格低于这个最后的缺口时，则意味着衰竭缺口已经形成，后市开始回撤。但衰竭缺口出现后，价格不一定就在当日反向，往往还会继续走高，但它预示价格将在最近一段时期内要回撤了，最后的疯狂该结束了。

但是，当缺口达到三个或三个以上时，在没有出现回调并对前一缺口进行封闭前，很难知道哪一个缺口是衰竭缺口。这时只能从测量目标中获得一些答案，即如果在第二个缺口出现后，其后的价格运动空间没有达到从被突破的地方到这个缺口之间的距离，那么，在此阶段出现的第三个缺口就很有可能是持续缺口，直至所测量的目标达到为止。

【拓展阅读 11.12】缺口的意义、缺口的研判请扫描下方二维码。

缺口的意义

缺口的研判

本 章 小 结

本章介绍了 K 线图的绘制方法及其特点；单根 K 线分析和典型 K 线组合分析；详细介绍了反转形态分析及应用，包括头肩顶、头肩底、双重顶(底)、潜伏底、V 形；整理形态分析及应用，包括对称三角形、上升三角形、下降三角形、矩形、旗形；缺口形态分析及应用，包括缺口的概念、类型、意义及其研判等内容。

第十一章自测题请扫描右侧二维码。

第十二章 常用技术指标

【学习目标】

通过本章的学习，读者应当了解技术指标法的定义和其与其他技术分析方法的关系；熟悉大盘类技术指标、价格类技术指标、成交量类技术指标的原理，并掌握这些技术指标的应用法则。

【案例导读】 具体内容请扫描右侧二维码。

第一节 技术指标分析概述

技术指标分析概述.mp4

技术指标已深入每一个证券投资者的心中，真正要进行证券市场操作的人都有一套自己惯用的技术指标体系。这个体系经过长期的检验，会给我们带来极大的帮助。

一、技术指标法的定义

技术指标是大家业已非常熟悉的名词了，但是对于技术指标法目前还没有一个明确的定义。笔者根据自己的理解，提供了以下的定义，供读者参考。

技术指标法的定义：按照事先规定好的固定方法对原始数据进行处理，将处理之后的结果制成图表，并用制成的图表对股市进行行情分析，这样的方法就是技术指标法。原始数据是指开盘价、最高价、最低价、收盘价、成交量和成交金额，有时还包括成交笔数，一共六七个。其余的数据不是原始数据。

对原始数据进行处理是指将这些数据的部分或全部进行整理和加工，以便转化为我们所需的信息。不同的处理方法会产生不同的技术指标。从这个意义上讲，有多少技术指标，就会产生多少种处理原始数据的方法；反过来，有多少种处理原始数据的方法，就会产生多少种技术指标。

产生了技术指标之后，最终都会在图表上得到体现。处理原始数据，不仅是把一些数字变成另一些数字，而且可能是放弃一些数字或加入一些数字。

二、产生技术指标的方法

从大的方面看，有两类产生技术指标的方法。第一类是按照严格明确的数学公式，产生新的数字。这一类是技术指标中极为广泛的一类，著名的 KDJ 指标、RSI 指标、MACD 指标和 DMI 指标都属于此类。

第二类是没有明确的数学公式，只有处理数据的文字叙述的方法。这一类指标相对较少。本章只介绍第一类，对第二类感兴趣的读者可参考有关书籍进行学习。

三、技术指标的应用法则

技术指标的应用法则主要通过以下几方面进行：①指标的背离——技术指标的走向与股价走向不一致；②指标的交叉——技术指标中的两条线发生了相交现象，常说的金叉和死叉就属这类情况；③指标的高位和低位——技术指标进入超买区和超卖区；④指标的徘徊——技术指标处在进退皆可的状态，没有明确的对未来方向的判断；⑤指标的转折——技术指标的图形发生了掉头，这种掉头有时是一个趋势的结束和另一个趋势的开始；⑥指标的盲点——技术指标无能为力的时候。

四、技术指标的本质

每一个技术指标都从一个特定的方面对股市进行观察。通过一定的数学公式产生的技术指标反映了股市某一方面深层的内涵，这些内涵仅仅通过原始数据是很难看出来的。

另外，有些基本的思想我们很早就知道，但只停留在定性的程度，没有进行定量的分析。技术指标可以进行定量的分析，这样可以显著地提高具体操作时的精确度。例如，众所周知，当股价持续下跌到一定程度时，往往会出现反弹的时机。那么到底是什么时候，跌到什么程度，我们就可以买进了，仅凭定性方面的知识是不能回答这个问题的，乖离率等技术指标在很大程度上能帮助我们解决这一问题。尽管不是100%地解决问题，但至少能在我们采取决策前提供数量上的参考依据。

五、技术指标法同其他技术分析方法的关系

其他技术分析方法都有一个共同点，那就是只重视价格，不重视成交量。如果单纯从技术的角度看，没有成交量的信息，其他方法都能正常运转，照样进行分析研究，照样进行行情预测。我们只是很笼统地说一句，要有成交量的配合。由于种类繁多，技术指标考虑的方面有很多，人们能够想到的，几乎都能在技术指标中得到体现，这一点是其他技术分析方法无法比拟的。

在进行技术指标的分析和判断时，也经常用到其他技术分析方法的基本结论。例如，在使用KDJ等指标时，我们要用到形态学中的头肩顶、颈线和双重顶之类的结果以及切线理论中支撑线和压力线的分析手法。由此可以看出，全面学习技术分析的各种方法是很重要的，只注重一种方法，对别的方法一无所知是无法顺利地完成分析和判断的。

六、应用技术指标应注意的问题

技术指标说到底是一批工具，我们利用这些工具对股市进行预测。每种工具都有自己的适应范围和适用的环境。有时有些工具的效果很差，但效果却很好。人们在使用技术指标时，常犯的错误是机械地照搬结论，而不问这些结论成立的条件和可能发生的意外。首先是盲目地绝对相信技术指标，出了错误以后，又走向另一个极端，认为技术指标一点儿用也没有。这显然是错误的认识，只能说是不会使用技术指标。

每种指标都有自己的盲点，也就是指标失效的时候。在实际中应该不断地总结，并找

到盲点所在。这对在技术指标的使用中少犯错误是很有益处的。遇到了技术指标失效，就把它放置在一边，去考虑其他技术指标。一般来说，众多的技术指标中，在任何时候都会有几个技术指标能对我们进行有益的指导和帮助。

了解每一种技术指标是很必要的，但是，在进行分析和判断时，我们不可能考虑到众多的技术指标，且每个指标在预测大势方面也有能力大小和准确程度的区别。通常使用的手法是以四五个技术指标为主，别的指标为辅。另外，对于这四五个技术指标的选择，各人有各人的习惯，不好事先规定，但是，随着实战效果的好坏，这几个指标应该不断地变更。

【拓展阅读 12.1】大盘类技术指标及应用请扫描右侧二维码。

大盘类技术指标
及应用.mp4

第二节 价格类技术指标及应用

MACD 指标又称为指数平滑异同移动平均线，由查拉尔·阿佩尔(Gerald Apple)所创造，是一种用于研判股票买卖时机、跟踪股价运行趋势的技术分析工具。

价格类技术指标
及应用.mp4

一、MACD 指标的原理和计算方法

1. MACD 指标的原理

MACD 指标基于均线的构造原理，对股票价格的收盘价进行平滑处理，求出算术平均值后再进行计算，属于趋向类指标。

MACD 指标主要通过分析 EMA、DIF 和 DEA(或称为 MACD、DEM)三者之间的关系，DIF 和 DEA 连接起来的移动平均线的分析，以及 DIF 减去 DEM 值绘制成的柱状图(BAR)的分析，来预测股价的中短期趋势。其中，DIF 是核心指标，DEA 是辅助指标。DIF 是快速平滑移动平均线(EMA1)与慢速平滑移动平均线(EMA2)的差值。BAR 柱状图在股市技术软件上通过红柱和绿柱的变化来分析行情。

2. MACD 指标的计算方法

MACD 在应用上，首先应计算快速平滑移动平均线(即 EMA1)和慢速平滑移动平均线(即 EMA2)，以这两个数值作为测量两者间离差值(DIF)的依据。然后再计算 DIF 的 N 周期的平滑移动平均线 DEA(也称为 MACD 或 DEM)。

下面以 EMA1 参数为 12 日，EMA2 参数为 26 日，DIF 参数为 9 日为例展示 MACD 的计算过程。

1) 计算移动平均值(EMA)

12 日 EMA 的计算公式为：
$$EMA(12)=前一日 EMA(12)\times 11/13+今日收盘价\times 2/13$$

26 日 EMA 的计算公式为：
$$EMA(26)=前一日 EMA(26)\times 25/27+今日收盘价\times 2/27$$

2) 计算离差值(DIF)

离差值(DIF)的计算公式为

$$DIF=今日EMA(12)-今日EMA(26)$$

3) 计算 DIF 的 9 日 EMA

根据离差值计算其 9 日的 EMA，即离差平均值，这是所求的 MACD 值。为了避免与指标原名混淆，此值也称为 DEA 或 DEM。

$$今日DEA(MACD)=前一日DEA\times 8/10+今日DIF\times 2/10$$

计算出的 DIF 和 DEA 的数值可能是正值或负值。

理论上，在持续的涨势中，12 日 EMA 线位于 26 日 EMA 线之上，其间的正离差值(+DIF)会越来越大；反之，在跌势中，离差值可能变为负数(-DIF)，也会越来越大。当行情开始好转时，正负离差值会缩小。MACD 指标利用正负离差值(±DIF)与离差值的 N 日平均线(N 日 EMA)的交叉信号作为买卖信号的依据，即再次应用快慢速移动线的交叉原理来分析买卖信号。此外，MACD 指标在股市软件上还有一个辅助指标——BAR 柱状线，其计算公式为：BAR=2×(DIF-DEA)。我们还可以利用 BAR 柱状线的收缩来决定买卖时机。

二、MACD 指标的一般研判标准

MACD 指标是市场上绝大多数投资者熟知的分析工具。这里将在介绍 MACD 指标的一般研判技巧和分析方法的基础上，详细阐述 MACD 的特殊研判原理和功能。

MACD 指标的一般研判标准主要围绕快速和慢速两条均线及红、绿柱线状况与它们的形态展开。一般分析方法主要包括 DIF 和 MACD 的值及其位置、DIF 和 MACD 的交叉情况、MACD 指标中的柱状图分析三个方面。

1. DIF 和 MACD 的值及其位置

(1) 当 DIF 和 MACD 均大于 0(即在图形上表示为它们处于零线以上)并向上移动时，通常表示股市处于多头行情中，可以买入或持股。

(2) 当 DIF 和 MACD 均小于 0(即在图形上表示为它们处于零线以下)并向下移动时，通常表示股市处于空头行情中，可以卖出股票或观望。

(3) 当 DIF 和 MACD 均大于 0 但都向下移动时，通常表示股价即将下跌，可以卖出股票。

(4) 当 DIF 和 MACD 均小于 0 但向上移动时，通常表示行情即将启动，股票价格将上涨，可以买入股票或持股待涨。

2. DIF 和 MACD 的交叉情况

(1) 当 DIF 与 MACD 都在零线以上，而 DIF 向上突破 MACD 时，表明股市处于强势之中，股价将再次上涨，可以加码买入股票或持股待涨，这是 MACD 指标"黄金交叉"的一种形式。

(2) 当 DIF 和 MACD 都在零线以下，而 DIF 向上突破 MACD 时，表明股市即将由弱势转为强势，股价将止跌向上，可以开始买入股票或持股，这是 MACD 指标"黄金交叉"的另一种形式。

(3) 当 DIF 与 MACD 都在零线以上，而 DIF 向下突破 MACD 时，表明股市即将由强势转为弱势，股价即将大跌，应卖出大部分股票而不能买入股票，这是 MACD 指标的"死亡交叉"的一种形式。

(4) 当 DIF 和 MACD 都在零线以下，而 DIF 向下突破 MACD 时，表明股市将再次进入极度弱市中，股价还将下跌，可以再卖出股票或观望，这是 MACD 指标"死亡交叉"的另一种形式。

3. MACD 指标中的柱状图分析

在股市电脑分析软件中，通常采用 DIF 值减去 DEA(即 MACD、DEM)值而绘制成柱状图，用红柱状和绿柱状表示，红柱表示正值，绿柱表示负值。用红、绿柱状来分析行情，既直观明了，又实用可靠。

(1) 当红柱状持续放大时，表明股市处于牛市行情中，股价将继续上涨，应持股待涨或短线买入股票，直到红柱无法再放大时才考虑卖出。

(2) 当绿柱状持续放大时，表明股市处于熊市行情中，股价将继续下跌，这时应持币观望或卖出股票，直到绿柱开始缩小时才可以考虑少量买入股票。

(3) 当红柱状开始缩小时，表明股市牛市即将结束，股价将大幅下跌(或进入盘整期)，应卖出大部分股票而不能买入股票。

(4) 当绿柱状开始收缩时，表明股市的大跌行情即将结束，股价将止跌向上(或进入盘整期)，可以少量进行长期战略建仓而不要轻易卖出股票。

(5) 当红柱开始消失、绿柱开始放出时，这是股市转势信号之一，表明股市的上涨行情(或高位盘整行情)即将结束，股价将开始加速下跌，应开始卖出大部分股票而不能买入股票。

(6) 当绿柱开始消失、红柱开始放出时，这也是股市转势信号之一，表明股市的下跌行情(或低位盘整行情)已经结束，股价将开始加速上升，应开始加码买入股票或持股待涨。

三、MACD 的特殊分析方法

1. 双重顶(底)等形态

MACD 指标的研判还可以从 MACD 图形的形态来帮助研判行情。

当 MACD 的红柱或绿柱构成的图形呈现双重顶(底)，即 M 头(W 底)、三重顶(底)等形态时，也可以按照形态理论的研判方法来加以分析。

2. 顶背离和底背离

MACD 指标的背离是指 MACD 指标的图形走势与 K 线图的走势方向相反。MACD 指标的背离分为顶背离和底背离两种。

(1) 顶背离。当股价 K 线图上的股票走势一峰比一峰高，股价一直在上涨，而 MACD 指标图形上由红柱构成的图形走势却是一峰比一峰低，即股价的高点比前一次高点高，而 MACD 指标的高点却比前一次高点低，这称为顶背离现象。顶背离现象通常是股价在高位即将反转的信号，表明股价短期内可能下跌，是卖出股票的信号。

(2) 底背离。底背离通常出现在股价的低位区。当股价 K 线图上的股票走势仍在下跌，而 MACD 指标图形上由绿柱构成的图形走势却是一个底比一个底高，即股价的低点比前一次低点低，而指标的低点却比前一次低点高，这称为底背离现象。底背离现象通常预示股价在低位可能反转向上，表明股价短期内可能反弹，是短期买入股票的信号。

在实践中，MACD 指标的背离在强势行情中比较可靠。股价在高位时，通常只要出现一次背离形态即可确认股价即将反转；而股价在低位时，一般要反复出现几次背离后才能确认。因此，MACD 指标的顶背离研判的准确性通常高于底背离，投资者应予以注意。

【拓展阅读 12.2】随机指标——KDJ、相对强弱指标——RSI、乖离率——BIAS 请扫描下方二维码。

随机指标——KDJ

相对强弱指标——RSI

乖离率——BIAS

第三节　成交量类技术指标及应用

成交量类技术指标及应用.mp4

【拓展阅读 12.3】能量潮——OBV 请扫描右侧二维码。

成交量变异率或成交量比率(Volitility Volumle Ratio，VR)的主要作用在于从成交量的角度测量股价的热度，与 AR、BR、CR 等指标从价格角度出发点不同，但同样基于"反市场操作"原理。与 VR 指标性质相似的指标还有 PVT、PVI、NVI、A/DVOLUME 等。

一、VR 指标原理

VR 是一项通过分析股价上涨日成交额(或成交量，下同)与股价下跌日成交额的比值，从而掌握市场买卖趋势的中期技术指标。它主要用于个股分析，其理论基础是"量价同步"及"量先于价"，以成交量的变化确认低价和高价，从而确定买卖时机。成交量比率是一种研究股票成交量与价格之间关联性的技术指标。

二、计算公式

VR 的计算步骤如下。

(1) 24 天以来，凡是股价上涨那一天的成交量都称为 AV，将 24 天内的 AV 总和相加后称为 AVS。

(2) 24 天以来，凡是股价下跌那一天的成交量都称为 BV，将 24 天内的 BV 总和相加后称为 BVS。

(3) 24 天以来，凡是股价不涨不跌，则那一天的成交量都称为 CV，将 24 天内的 CV 总和相加后称为 CVS。

(4) 从第 24 天开始计算：

$$VR=(AVS+1/2CVS)/(BVS+1/2CVS)$$

在计算中，参数 24 天可以修改，但周期应保持在 12 天以上，以避免因采样天数不足而产生的偏差。

三、使用方法

(1) VR 的分布如下。

① 低价区域：70～40——可买进区域。

② 安全区域：150～80——正常分布区域。

③ 获利区域：450～160——应考虑获利了结。

④ 警戒区域：450 以上——股价已过高。

(2) 在低价区域内，当 VR 值止跌回升时，可买进。

(3) 当 VR>160 时，若股价上扬而 VR 值见顶，可卖出。

四、VR 使用心得

(1) VR 指标在低价区域的准确度较高。当 VR>160 时可能会失真，特别是在 350～400 的高档区域，有时会发现卖出股票后股价仍继续上涨的情况，此时可以配合心理线(PSY)指标来解决这一问题。

(2) 当 VR 值低于 40 时，运用在个股走势上，常出现股价无法有效反弹的情况，随后 VR 值只在 40～60 徘徊。因此，这种信号更适合应用于指数方面，并与 ADR、OBOS 等指标配合使用，效果非常好。

五、VR 指标的特殊分析方法

1. VR 曲线的形态

VR 曲线出现的各种形态也是判断行情走势、决定买卖时机的一种分析方法。

(1) 当 VR 曲线在高位形成 M 头或三重顶等顶部反转形态时，可能预示着股价由强势转为弱势，股价即将大跌，应及时卖出股票。如果股价曲线也出现同样形态，则更可确认其跌幅，可以用 M 头或三重顶等形态理论来研判。

(2) 当 VR 曲线在低位出现 W 底或三重底等底部反转形态时，可能预示着股价由弱势转为强势，股价即将反弹向上，可以逢低少量吸纳股票。如果股价曲线也出现同样形态，则更可确认其涨幅，可以用 W 底或三重底形态理论来研判。

(3) 在 VR 曲线的形态中，M 头和三重顶形态的准确性要高于 W 底和三重底形态。

2. VR 曲线的背离

VR 曲线的背离是指 VR 指标的曲线图走势方向与 K 线图走势方向相反。VR 指标的背离有顶背离和底背离两种。

当股价 K 线图上的股票走势一峰比一峰高，而 VR 曲线图上的 VR 指标走势在高位却一峰比一峰低，这称为顶背离现象。顶背离现象通常是股价将高位反转的信号，表明股价中短期内即将下跌，是卖出的信号。

当股价 K 线图上的股票走势一峰比一峰低，而 VR 曲线图上的 VR 指标走势在低位却一底比一底高，这称为底背离现象。底背离现象通常是股价向低位反转的信号，表明股价中短期内即将上涨，是买入的信号。

与其他技术指标的背离现象研判一样，在 VR 的背离中，顶背离的研判准确性要高于底背离。当股价在高位，VR 也在高位出现顶背离时，可以认为股价即将反转向下，投资者可以及时卖出股票。

总之，VR 指标可以通过研判资金的供需及买卖气势的强弱，设定超买超卖的标准，为投资者确定合理的买卖时机提供正确的参考。

本 章 小 结

本章介绍了技术指标法的定义、本质以及应用时需要注意的问题；价格类技术指标及应用，包括 MACD 指标、KDJ 指标、RSI 指标、BIAS 指标；成交量类技术指标及应用，包括 OBV 指标和 VR 指标等内容。

第十二章自测题请扫描右侧二维码。

第四篇　行为金融与证券投资组合篇

第十三章　有效市场假说与行为金融理论

【学习目标】

通过本章的学习，读者应当掌握有效市场假说(EMH)这一理论的含义、分类、前提以及三类市场的检验方法；了解有效市场假说存在的缺陷以及其他金融理论对有效市场假说的质疑；深入理解行为金融学的基本理论，包括前景理论、后悔理论、行为组合理论、资产定价模型和投资者行为模型，并且能够利用这些理论，结合证券市场具体情况来分析证券市场中的实际现象并制定相应的投资策略。

【案例导读】具体内容请扫描右侧二维码。

第一节　有效市场假说

有效市场假说.mp4

一、有效市场假说的理论内容

(一)有效市场假说的含义

有效市场假说(Efficient Market Hypothesis，EMH)是由尤金·法玛(Eugene Fama)于1970年提出并深化的。有效市场假说包含以下3个要点。

(1) 在市场上的每个人都是理性的经济人，证券市场上每只股票所代表的各家公司都处于这些理性人的严格监视之下，他们每天都在进行基本分析，以公司未来的获利性来评价公司的股票价格，把未来价值折算为现值，并谨慎地在风险与收益之间进行权衡取舍。

(2) 股票的价格反映了这些理性人供求的平衡，想买的人数正好等于想卖的人数，即认为股价被高估的人数与认为股价被低估的人数正好相等。假如有人发现此二者不等，即存在套利的可能性的话，他们会立即用买进或卖出股票的办法使股价迅速变动到能够使二者相等为止。

(3) 股票的价格能充分反映与该资产相关的所有可获得信息，即"信息有效"。当信息变动时，股票的价格就一定会随之变动。一个利好消息或利空消息刚刚传出时，股票的价格就开始异动；当它已经路人皆知时，股票的价格也已经涨到或跌到适当的价位了。

有效市场假说实际上意味着"天下没有免费的午餐"，世上没有唾手可得之物。在一个正常的有效率的市场上，人们不应期望通过偶然的机会获得财富，因此将时间浪费在寻找不劳而获的机会上是不明智的，费心去分析股票的价值也是无益的。当然，有效市场假说只是一种理论假说，实际上，并非每个人总是理性的，也并非在每一时点上都是信息有效的。这种理论也许并不完全正确，但是，有效市场假说作为一种对世界的描述，比你认为的要好得多。

从股票价格对信息的反应程度方面讲，当信息集从最小达到最大时，股票市场的效率也就从最弱形式达到了最强形式。从反应速度方面分析，如果市场是有效的，则股票价格能够迅速对所有相关信息做出完全反应；如果市场是相对无效的，则股票价格不能够及时对信息的变化做出反应，投资者要花费一定时间进行分析才能做出反应(可能反应过度或反应不足)，如图13-1所示。

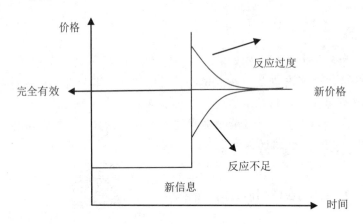

图13-1　信息在证券市场中传播的三种情况

根据有效市场假说可以推论，在理性投资者和非理性投资者的博弈过程中，由于理性投资者具有理性意愿和投资分析能力，加上市场的选择机制，最终理性投资者将成为市场的主导，而证券市场最终也将达到有效。

(二)有效市场假说的前提

在有效市场假说理论框架下，证券市场上的价格反映了所有可能得到的信息，即股票价格总是能够充分反映所有可以得到的信息。根据这一观点，在证券市场上，即使股票的价格偏离了其内在价值，也是因为有关股票的信息在市场上的流通不完全、不及时、不准确。随着投资者获取的信息越来越完整，对信息的理解越来越透彻，股票价格便会慢慢回归基本价值，投资者不能利用现有的信息获取超额利润。换句话说，即使积极的投资者也不能通过基本分析和技术分析获得超出市场平均利润的收益。

市场什么时候是有效的？法玛对其成立的充分条件进行了如下归纳。
(1) 所有市场参与者都是理性的。
(2) 证券交易过程中无交易费用或者其他市场摩擦。
(3) 市场参与者获得信息不需要支付成本。

(4) 所有参与者都认同影响每只证券的市场价格和未来价格分布的形态。

可以预见，在上述条件都满足的情况下，资产价格将"充分反映"所有可获得的信息。然而，这些条件无疑太苛刻。现实市场中几乎不可能出现完全满足上述条件的金融市场。因此，在过去几十年，金融学理论不断放宽上述假设，试图寻找到有效市场成立的最弱的条件。如果以下三个条件中的任何一个成立，那么市场有效性就能够得到实现。

(1) 投资者是理性的，从而能够理性地为证券定价。

(2) 虽然某些投资者是非理性的，但他们的交易行为是随机的，这样，他们的交易就会相互抵消，而价格不会受到影响。

(3) 投资者非理性，而且他们的交易有系统性的一致性，但是，市场中存在理性的套利者。套利者的存在会消除非理性投资者对价格的影响。

通过上述分析可知，有效市场假说并不只是单纯地建立在理性投资者假设的前提条件下进行相关讨论的。国际上绝大多数的证券市场均不可避免地存在着非理性的投资者，夸张地讲，他们在做决策时行为不受理性大脑控制，即使发生这种情况，市场中存在的交易随机性和独立性特点也会帮助证券价格不遭受非理性投资者"愚蠢行为"的干扰。换句话说，即使非理性的投资者做决策的行为并不具备随机性和独立性，还会存在理性投资者进行套利的行为，进行风险对冲的行为仍旧会使市场价格逐渐回归到原本的价值。

(三)有效市场的分类

现代金融市场有效性研究的奠基性工作是保罗·萨缪尔森(Poul A. Samuelson)完成的，他提出了信息有效的市场概念，这与经济学中的资源配置有效和帕累托有效市场不同。在有效市场中，资产价格已经完全反映了目前市场参与者全体所拥有的信息和对市场的预期，因此，今天的价格变化只能是由今天的信息引起的。因此，在有效市场中，资产价格的变化是不可预测的。

几十年来，金融市场有效性的研究方法就是把市场的有效性与市场对信息的反应结合起来，把市场有效的程度用市场价格对信息的反应速度和反应程度来衡量。法玛提出 EMH 完整理论框架时，将证券市场上的信息分为 3 类：一是历史信息，通常指证券过去的价格、成交量、公司特性等；二是公开信息，如红利报告等；三是内幕信息，是指所有非公开的信息。相应地，法玛按照证券价格对相关信息的反应程度不同，把有效市场分为弱式有效市场、半强式有效市场和强式有效市场 3 类，如图 13-2 所示。

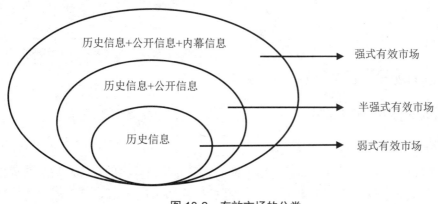

图 13-2　有效市场的分类

1. 弱式有效市场

弱式有效市场是市场有效性的最低层次。在弱式有效市场中,当前证券价格充分反映了所有历史记录中的信息,包括证券的历史价格序列、收益率、成交量和其他市场信息。若该假设成立,则投资者无法利用过去股价所包含的信息获得超额收益,股票价格的技术分析失去作用,投资者无法通过对以往价格的分析来预测未来股价走向,从而获取超额利润,即证券价格的变动同其历史行为方式是相互独立的,证券价格变动的历史时间序列数据呈现随机游走形态。

2. 半强式有效市场

若市场呈现半强式有效,则证券价格不仅反映了历史信息,而且反映了所有与公司证券有关的公开信息,如收益和股息分配公告、市盈率、账面价值与市场价值比、股份分割、有关的经济和政治新闻等。市场上的任何一个投资者都可以通过公开渠道获得这些信息,投资者就会预期这些信息已经体现在股价上了。如果证券价格对于公开信息仍在做出反应,则说明在证券价格形成过程中,投资者对公开发表的资料尚未做出及时充分的挖掘和利用,这样的市场尚未达到半强式有效。在半强式有效市场中,利用技术分析和基本分析都失去作用,获取内幕信息可能获得超额利润。

3. 强式有效市场

市场是强式有效的,则证券价格全面反映了所有公开的和未公开的信息。这意味着,在市场上,任何投资者包括获得内幕信息的人士都不能从独占的信息渠道获得超额收益。强式有效市场假设包括半强式和弱式有效市场假设,因而在强式有效市场中,市场价格不仅完全反映了一切历史信息、一切公开获得的信息,同时也已充分反映了一切内幕信息。强式有效市场假设把有效市场假设扩展到了"完美"市场假设。在强式有效市场中,投资者即使获取内幕信息,也无法从中获取超额利润。

有效市场的3种形式和证券投资分析有效性之间的关系如表13-1所示。

表13-1 有效市场的3种形式和证券投资分析有效性之间的关系

	技术分析	基本分析	内幕信息	组合管理
弱式有效市场	无效	有效	有效	积极进取
半强式有效市场	无效	无效	有效	积极进取
强式有效市场	无效	无效	无效	消极保守

二、有效市场假说的检验

(一)弱式有效市场的检验

1. 检验股票价格数据之间的独立性

股价之间若存在统计上显著的系列相关性,则说明股票价格的升降对后来的价格变化有影响,即可从股票价格的历史变化中发现预测未来股价的规律,弱式有效市场假说不成

立。对股价时间序列建立如下的 m 阶自回归模型(AR 模型),即
$$P_t = \alpha + \theta_1 P_{t-1} + \theta_2 P_{t-2} + \cdots + \theta_m P_{t-m} + \varepsilon_t$$

式中,参数表示股价变化的滞后影响。如果市场是弱式有效的,股票的未来价格变化与历史价格不存在相关性,即模型的参数与零相比不会有统计意义上的显著性。否则,表明股票的历史价格影响股票的未来价格,市场弱式有效不成立。

2. 检验股票价格变化的随机性

从统计检验的角度来看,如果股价变化不具有统计上显著的随机性,则投资者有可能利用该非随机特性获取异常收益,弱式有效市场假说不成立;反之,则弱式有效市场假说成立。

在实际应用中,可采用以下两种方法。

(1) 自相关函数,其计算公式为

$$\rho_k = \frac{E[(X_t - \mu_t)(X_{t+k} - \mu_{t+k})]}{\sqrt{E[(X_t - \mu_t)^2]E[(X_{t+k} - \mu_{t+k})^2]}} = \frac{\text{cov}(X_t, X_{t+k})}{\sqrt{\text{var}(X_t)} \cdot \sqrt{\text{var}(X_{t+k})}}$$

根据自相关函数判断:如果相关性强,说明市场是无效的;如果不相关,说明市场是有效的。

(2) 单位根检验。股票市场弱式有效意味着股价序列 $\{P_t\}$ 呈随机游走特征,这实际上说明序列 $\{P_t\}$ 为一阶单整过程。因此,对股票市场的检验可以通过对股价序列 $\{P_t\}$ 进行单位根检验,确定其单整阶数来进行。

3. 检验各种股票技术分析方法及交易规则的有效性

对股票市场有效性进行检验,学者们大多采用了所谓的"过滤法则",即选择一个与股票价格变化有关的指标,然后按照这一指标的指示进行股票的买卖。如果这种操作在扣除风险和交易成本等因素后能比一般投资者取得更高的收益,则股票市场弱式有效不成立;反之,则股票市场弱式有效成立。

(二)半强式有效市场的检验

对于半强式有效市场假说的检验主要是验证股票价格是否能迅速充分地反映任何公开信息。如果能,则投资者不可能利用任何公开信息获取异常收益,股票市场半强式有效成立;反之,如果股票价格对任何信息的反应具有滞后性或不完整性,则投资者便可能利用该公开信息获取异常收益,股票市场半强式有效不成立。这些公开信息通常包括公司规模、股票拆分、盈利报告公布、资产重组、股利分配和增发新股等。

假设事件没有发生,此时个体的收益称为正常收益,一般用事件没有发生时的预期收益率 $E(R_{it} | I_t)$ 来表示。但若事件发生了,其收益率将成为事后实际的收益率 R_{it}。异常收益率 AR,则是事件窗口内的事后收益(实际收益)减去正常收益或预期收益。其计算公式为

$$AR_{it} = R_{it} - E(R_{it} | I_t), t \in [T_1 + 1, T_2]$$

式中,$E(R_{it} | I_t)$ 模型可以使用市场模型、常数均值模型、资本资产定价模型(Capital Asset Pricing Model,CAPM)加以确定。

1. 市场模型

市场模型的理论基础在于市场中任何证券的收益与市场投资组合的收益存在很强的相关性。其计算公式为

$$E(R_{it}|I_t) = \hat{\alpha}_i + \hat{\beta}_i R_{mt}, \quad t \in [T_1+1, T_2]$$

式中，R 为投资组合收益率，实际中用综合指数表示。

2. 常数均值模型

常数均值模型假定股票在事件窗口内的正常收益近似为常数。其计算公式为

$$E(R_{it}|I_t) = \mu_i, \quad t \in [T_1+1, T_2]$$

$$\mu_i = \frac{1}{T_1 - T_0} \sum_{T_0}^{T_1} R_{it}, \quad t \in [T_0, T_1]$$

式中，利用估计窗口期 $[T_0, T_1]$ 内实际收益率的平均值作为事件窗口期 $[T_1+1, T_2]$ 内的正常收益率。

3. 资本资产定价模型

资本资产定价模型的计算公式为

$$E(R_{it}|I_t) = r_{ft} + \hat{\beta}_i \cdot (R_{mt} - r_{ft}), \quad t \in [T_1+1, T_2]$$

式中，R 为投资组合收益率，实际中用综合指数表示。

值得注意的是，运用 CAPM 估计正常收益率，从而验证股市是否弱式有效，这容易陷入前文提到的有效市场假说，即 CAPM 的成立须以市场有效为前提，而我们在检验市场是否有效时又肯定 CAPM 成立以估计股票的正常收益率。基于这种思路，有效市场假说可以说是不可检验的。

(三) 强式有效市场的检验

强式有效市场假说的信息集包含所有公开的和内幕的信息，但这一信息集在实践中显然很难定义。为此，对强式有效市场假说的检验主要以间接的方式进行，即通过检验内部人员和专业投资机构的股票交易的盈利状况来发现是否有投资者能持续获得异常利润。

专业投资机构在日常经营活动中，通常都会迅速建立起自己与政府、投资对象以及社会相应部门间广泛而缜密的关系网，以尽可能地获取第一手情报，因而专业投资机构也可能获得垄断性的未公开信息。如果有证据表明专业投资机构能够持续地获取异常利润，则否定了市场的强式有效；否则，市场强式有效。

【拓展阅读 13.1】有效市场假说的缺陷和面临的质疑请扫描下方二维码。

有效市场假说的缺陷

有效市场假说面临的质疑

第十三章 有效市场假说与行为金融理论

第二节 行为金融理论

行为金融理论.mp4

行为金融理论将心理学尤其是行为科学的理论融入金融学理论之中，从微观个体行为及其产生这种行为的心理等动因来解释、研究和预测金融市场的运行。这一研究视角通过分析金融主体在市场行为中的偏差和反常，来寻求不同市场主体在不同环境下的经营理念及决策行为特征，力求建立一种能正确反映市场主体决策行为和市场运行状况的描述性模型。

行为金融理论已经成为金融研究中备受关注的领域，它对原有理性框架中的现代金融理论进行了深刻的反思，从人的角度来解释市场行为，充分考虑市场参与者的心理因素的作用，为人们理解金融市场提供了一个全新的视角。行为金融理论是第一个较系统地对有效市场假说和现代金融理论提出挑战并能够解释市场异常行为的理论。它以心理学对人类的研究成果为依据，以人们的实际决策心理为出发点讨论投资者的投资决策对市场价格的影响。它注重投资者决策心理的多样性，突破了现代金融理论只注重最优决策模型，简单地认为理性投资决策模型就是决定证券市场价格变化的实际投资决策模型的假设，使人们对金融市场投资者行为的研究由"应该怎么做决策"转变到"实际是怎样做决策的"，研究更接近实际，因而行为金融的研究是很有突破意义的。

长期以来，基于理性人假设的现代金融学逐渐形成了一个基于资本资产定价模型的抽象理论框架。至今，行为金融理论的研究已经取得了很多富有价值的成果。丹尼尔·卡内曼(Daniel Kahneman)和阿莫斯·特沃斯基(Amos Tversky)于1979年提出了著名的"前景理论"，奠定了行为金融研究的理论基础。自此，行为金融在一个新的领域取得了许多研究成果，其中有噪声交易理论、BSV模型、DHS模型、HS模型等，这些构成了行为金融理论的主要内容。

一、前景理论

前景理论，也称为展望理论，是描述和预测人们在面临风险决策过程中表现与传统期望值理论和期望效用理论不一致的行为的理论。它是决策论的期望理论之一，也是行为经济学的重大成果之一。利用前景理论可以对风险与报酬的关系进行实证研究。

前景理论认为，个人基于参考点位置的不同，会有不同的风险态度。在面对"失"时变得风险追求，而面对"得"时却表现得风险规避；参考点的设立和变化会影响人们的"得""失"感受，并进而影响人们的决策。

前景理论是描述性范式的一个决策模型，它假设风险决策过程分为编辑和评价两个过程。在编辑阶段，个体凭借框架、参考点等采集和处理信息；在评价阶段，依赖价值函数和主观概率的权重函数对信息予以判断。该价值函数是经验型的，它有3个特征：一是大多数人在面临获得时是风险规避的；二是大多数人在面临损失时是风险偏好的；三是人们对损失比对获得更敏感。因此，人们在面临获得时往往小心翼翼，不愿冒风险；而在面对失去时会很不甘心，容易冒险。人们对损失和获得的敏感程度是不同的，损失的痛苦感要大大超过获得时的快乐感。前景理论中的价值函数如图13-3所示。

价值函数以参考点为界将图形分为盈利和亏损两个区域。盈利区域的图形表现为下凹，即风险回避特征；而在亏损区域的图形则表现为上凸，即风险寻求特征。亏损区域的斜率大于盈利区域的斜率，前者大约是后者的 2.5 倍，表明人们对损失所产生的负效用为同等金额的盈利产生的正效用的 2.5 倍。

前景理论的价值函数和预期效用理论中的效用函数一个重要的不同点是：价值函数存在一个拐点，即存在所谓的"参考点"。它指人们在评价事物时，总要与一定的参照物相比较，当对比的参照物不同时，即使相同的事物也会得到不同的比较结果，因此，参考点是一种主观评价标准。

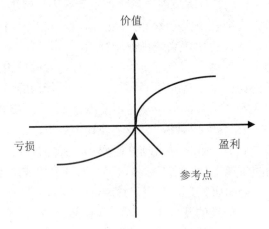

图 13-3　前景理论中的价值函数

前景理论中的期望价值即"前景效用"是由"价值函数"和"决策权重"共同决定的，其计算公式为

$$V = \sum_{i=1}^{n} w(p_i) v(x_i)$$

式中，$W(p)$ 是决策权重，是概率评价性的单调增函数；$v(x)$ 是价值函数，是决策者主观感受所形成的价值。

二、后悔理论

后悔理论是指投资者在投资过程中常出现后悔的心理状态。在大牛市背景下，没有及时介入自己看好的股票会后悔，过早卖出获利的股票也会后悔；在熊市背景下，没能及时止损出局会后悔，获点小利没能兑现，然后又被套牢也会后悔；在平衡市场中，自己持有的股票不涨不跌，别人推荐的股票上涨，自己会因为没有听从别人的劝告而及时换股后悔；当下定决心，卖出手中不涨的股票，而买入专家推荐的股票，又发现自己原来持有的股票不断上涨，而专家推荐的股票不涨反跌时，更加后悔。

圣塔克拉拉大学的迈尔·斯塔特曼(Meir Statman)教授是研究"害怕后悔"行为的专家。他指出由于人们在投资判断和决策上容易出现错误，而当出现这种失误操作时，通常感到非常难过和悲哀，所以投资者在投资过程中，为了避免后悔心态的出现，经常会表现出一种优柔寡断的性格特点。投资者在决定是否卖出一只股票时，往往受到买入时的成本比现价高或是低的情绪影响，由于害怕后悔而想方设法尽量避免后悔的发生。

三、行为组合理论和资产定价模型

行为组合理论(BPT)和行为资产定价模型(BAPM)是行为金融理论的重点之一。一些行为金融理论研究者认为将行为金融理论与现代金融理论完全对立并不恰当，将两者结合起来对现代金融理论进行完善，正成为新的研究方向。在这方面，斯塔特曼和赫什·舍夫林(Hersh Shefrin)提出的 BPT 和 BAPM 引起了金融界的关注。

BPT 是在现代投资组合理论(MPT)的基础上发展起来的，包括单一心理账户和多个心理账户。其中，单一心理账户的投资者关心投资组合中各资产的相关系数，他们会将投资组合整个放在一个心理账户中；而多个心理账户的投资者会将投资组合分成不同的账户，忽视各个账户之间的相关关系。与现代资产组合理论认为投资者最优的投资组合应该在均值方差的有效前沿上不同的是，行为组合理论实际构建的资产组合是基于对不同资产的风险程度的认识以及投资目的所形成的一种金字塔式的资产组合。金字塔的每一层都对应着投资者特定的投资目的和风险特征。投资者通过综合考察现有财富、投资的安全性、期望财富水平、达到期望水平的概率等因素来选择符合个人愿望的最优投资组合。

MPT 认为投资者应该把注意力集中在整个组合上，最优的组合配置处在均值方差有效前沿上。BPT 认为现实中的投资者无法做到这一点，他们实际构建的资产组合是基于对不同资产的风险程度的认识以及投资目的所形成的一种金字塔式的行为资产组合，位于金字塔各层的资产都与特定的目标和风险态度相联系，而各层之间的相关性被忽略。BAPM 是行为金融理论的核心。行为金融理论的孕育及诞生与"新时代金融"的到来表明金融理论进入新的发展时期。但是，行为资产定价理论只能被视为对"现代金融"的 CAPM 的补充而非所谓的"重建"。BAPM 是对 CAPM 的扩展。与 CAPM 不同，BAPM 中的投资者被分为两类：信息交易者和噪声交易者。信息交易者是严格按 CAPM 行事的理性交易者，不会出现系统偏差；噪声交易者则不按 CAPM 行事，会犯各种认知偏差错误。两类交易者互相影响，共同决定资产价格。

事实上，在 BAPM 中，资本市场组合的问题仍然存在，因为均值方差有效组合会随时间而改变。BAPM 模型典型地体现了行为金融理论的基本理念，即前文所提到的非理性交易者长期性、实质性的存在，它所描述的是理性交易者和非理性交易者互动情况下的资产定价方式。在该模型中，理性交易者，即信息交易者，他们遵循 CAPM 模型，是传统理论中预设的具有良好认知、专业技术并且有均值方差偏好的市场行为者；而非理性交易者，即噪声交易者，他们不具备理想状态下的投资者所应有的知识储备和行为方式，并不具有均值方差偏好，往往背离 CAPM。因此，与 CAPM 不同，在 BAPM 中，把决定证券预期回报的 β 系数与行为相联系，这样的行为 β 与均值方差有效组合的切线有关，而不是与市场组合有关。可以看出，BAPM 既有限度地接受了市场有效性，也秉承了行为金融理论所奉行的有限理性、有限控制力和有限自利。

【拓展阅读 13.2】投资者行为模型请扫描右侧二维码。

第三节　行为金融理论在证券投资中的应用

行为金融理论在证券投资中的应用.mp4

证券市场中仍普遍存在一个突出的问题是过度投机性，而其最主要的产生原因就是众多中小投资者的非理性行为。证券市场的投资者可分为机构投资者与普通投资者：前者在资金实力、分析手段与信息获取及把握上具有优势；而后者由于势单力薄，经常揣摩、打听前者的消息或行动，并将其作为自己决策的参考依据。而且，证券市场上中小投资者的决策在很大程度上决定了市场的运行状况，而他们又以弱势群体的姿态出现，其决策行为的非理性导致了市场的严重不稳定。因此，仅借助传统金融学的方法无法正确分析证券市场，应充分重视行为金融理论这一新兴理论方法，利用它来发展、完善现代金融学，并将其应用到证券市场实践中，合理引导投资者的行为。

投资者可以运用行为金融理论确定投资策略。市场参与者的非理性造成的行为偏差导致了市场价格的偏离，而若能合理利用这一偏差，将给投资者带来超额收益，这就形成了行为金融理论的投资策略。传统投资策略依赖于投资者收集、处理信息的能力，但这些能力存在个体差异且会随时间变化，而人类的心理决策特征是在长期演化过程中逐渐形成的，具有稳定性和跨文化性，因此，基于这些稳定特征的行为，金融投资策略往往更具持久性。从国外看，基于市场异象的行为金融理论投资策略主要有反向投资策略、动量交易策略等。2014 年，美国的共同基金中已经出现了基于行为金融理论的证券投资基金，如行为金融理论大师理查德·塞勒(Richard H. Thaler)发起的富勒—塞勒资产管理公司，其中有一些还取得了复合收益率 25%的良好投资业绩。机构投资者可以考虑利用市场现象的行为金融理论解释，并依据证券市场的具体特性，采取相应的投资策略。

一、反向投资策略

反向投资策略就是买进过去表现差的股票，而卖出过去表现好的股票，如选择低市盈率的股票、选择股票市值与账面价值比值低的股票、选择历史收益率低的股票等。行为金融理论认为，反向投资策略是对股市过度反应的一种纠正，是一种简单外推的方法。

普通投资者由于消息的不完全，往往对政策信息表现出过度反应，尤其是个人投资者对政策面消息的反应尤为强烈；而机构投资者的信息库和专家队伍则对政策的把握有一定的预见性，针对个人投资者的行为反应模式，可以采取反向投资策略，进行积极的波段操作。股市中还会存在大量的"跟风""跟庄"的羊群行为，使整个市场的预测出现系统性偏差，导致股票价格的偏离，并随着投资者对价格趋势的积极跟进而进一步放大了价格与股票基础价值的偏离。这些对股票价值的高估或低估最终都会随着金融市场的价值回归而出现异乎寻常的股价下挫或上扬，也就带来了相应的价值投资机会。

二、动量交易策略

动量交易策略的核心内容是寻求一定期间股价变动的连续性：如股价变动连续趋涨，则采取连续卖出的策略；如股价变动连续趋低，则采取连续买入的策略。中国投资者的"处

第十三章 有效市场假说与行为金融理论

置效应"倾向比国外同类研究的发现更为显著。赵学军和玉永宏的实证研究发现,中国股市中投资者卖出盈利股票的概率是其卖出亏损股票概率的两倍,而国外学者的研究显示,这一比例在国际证券市场中为 1.5 倍。处置效应会带来股票基本价值与市场价值之间的差幅,而这一差价最终的收敛意味着那些有大量资产收益未实现的股票一般要比那些有大量资产亏损未实现的股票有更高的预期回报。利用这一异象可以采用动量交易策略,也就是基于过去股票价格的走势,通过差幅获利。另外,投资者的过度自信带来的锚定效应等也会导致其对新的信息反应不足,使股票的上扬或下挫趋势会维持一段时间,对此也可以运用动量交易策略,从业绩变动与事后股价的这种关系中捕捉获利的机会。

本 章 小 结

本章介绍了有效市场假说的理论内容,包括有效市场假说的含义、前提、分类和有效市场假说的检验方法;行为金融理论的主要内容,包括前景理论、后悔理论、行为组合理论、资产定价模型和投资者行为模型;行为金融理论在证券投资中的应用,包括反向投资策略、动量交易策略。

第十三章自测题请扫描右侧二维码。

第十四章　证券市场投资组合理论

【学习目标】

通过本章的学习，读者应当了解证券市场投资组合的含义、类型，以及证券市场投资组合的意义、特点；熟悉现代证券市场投资组合理论对传统证券市场投资组合理论的改进和该理论体系的形成与发展进程，最小方差投资组合的含义，套利定价理论的基本原理，套利定价模型的应用；掌握有效组合和有效前沿的含义和特征，最优证券组合的含义和选择原理，证券贝塔系数的含义；认识夏普指数、詹森指数、特雷诺指数的含义及其作用。

【案例导读】具体内容请扫描右侧二维码。

第一节　证券市场投资组合概述

证券市场投资组合概述.mp4

一、证券市场投资组合的含义和类型

投资学中的"组合"一词通常是指个人或机构投资者所拥有的各种资产的总和。证券市场投资组合是指个人或机构投资者所持有的各种有价证券的总称，通常包括各种类型的债券、股票及存款单等。

证券市场投资组合的投资对象是各种类型的证券。目前在全球范围内，以美国市场上的证券种类最为齐全。在美国，证券组合按照不同的投资目标分为避税型、收入型、增长型、收入和增长混合型、货币市场型、国际型及指数化型等。

避税型证券组合以避税为首要目的，主要服务于处于高税率档次的高收入人群。大多数西方国家的税制是以所得税为主体的，而且所得税实行累进制，即高收入者要缴纳占比较高的所得税，最高占比可达50%以上。另外，政府债券在大多数国家是免税的，而投资购买股权证券则需要缴纳所得税。因此，这类投资组合通常投资于政府债券，这种债券免缴联邦税，也常常免缴州税和地方税。

收入型证券组合追求低风险和基本收益(即利息、股息收益)的最大化。能够带来基本收益的证券包括附息债券、优先股及一些避税债券。这种投资组合主要适用于年龄较大的投资者、需要负担家庭生活及教育费用的投资者以及有定期支出的机构投资者(如养老基金等)。

增长型证券组合以资本升值(即未来价格上升带来的价差收益)为目标，投资者往往愿意通过延迟获得基本收益来求得未来收益的增长，投资风险较大，主要适用于年龄较小的投资者以及处于高税收档次的投资者。在进行增长型投资组合时，着重考虑的是资产的升值潜力，普通股票是这类投资组合的重要工具。

收入和增长混合型证券组合试图在基本收入与资本增长之间达到某种均衡，因此也称为均衡组合。二者的均衡可以通过两种组合方式获得，一种是使组合中的收入型证券和增

长型证券达到均衡；另一种是选择那些既能带来收益，又具有增长潜力的证券进行组合。

货币市场型证券组合是由各种货币市场工具构成的，如国库券、高信用等级的商业票据等，安全性极高。

国际型证券市场组合投资于海外不同国家，是组合管理的时代潮流。实证研究结果表明，这种证券组合的业绩总体上强于只在本土投资的组合。因为它可以减少国家或地区的特定风险，在全球范围内追求效益最大化。

指数化型证券组合模拟某种市场指数，以求获得市场平均的收益水平，秉持有效市场理念的机构投资者，更偏好于这种组合方式。根据模拟指数的不同，指数化型证券组合可以分成两类：一类是模拟内涵广大的市场指数；另一类是模拟某种专业化的指数，如道琼斯公用事业平均指数。

二、证券市场投资组合的意义和特点

(一)证券市场投资组合的意义

1. 降低风险

证券市场投资组合采用适当的方法，选择多种证券作为投资对象，可以有效降低投资风险。投资界常用篮子装鸡蛋的例子来说明：如果我们把鸡蛋放在同一个篮子里，万一这个篮子不小心掉在地上，所有的鸡蛋就都可能被摔碎。如果把鸡蛋分别放在不同的篮子里以防掉落损坏，将投资分配到各具特色、收益与风险各异的证券中，能有效降低投资风险。即使是在同一类型的证券如股票上投资，如果能将投资分散到不同股票上，股票的收益之间存在的负相关性也能有效分散投资风险，在一只股票上的亏损可能在另一只股票的收益中得到弥补。

2. 实现收益最大化

证券市场投资组合可以在保证预定收益的前提下使投资风险最小化，或在控制风险的前提下使投资收益最大化。理性投资者的基本行为特征是厌恶风险和追求收益最大化，力求在这一对矛盾中达到可能的最佳平衡。如果投资者仅投资于单个证券，那么他只有单一的选择。当投资者将各种证券按不同比例进行组合时，其就会有多种选择。这为投资者在给定风险水平的条件下获取更高收益提供了机会。当投资者对证券组合的风险和收益做出权衡时，他能够得到比投资单个资产更为满意的收益与风险的平衡。

(二)证券市场投资组合的特点

证券市场投资组合的特点主要表现在以下两个方面。

1. 投资的分散性

证券市场投资组合理论认为，证券市场投资组合的风险随着组合所包含证券数量的增加而降低，只要证券收益之间不是完全正相关，分散化就可以有效地降低非系统性风险，使证券市场投资组合的风险趋于市场平均风险水平。因此，组合管理强调构成组合的证券应多元化。

2. 风险与收益的匹配性

证券市场投资组合理论认为，投资收益是对承担风险的补偿。承担风险越大，收益越高；承担风险越小，收益越低。因此，组合管理强调投资的收益目标应与风险的承受能力相适应。

三、证券市场投资组合管理的方法和步骤

(一)证券市场投资组合管理的方法

根据证券市场投资组合管理者对证券市场效率的不同看法，证券市场投资组合管理方法可以分为被动管理和主动管理。

1. 被动管理

被动管理是指长期稳定持有模拟市场指数的证券组合以获得市场平均收益的管理方法。采用这种方法的管理者认为，证券市场是有效的市场，凡是能够影响证券价格的信息均已在当前证券价格中得到反映。也就是说，证券价格的未来变化是无法估计的，以至于任何企图预测市场行情或挖掘定价错误的证券，并通过频繁调整持有的证券，都无助于提高期望收益，而只会浪费大量的经纪佣金和精力。因此，他们坚持"买入并长期持有"(buy and hold)的投资策略。但这并不意味着他们无视投资风险而随便选择某些证券进行长期投资，恰恰相反，正是由于承认存在投资风险并认为组合投资能够有效降低公司的特定风险，因此他们通常购买分散化程度较高的投资组合，如市场指数基金或类似的证券组合。

2. 主动管理

主动管理是指经常预测市场行情或寻找定价错误的证券，并借此频繁调整证券组合以获得尽可能高收益的管理方法。采用这种方法的管理者认为，证券市场并不总是有效的，市场上某些证券价格并未真实反映那些影响其价格的信息，加工和分析某些信息可以预测市场行情趋势和发现定价过高或过低的证券，进而对买卖证券的时机和种类做出选择，以实现尽可能的高收益。

(二)证券市场投资组合管理的基本步骤

证券市场投资组合管理的基本目标是实现投资收益的最大化，也就是在某一特定的收益水平上将风险降到最低，或者在某一个风险水平上将收益提到最高。这种目标的实现有赖于组合管理有效的内部控制，具体步骤如下。

1. 确定证券投资政策

证券投资政策是投资者为实现投资目标应遵循的基本方针和基本准则，包括确定投资目标、投资规模和投资对象三方面的内容以及应采取的投资策略和措施等。投资目标是指投资者在承担一定风险的前提下，期望获得的投资收益率。证券投资属于风险投资，而且风险和收益之间呈现一种正相关关系。因此，证券组合管理者应该确立一个既客观又合适的投资目标，既要追求盈利，也要正视潜在的亏损，投资目标的确定应包括风险与收益两大要素。投资规模是指用于证券投资的资金数额。投资对象是指证券组合管理者准备投资

的证券品种，它是根据投资目标而确定的。确定证券投资策略和措施是证券组合管理的重要内容，它是在投资政策的指导下，具体确定投资金融资产类型的方略。

2. 进行证券投资分析

证券投资分析是证券组合管理的第二步，是指对证券组合管理第一步所确定的金融资产类型中个别证券或证券组合的具体特征进行的考察分析。考察分析旨在揭示证券价格的形成机制，以及影响证券价格波动的多种因素及其作用机制，发现那些价格偏离价值的证券。

3. 组建证券投资组合

组建证券市场投资组合是证券组合管理的第三步，主要是确定具体的证券投资品种和在各证券上的投资比例。在构建证券市场投资组合时，投资者需要注意个别证券选择、投资时机选择和多元化三个问题。个别证券选择，主要是预测个别证券的价格走势及其波动情况；投资时机选择，涉及预测和比较各种不同类型证券的价格走势和波动情况；多元化，则是指在一定的现实条件下，组建一个在一定收益条件下风险最小的投资组合。

4. 投资组合的修正

投资组合的修正实际上是定期重温前三步的过程。随着时间的推移，之前构建的证券组合对于投资者而言，可能不再是最优组合，这可能是因为投资者改变了对风险和回报的态度，或者是其预测发生了变化。作为这种变化的一种反应，投资者可能会对现有的组合进行必要的调整，以确定一个新的最佳组合。然而进行任何调整都将支付交易成本，因此投资者应该对证券组合在某种范围内进行个别调整，使其在剔除交易成本后，在总体上能够最大限度地改善现有证券组合的风险回报特征。

5. 投资组合业绩评估

证券市场投资组合管理的第五步是通过定期对投资组合进行业绩评估，来评价投资的表现。可以将投资组合业绩评估看作证券组合管理过程中的一种反馈与控制机制。投资者在投资过程中获得收益的同时，还将承担相应的风险，较高收益的获得可能是建立在承担较高风险的基础之上。因此，在评估证券市场投资组合的业绩时，不能单纯地比较投资活动所带来的收益，而应该综合衡量投资收益与所承担的风险状况。

四、证券市场投资组合理论发展概述

证券市场投资组合理论可以分为传统证券市场投资组合理论和现代证券市场投资组合理论。

(一)传统证券市场投资组合理论

传统证券市场投资组合理论是一种来源于实践的朴素思想，是对金融投资进行经验上的描述性总结。它仅侧重于定性分析，依赖于非数量化的手段，如基础分析和技术分析，选择证券，构建和调整证券组合。这一理论的分析着眼点主要是个体证券，即依据对个体证券资产投资收益和风险的分析和比较，在投资者可支配资源的范围内，选择那些个体投资收益较高而风险较低的证券资产，从而构成一个证券资产组合。这种管理总体上看还只是个体证券投资管理的外延扩张，而没有质的变化。本章第二节将对传统证券市场投资组合理论进行详细讨论。

(二)现代证券市场投资组合理论

现代证券市场投资组合理论从实现证券资产组合总体的预期收益最大化或风险最小化出发，不仅关心个体证券资产的预期收益和风险，更重视所选证券资产的投资收益和风险的相互关系，即依据对证券资产组合总体收益和风险的分析评价，在投资者可支配资源的范围内，市场选择那些能使证券资产组合总体投资收益最大化或风险最小化的证券资产，从而构成一个证券资产组合。这种管理已不再是个体证券投资管理的简单外延，其出发点、目标以及分析手段等都不同于对个体证券的投资分析。现代证券市场投资组合理论有狭义和广义之分。

1. 狭义的证券市场投资组合理论

狭义的证券市场投资组合理论是指 1952 年哈里·马科维茨(Harry Markowitz)提出的投资组合理论，是现代证券市场投资组合理论的开端。在著名的《金融杂志》(*Journal of Finance*)上马科维茨发表的论文《投资组合选择》(*Portfolio Selection*)中阐述了证券收益和风险水平确定的主要原理和方法，建立了均值—方差证券组合模型的基本框架。在马科维茨的理论模型中，以均值来代表证券组合的预期收益，以方差来代表证券组合收益的变动性，即风险，投资者可以根据原有单个资产的均值和方差，对证券组合的收益和风险进行简化分析。马科维茨是第一个将"投资分散化"思想进行定量分析的经济学家，他认为通过投资分散化，可以在不改变投资组合预期收益的情况下降低风险，也可以在不改变投资组合风险的情况下增加收益。该理论的主要目的是通过一定的理论和实践方法，帮助投资者从证券市场投资组合的可行域中挑选出若干证券作为其投资组合，从而使投资者在一定的风险水平上获得最大的收益，或者在一定的收益水平上承担最低的风险。在马科维茨的投资组合理论中，各种风险水平上最高收益的证券组合，或者各种收益水平上风险最低的证券组合被称为有效边界。狭义的证券市场投资组合理论主要研究的就是在投资组合的可行域中确定投资者的有效边界。

【拓展阅读 14.1】马科维茨与资产组合选择理论请扫描右侧二维码。

2. 广义的证券市场投资组合理论

广义的证券市场投资组合理论是在狭义的证券市场投资组合理论的基础上发展起来的，它不仅包括上述所说的马科维茨的投资组合理论，还包括与马科维茨理论密切相关的其他资本市场理论，如资本资产定价模型、因素模型(单因素模型和多因素模型)、套利定价理论(Arbitrage Pricing Theory，APT)等。

马科维茨的"均值—方差"模型进行证券市场投资组合的核心在于计算各种证券之间的协方差，当证券数目较多时，这一方法存在运算上的复杂性。针对"均值—方差"模型存在的这一问题，1963 年，威廉·夏普(William Sharpe)提出了可以对协方差矩阵加以简化估计的单因素模型，极大地推动了投资组合理论的实际应用。随后，夏普、约翰·林特纳

第十四章 证券市场投资组合理论

(John Lintner)和简·莫辛(Jane Mossin)分别于1964年、1965年和1966年提出了资本资产定价模型。资本资产定价模型是在马科维茨的证券市场投资组合理论基础上构建的，其对证券市场投资组合理论的模型公式进行了极大的简化，认为当市场出清时，所有的投资者只在市场组合和无风险资产之间进行组合。资本资产定价模型(CAPM)是一个单因素模型，认为资产的收益仅取决于市场组合的收益。单因素模型依据的基本假设是证券的价格或收益随着市场指数的变化而同步运动，即证券收益仅与市场指数单一因素有关。这显然与实际情况不太相符。1976年，针对资本资产定价模型存在的缺陷，美国经济学家斯蒂芬·罗斯(Stephen A. Ross)在多因素模型的基础上提出了一种替代性的资本资产定价模型，即套利定价理论。该模型直接导致了多指数投资组合分析方法在投资实践上的广泛应用。本章的第三节将对马科维茨投资组合理论、资本资产定价模型和套利定价模型进行详细讨论。

【拓展阅读 14.2】威廉·夏普和资本资产定价模型请扫描右侧二维码。

第二节 传统证券市场投资组合理论

一、传统证券市场投资组合管理的基本步骤

(一)确立目标

传统证券市场投资组合理论.mp4

投资者在建立组合投资之前，首先需要确立投资目标。受到投资的资金来源、投资者资产状况、相关政策和投资者的偏好等多种因素的影响，组合投资的目标会有所不同。投资目标反映了投资组合的风格和类型，也将进一步影响投资对象的选择范围。一般来说，证券市场投资组合的目标有以下几种。

1. 获得稳定的经常性收入

获得稳定的经常性收入的证券组合是为了满足自身经营对流动资金的需求。这类组合不刻意追求投资收益的高低，而是更注重风险的防范。因此这类组合主要包括一些中期或长期国债、信誉优良的大公司所发行的债券，以及信用等级高、股息发放稳定的某些股票。

2. 实现资产价值的增长

以实现资产价值增长为目标构建的证券组合注重追求收益最大化。这类组合具有很强的攻击性，一般投资于具有高成长性和很强发展潜力的股票，或者进行风险投资，或者投资于信用等级低但收益高的债券等。

3. 保障自身的流动性

构建这类证券组合是为了保证足够的流动性以适应随时可能发生的资金需求。这类组合通常由短期国债和高信用等级的短期票据组成，特别重视变现的难易程度和风险的大小，因而收益率一般较低。

(二)构建组合

构建组合是证券投资成功的关键。这一环节细分为确定投资范围、分析选择证券、分

散投资风险三个步骤。

1. 确定投资范围

根据已确定的目标,确定哪些类型的证券应当包含在组合中。例如,稳定收入型组合应将投资重点放在风险小、现金流稳定的债券或优先股上。

2. 分析选择证券

确定好投资范围后的下一步工作是进行分析研究,选择合适的时机和具体的证券。传统理论中对证券投资分析的方法为基本分析和技术分析。基本分析方法以价值决定价格作为理论基础,认为金融资产的内在价值等于资产拥有者渴望收到的现金流的折现值。就股票而言,基本分析是对影响公司股价的内外部因素进行剖析,评估每一种证券的优劣,并预测证券价格的未来走势。基本分析包括微观、中观和宏观三个层次。微观分析是对单个或某一类公司进行分析;中观分析是对公司所在的行业进行分析;宏观分析是对影响整个证券市场的因素进行分析。技术分析方法则是以供求决定价格作为理论依据,对证券市场的历史数据(价格、成交量、技术指标、价格组合形态等)进行综合分析。该方法认为已有的市场价格走势可能会历史再现,通过对该股票价格的历史趋势研究后,对未来股价的运动走势进行预测。通过对基本面和技术面的综合分析研究,投资者可以寻找到具有投资价值的股票和最佳的投资时机。

3. 分散投资风险

在做出投资决策并进行一定的证券分析选择出证券之后,投资机构要考虑的是如何将选择的证券进行组合,以分散投资风险,提高收益的稳定性,使证券市场投资组合具有理想的风险和收益特征。传统证券市场投资组合理论在这一阶段主要是描述性的定性分析,分散风险的方式通常有以下几种。

(1) 不同证券种类的组合。利用不同种类证券的价格波动的不一致性分散风险是风险分散的常用方法。

(2) 不同行业的组合。利用不同行业受经济周期影响不同的特点分散风险,或者同时投资于收益高但稳定性差的新兴行业与收益率较低但投资风险小的成熟行业,以利用不同的产品生命周期分散风险。

(3) 不同期限的证券组合。不同期限的证券(债券)收益率相差很大,期限越长,收益率越高,但风险也越大;反之亦然。因此,利用不同期限的证券组合可以分散风险。

(4) 不同市场证券的组合。不同的市场由于受到内部和外部因素的影响程度有差异,市场和证券的波动也有所差异,将不同市场证券进行组合可以分散风险。

(三)效益监控和调整

构建组合后的工作是实施效益监控和调整。在构建了组合之后,如果投资者的投资目标或者证券价格发生变化,使原有的组合不再是最优组合,此时投资者就会考虑买进或卖出原组合中的一些证券,使持有的组合达到最优。但在调整过程中,由于交易成本的原因,对原有组合的变动很可能是无利可图的。定期对证券组合的业绩进行评估是投资组合管理不可或缺的一部分。它既涉及过去一个时期组合管理业绩的评价,也关系到下一个时期组合管理的方向。而且,不仅要考虑投资组合带来的收益率,还要考虑其组合中的风险。

二、传统证券市场投资组合理论评价

传统证券市场投资组合理论说明了基本的投资原则,即收益与风险的平衡,同时通过多样化来分散风险,体现了分散化投资的最原始朴素的思想。但是传统证券市场投资组合理论存在两大弊端:一是对证券的收益和风险仅仅进行简单、定性的分析,依赖非数量化的方法即技术分析和基本分析选择证券和构建组合;二是传统证券市场投资组合理论偏重分析某一投资组合内单个证券的质量,这实质上是孤立和片面的分析,忽略了组合内每个证券在整个证券市场中的位置,也没有定量衡量组合内各证券之间价格波动上的相互影响及其对组合效益的影响。

第三节 现代证券市场投资组合理论

现代证券市场投资组合理论.mp4

现代证券市场投资组合理论主要由马科维茨投资组合理论、资本资产定价模型、套利定价模型、有效市场理论及行为金融理论等组成。它的发展极大地改变了过去主要依赖基本分析的传统投资管理实践,使现代投资管理日益朝着系统化、科学化、组合化的方向发展。本节将对马科维茨投资组合理论进行详细讲述。

1952年,马科维茨在《金融杂志》上发表的题为《投资组合选择》的论文,标志着现代证券市场投资组合理论的开端。投资组合理论将单一证券和证券组合的预期收益和风险加以量化,并证明分散投资可以在保证一定预期收益的情况下最大限度地降低风险。该模型的价值在于其提出了解决投资决策中投资资金在投资对象中的最优化分配问题。

一、马科维茨投资组合理论假设

马科维茨考虑的问题是单期投资问题。投资者拥有一笔资金,从现在起投资于一个特定长的时间(称为持有期),投资者在期初需要决定购买哪些证券及其数量,并持有到期末。投资者要做的是从一系列可能的证券市场投资组合中选择一个最优的证券组合。为了便于分析,马科维茨对投资者和证券市场做出了以下假设。

(1) 投资者仅以投资的未来收益和风险为决策依据,用期望收益率衡量投资的未来收益,用方差(或标准差)来衡量风险。

(2) 投资者是理性的,也是风险厌恶的,也就是说,在任一给定的风险水平下,投资者愿意选择期望收益高的证券;或者在期望收益一定时,投资者愿意选择风险水平较低的证券。

(3) 投资者在一定时期内总是追求期望效用的最大化,而不是期望收益的最大化。也就是说,投资者不仅追求高期望收益,还要考虑风险问题,选择能够带来最大效用的风险和收益组合。

(4) 证券市场是有效的,即证券的价格反映了其内在价值,证券的任何信息都能够迅速被投资者了解,不存在税收和交易成本。

(5) 证券是有风险的,即收益存在不确定性,收益服从正态分布,不同证券的收益之间有一定的相关关系。

(6) 每种证券都是无限可分的，即投资者可以在需要的情况下购买少于一股的股票。

(7) 证券市场允许卖空。

二、单个证券的收益和风险

1. 期望收益

证券的收益一般采用收益率来度量，因此下文中我们对证券的收益和收益率两个概念不做区分。对于收益存在风险的证券，其未来的收益率是一个随机变量。未来收益率作为一个随机变量，在不同的经济条件下将有不同的取值，而经济条件出现的概率不同。因此，把证券收益的不同取值乘以不同经济条件出现的概率，就能够对该证券未来的收益做出估计，这就是期望收益率的含义。用 $E(r)$ 表示期望收益，则其计算公式为

$$E(r) = \sum_{i=1}^{n} p_i r_i$$

式中，r_i 为该证券在第 i 种经济条件下的取值；p_i 为该经济条件出现的概率。

【例 14-1】计算证券 A 的期望收益，如表 14-1 所示。

已知证券 A 在 $i(i=1, 2, \cdots, 5)$ 种经济条件下可能的收益 $r_i(i=1, 2, \cdots, 5)$ 及出现的概率 $p_i(i=1, 2, \cdots, 5)$，请计算 A 的期望收益率。

表 14-1　期望收益

经济条件 i	可能的收益 r_i (%)	概率 p_i (%)	期望收益 $p_i r_i$ (%)
1	0	20	0
2	10	10	1
3	20	40	8
4	30	20	6
5	40	10	4
合计			19

可见，证券 A 的期望收益率为 19%。

2. 期望收益的方差

方差在数学中是反映一个随机变量对于其数学期望的偏离程度。风险从本质上来说就是投资收益偏离期望收益的潜在可能性，因此可以用期望收益的方差作为衡量风险的标准。用 σ^2 表示期望收益的方差，则其计算公式为

$$\sigma^2 = \sum_{i=1}^{n} p_i [r_i - E(r)]^2$$

方差的平方根就是标准差，则其计算公式为

$$\sigma = \sqrt{\sum_{i=1}^{n} p_i [r_i - E(r)]^2}$$

期望收益的方差或标准差越大，说明投资收益偏离期望收益的幅度越大。也就是说，

投资的风险越大。

【例 14-2】 根据例 14-1 中的数据，计算证券 A 的方差和标准差。

解：证券 A 的方差为

$$\sigma^2 = \sum_{i=1}^{n} p_i [r_i - E(r)]^2$$
$$= 20\%(0\%-19\%)^2 + 10\%(10\%-19\%)^2 + 40\%(20\%-19\%)^2 + 20\%(30\%-19\%)^2 + 10\%(40\%-19\%)^2$$
$$= 0.0149$$

证券 A 的标准差为

$$\sigma = \sqrt{0.0149} = 0.386$$

3. 样本收益和方差

在实际中，随机变量发生的概率往往是不可知的，证券未来可能的收益率更是如此，因此需要用历史数据来计算样本收益和方差，同时假设证券收益的分布概率是不变的。

样本收益的计算公式为

$$\bar{r} = \frac{1}{T} \sum_{t=1}^{T} r_i$$

式中，r_i 为历史收益，T 为历史收益的数量。

样本方差的计算公式为

$$\hat{\sigma}^2 = \frac{1}{T-1} \sum_{t=1}^{T} (r_i - \bar{r})^2$$

上式中的分母为 $T-1$，是因为在使用样本平均值作为期望收益的代表时，历史收益的数量损失了 1 个，因此需要在样本数量中减去 1 以得到总体方差的无偏估计。

三、证券组合的收益和方差

1. 证券组合的收益

证券组合的收益 $E(r_p)$ 是组合中所有证券期望收益的简单加权平均，权重为各证券投资占总投资的比例。假设组合中有 n 种证券，其期望收益和权重分别为 $E(r_i)$ 和 w_i，且 $i=1,\cdots,n$，则证券组合收益的计算公式为

$$E(r_p) = \sum_{i=1}^{n} w_i E(r_i), \quad \sum_{i=1}^{n} w_i = 1$$

【例 14-3】 假设某证券组合由某公司债券和股票指数资产组合组成。历史数据显示，债券的收益为 5%，而指数资产组合的期望收益为 12.5%，按照不同的投资比例计算的证券组合收益如表 14-2 所示。

马科维茨在假设中允许市场存在卖空行为，也就是说，投资者可以先从券商等机构借入某种证券，然后按照现行市价卖出，等到以后用低价买回之后再归还证券，从中赚取价差。在投资者出现卖空行为时，投资权重即为负值，但是各种证券的权重之和仍然为 1。在卖空行为中，由于投资者对于证券价格的判断有可能错误，也就是说，证券价格可能在未来不跌反涨，而且上涨的空间是无限的，因此，卖空的损失也是无限的。正因为如此，卖空行为在市场上实际是受到限制的。

表 14-2 投资组合收益示例

证券组合	债券比例	指数资产组合比例	投资组合收益 $E(r_p)$
1	0	1.0	12.5%
2	0.2	0.8	11%
3	0.4	0.6	9.5%
4	0.6	0.4	8%
5	0.8	0.2	6.5%
6	1.0	0	5%

2. 证券组合的方差

证券组合的方差并不是证券方差的加权平均。根据方差的定义,组合的方差应该是组合在不同经济条件下的收益与其期望收益偏离值的平方与各种经济条件发生的概率的乘积之和,其计算公式为

$$\sigma_p^2 = \sum_{i=1}^n p_i[r_{pi} - E(r_p)]^2$$

先看由 A 和 B 两种证券构成的组合情况。

$$\sigma_p^2 = \sum_{i=1}^n p_i[(w_A r_{Ai} + w_B r_{Bi}) - E(w_A r_A + w_B r_B)]^2$$

$$= \sum_{i=1}^n p_i\{(w_A r_{Ai} + w_B r_{Bi}) - [w_A E(r_A) + w_B E(r_B)]^2\}$$

$$= \sum_{i=1}^n p_i\{[w_A(r_{Ai} - E(r_A))] + [w_B(r_{Bi} - E(r_B))]\}^2$$

$$= \sum_{i=1}^n p_i\{[(w_A^2(r_{Ai} - E(r_A))] + [w_B^2(r_{Bi} - E(r_B))]\}^2 + 2w_A w_B [r_{Ai} - E(r_A)][r_{Bi} - E(r_B)]$$

$$= w_A^2 \sum_{i=1}^n p_i[r_{Ai} - E(r_A)]^2 + w_B^2 \sum_{i=1}^n p_i[r_{Bi} - E(r_B)]^2 + 2w_A w_B \sum_{i=1}^n p_i[r_{Ai} - E(r_A)][r_{Bi} - E(r_B)]$$

$$= w_A^2 \sigma_A^2 + w_B^2 \sigma_B^2 + 2w_A w_B \text{cov}(r_A, r_B)$$

推广到 n 种证券的组合,组合方差的计算公式为

$$\sigma_p^2 = \sum_{i=1}^n \sum_{j=1}^n w_i w_j \text{cov}(r_i, r_j)]$$

$$= \sum_{i=1}^n w_i \sigma_i^2 + \sum_{i=1}^n \sum_{j=1, i \neq j}^n w_i w_j \text{cov}(r_i, r_j)]$$

式中,$\text{cov}(r_i, r_j)$ 表示证券 i 和证券 j 的收益之间的协方差,也记为 σ_{ij}。可见,证券组合的方差是证券各自的方差与它们之间协方差的加权平均值。

又因为 $\text{cov}(r_i, r_j) = \rho_{ij}\sigma_i\sigma_j$,也就是两个证券之间的协方差可以用其相关系数和各自标准差之间的乘积表示,所以证券组合的方差的计算公式又可以表示为

$$\sigma_p^2 = \sum_{i=1}^n w_i \sigma_i^2 + \sum_{i=1}^n \sum_{j=1, i \neq j}^n w_i w_j \rho_{ij}\sigma_i\sigma_j$$

因此,相关系数 ρ_{ij} 可以直观地揭示两种证券之间的相关程度。对于两种证券构成的组

合来说，可以看到，在不允许卖空的情况下，ρ_{AB} 的数值越大，σ_p^2 也就越大；ρ_{AB} 的数值越小，σ_p^2 的数值也就越小。也就是说，证券之间的相关程度越高，组合的风险就越高；反之，证券之间的相关程度越低，组合的风险就越低。因此，选择互不相关或负相关的证券能够显著降低组合风险。

四、最小方差投资组合和最优投资组合

由投资组合理论对投资者理性和风险厌恶的假设可知，投资者选择的投资组合必须满足以下条件之一。

(1) 在期望收益水平 $E(r_p)$ 一定时，求使组合风险 σ_p^2 最小的 w_i ($i=1,\cdots,n$)。

(2) 在风险水平 σ_p^2 一定时，求使期望收益 $E(r_p)$ 最大的 w_i ($i=1,\cdots,n$)。

上述两个条件实际上是等价的。对最小方差投资组合的权重 w_i ($i=1,\cdots,n$) 的求解是一个最优化问题，其计算公式可以表示为

$$\min \sigma_p^2, \quad \text{s.t.} \quad E(r_p)=\mu, \quad \sum_{i=1}^{n} w_i = 1$$

通过最优化问题的求解，在每一个给定的期望收益水平上，都可以求得一个方差最小的投资组合。可以在由期望收益和风险组成的 (μ, σ^2) 平面上绘出所有最小方差投资组合的图形，这一图形一般是一条抛物线，如图 14-1 所示。

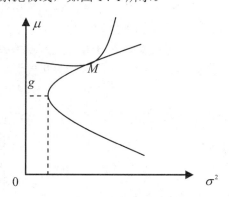

图 14-1 最小方差投资组合

如图 14-1 所示，抛物线的顶点 g 代表所有投资组合中全局方差最小的组合。对于 g 顶点以上抛物线上的点所代表的组合而言，g 顶点以下的抛物线区域中的组合是方差相同而期望收益较小的组合，理性的投资者不会选择这样的组合。因此，将 g 顶点以上抛物线上的点所代表的组合称为有效组合，也就是投资者实际会选择的组合，所有有效组合的集合称为有效前沿(Efficient Frontier)。

投资者在有效前沿上选择哪个点，也就是具体选择哪个投资组合，取决于其效用函数 $E(U)=f[E(r),\sigma^2]$。期望效用函数在图形上可以表示为一系列无差异曲线，同一条无差异曲线上的每一个组合对于投资者来说效用都是一样的，但是不同的无差异曲线代表不同的效用水平，位置越靠左上的曲线代表的效用水平越高。投资者的最优投资组合就是无差异

曲线和有效前沿的切点，这一点所代表的投资组合是给投资者带来最大效用的投资组合，如图 14-1 中的点 M。

五、马科维茨投资组合理论小结

在马科维茨投资组合理论中，证券投资过程可以分为四个阶段。第一阶段，投资者首先应考虑各种可能的证券组合。第二阶段，计算这些证券组合的收益率、协方差、方差。第三阶段，通过比较收益率和方差决定有效组合。第四阶段，利用无差异曲线与有效前沿的切点确定最优组合的选择。马科维茨投资组合理论将投资组合的收益和风险进行量化分析，并建立了对有效投资组合的最优化求解的分析框架，改变了过去传统证券市场投资组合理论仅依赖于定性分析的历史，开创了现代证券市场投资组合理论，也被认为是现代金融理论的起源。

但是，马科维茨投资组合理论也存在一些缺陷。例如，马科维茨投资组合理论的一项明显缺陷在于其在计算方差和协方差的时候只能使用历史数据，这将给计算引入误差。另一方面，证券收益之间的协方差的计算是这一理论的核心，对于 N 个证券，需要计算 N 个方差和 $N(N-1)/2$ 个协方差。当证券数目较多时，比如 100 个，则需要计算 100 个方差和 4950 个协方差，增加一项证券之后则又要再计算一项方差和多个协方差，计算量较大，而且容易将注意力过多地放在证券的相关关系上，而忽视证券的个性。针对这一问题，1963 年，马科维茨的学生威廉·夏普提出简化的基于回归分析的单因素模型。单因素模型假设影响证券价格波动的主要因素是市场总体价格水平，证券价格波动之间的相关关系可以通过各证券与市场总体价格水平这一共同因素之间的相互关系反映出来，因此只需要计算各证券与市场之间的相关关系，而不需要计算各证券之间的相关关系。单因素模型可以在很大程度上减少组合分析数据类型和数量的输入并减少大量的计算程序，极大地推动了投资组合理论的实际运用。

【拓展阅读 14.3】资本资产定价模型、套利定价模型请扫描下方二维码。

资本资产定价模型

套利定价模型

第四节　现代证券市场投资组合理论的应用

现代证券市场投资组合理论的应用.mp4

一、现代证券市场投资组合理论应用概述

马科维茨在 1952 年提出的投资组合理论开了金融数理分析的先河，是现代金融的一个重要理论基础。但马科维茨的投资组合理论存在着计算量过大和依赖历史数据的缺陷，这些缺陷的存在制约了马科维茨投资组合理论在实际中的应用，也使许多经济学家开始探索对这一理论在实际中的简化运用形式。资本资产定价模型就是在这一背景下应运而生的。CAPM 阐述了在投资者都采用马科维茨理论进行投资管理的条件下市场均衡状态的形成，

第十四章 证券市场投资组合理论

用一个简单的线性关系表达了资产的期望收益与风险之间的理论关系,从而极大简化了投资组合选择的运算过程,使马科维茨理论在现实中的运用向前迈进了一大步,也使证券理论从以往的定性分析转入定量分析,对证券投资理论的研究和实际操作甚至整个金融理论与实践的发展都产生了重要影响,与马科维茨理论一起成为现代金融的理论基础。

CAPM 的早期检验结果是支持模型的,而且其对收益与风险关系的描述简单且符合逻辑,这使 CAPM 在其推出的十几年之内受到了职业资产组合管理者的青睐,尤其是贝塔系数更成为组合投资的关键变量。从理论上来说,CAPM 至少可以被用于以下用途。

1. 资产估值

根据 CAPM 模型,可以在已知市场组合的期望收益和证券的贝塔系数之后计算出资产的期望收益,这一收益是资产的均衡价格,即市场处于均衡状态时的价格,这一价格与资产的内在价值是一致的。但市场均衡毕竟是相对的,在竞争因素的推动下,市场永远处于由不均衡向均衡转化再到均衡被打破的过程中。因此,在实际中,资产收益往往并非均衡收益。如果相信用 CAPM 计算出来的期望收益是均衡状态下的收益,就可以将其与实际资产收益相比较,发现价值被暂时性高估或低估的资产,然后根据低价买入、高价卖出的原则指导投资行为。

2. 资产配置

CAPM 的思想在主动的资产组合管理和被动的资产组合管理中都可以运用。在被动的资产组合管理中,投资者可以按照自己的风险偏好,选择一种或几种无风险资产和一种风险资产的市场组合进行资产配置,只要投资者的风险偏好不变,资产组合就可以不变。在主动的资产组合管理中,投资者可以利用 CAPM 理论预测市场走势和计算资产的贝塔系数,从而可以根据市场走势调整资产组合。例如,当预测到市场价格将呈上升趋势即将进入牛市时,主动性投资者将在保持无风险资产和风险资产比例的情况下,增加高贝塔系数的资产持有量,这些高贝塔系数的证券或组合将有效地放大市场收益率;反之,如果预测熊市即将来临时,则增加低贝塔系数的资产持有量。此外,风险资产获得的风险补偿取决于贝塔系数,因此贝塔系数在 CAPM 模型中是一个衡量市场风险的标准,而证券市场线也为评估投资业绩提供了一个基准,即对于一项投资,若以贝塔系数测度其投资风险,根据证券市场线就能得出投资人为补偿风险所要求的期望收益率以及货币的时间价值。

套利定价理论在资产组合管理中应用的领域与 CAPM 相似,只是具体的决策依据和思路因模型的不同而有差异。在被动型的组合管理中,投资者可以在已确定因素的情况下,建立一个最佳风险组合的资产组合。这种策略可以充分利用不同类型资产对不同因素变动具有不同敏感度的特点,因此对于只包含几种不同资产类型的大型资产组合比较合适。在主动型的组合管理中,可以利用对因素非预期波动的挖掘,判断资产价值是高估还是低估,在此基础上选择资产构建组合。

二、现代证券市场投资组合理论在金融实证研究和实践中的应用

(一)市场有效性检验

法玛于 1970 年给出了有效市场的严格定义。所谓有效市场,是指市场价格总是充分反

映了所有可获得的信息。在有效市场上,投资者通过技术分析和基本分析后采取积极的投资策略,在调整了风险和交易成本后并不能因此获得更高的收益。法玛将有效市场分为三种类型:弱式有效市场,即股票价格中已经反映了所有历史信息;半强式有效市场,即股票价格中已经反映了所有公开信息;强式有效市场,即股票价格中已经反映了所有可得的信息,包括公开信息和不公开的内幕信息。市场有效性的检验是要研究是否有可能获得超额收益。超额收益被定义为一项投资策略的实际收益率与期望收益率的差额。在实证检验中,期望收益率就是通过定价模型如资本资产定价模型进行预测的。

(二)证券组合选择

在投资决策过程中,当投资者确定了投资对象后最关心的是如何在投资对象之间进行资金分配,以求在一定收益下风险最小。现代证券市场投资组合理论能够满足投资者在这方面的需求,向他们提供最小方差投资组合。不仅如此,该理论还能向投资者提供有效组合,即有效前沿。

确定有效前沿的目的是更直观地认识投资的风险和收益属性。画出有效前沿后,投资者可以从一张图上迅速知道在某一收益水平上的最小风险,同时也可以知道在一定的风险水平上的最大收益值。利用引进无风险收益(作为参数)的计算方法可以调整无风险收益的值,从而确定有效前沿。

(三)证券业绩预测

多因素模型确立了投资预期收益与各种因素之间的相互关系。因此,利用该模型可以预测证券的投资收益。

预测证券投资收益的一种方法是利用时间序列回归。根据证券的收益和影响因素在时间序列上的一一对应关系进行回归为时间序列回归法。为了保障这种回归方法的质量,需要考虑两个重要因素。一是采样结果必须在时间上一一对应,二是采样数必须足够大。法玛(Fama)和弗雷什(Fresh)使用时间序列方法确定能够解释股票和债券回报率的因素。他们的研究发现,股票的月回报率与三个因素有关,分别是市场因素($r_{mt} - r_{ft}$)、规模因素(SMB_t)和账面-市场权益因素(HML_t)。他们给出的因素模型的方程式为

$$r_{it} - r_{ft} = a_i + b_{i1}(r_{mt} - r_{ft}) + b_{i2}SMB_t + b_{i3}HML_t + e_{it}$$

预测证券投资收益的另一种方法是横截面回归。横截面回归没有序列法那么直观,但也是一个强有力的工具。模型建立者从估计证券对某些因素的敏感性入手,继而在某一特定时期根据证券的回报率和他们对因素的敏感性来估计因素的值。当研究人员发现在某一特定时间内大多数股票的收益与某些特征相关时,就采用横截面回归法。例如,当发现某一段时间内股票的价格和红利与规模相关时,可建立一般性方程:$r_{it} = b_{i1}F_{1t} + b_{i2}F_{2t} + e_{it}$。该方程是已知$b_{it}$估计$F_{it}$,在得到$F_{it}$的估计值之后,可以将股票的红利大小和股本规模代入该式,就可以计算该股的期望收益。

(四)证券定价

1938年,美国投资理论家约翰•伯尔•威廉斯(John Burr Williams)在其发表的《投资价

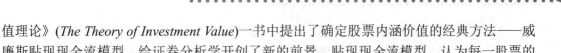

值理论》(*The Theory of Investment Value*)一书中提出了确定股票内涵价值的经典方法——威廉斯贴现现金流模型,给证券分析学开创了新的前景。贴现现金流模型,认为每一股票的价格应等同于该股票持有者预计能得到的现金流现值,其计算公式为

$$P_0 = \sum_{t=1}^{T} \frac{D_t}{(1+r)^t} + \frac{P_T}{(1+r)^T}$$

式中,P_0 为当前价格;P_T 为第 T 期的价格;D_t 为第 t 时期的股息;r 为投资者期望的最低回报率,或称贴现率。

从上式可看出,贴现率实质上是股票的期望收益率。因此,精确地确定贴现率的值对确定股票的价格至关重要。建立资本资产定价模型的一个重要目的是确定这样一个 r 值。这也是为什么资本市场线和证券市场线被称为资本资产定价的缘由。

股票 i 在某一段时期内的期望收益的计算公式为

$$E(r_i) = \frac{E(P_T) + D_T}{P_0} - 1$$

根据 CAPM 可知:$\frac{E(P_T) + D_T}{P_0} = 1 + r_f + [E(r_M) - r_f]\beta_i$

因此根据 CAPM 可以确定证券当前的均衡价格的计算公式为

$$P_0 = \frac{E(P_T) + D_T}{1 + r_f + [E(r_M) - r_f]\beta_i}$$

很明显,风险越高的股票的内在价值越低。因此,上式通常被称为风险调整贴现公式。应当说,利用风险调整后的贴现率计算股票的内在价值精确度更高。另外,可以将股票的实际价格和均衡价格相比较,从而发现市场上错误定价的股票。

(五)风险控制

金融和投资决策风险的控制是人类社会普遍关注的问题。风险控制包括几个方面的内容:一是识别风险的来源;二是了解风险的大小以及发生的概率;三是决策最优化(组合的选择、资金投资规模、资金分配比例、债务杠杆比例等)。本章中的现代证券市场投资组合理论的各种模型对风险控制都有重大的贡献。马科维茨模型和在其基础上发展的简化单指数模型在风险测量和风险分散上具有很强的指导作用。在金融领域的风险控制实务运作中,使用频率最高的模型是多因素模型。多因素模型的敏感性分析是风险测量的基础模块,是进行对冲操作的基础。多因素模型不但指明了风险的来源,同时可以根据组合因素的敏感度(其值等于投资组合中所含股票对于该要素敏感度的加权平均)的大小了解最大的风险来自哪一个因素。基金管理人或基金投资者可以据此调整或追踪这一因素,从而起到风险控制的效果。

利用多因素模型进行风险分析主要有以下几个步骤。

(1) 寻找影响证券价格或收益变化的主要因素。影响证券价格变化的因素很多,可分为三大类:上市公司基本面因素、市场因素和宏观因素。研究人员需要进行综合分析,列出影响因素表,进行下面的敏感性分析。

(2) 估计因素的敏感度 b_i(又称风险敞口)。通常采用多元线性回归(时间、横截面回归)的方法确定因素的敏感度,并在此基础上计算组合的因素敏感度。

(3) 预测后期因素的变化。由于某一因素的敏感度代表了该因素对证券价格变化的影响程度，当组合的敏感度确立后，管理者就可以了解该组合中各个因素的风险大小。通过比较后，管理者就会发现风险的真正来源(敏感度较大的因素)，并进行重点分析、预测和追踪。

(4) 制定相应的预防措施。当管理者发现组合的风险敞口与自己的投资风格不相符时，可以调整组合中某些个股的投资比例，以降低投资风险。另外，管理者可以对风险敞口较大的因素，设计一些预防未来可能出现的变化措施。

以上分析方法在金融市场风险测量的总体框架中称为敏感性分析法。该分析法在风险度量方面与马科维茨模型一样，是以方差测量风险。但是，方差的计算中对于正负离差值不作区别，而投资者一般认为出现负离差时才可称为风险，因此，方差这种在度量风险时对正离差和负离差的平等处理不能完全客观地反映投资者对风险的真实感受。为此，许多研究人员和实际操纵者做了大量的研究和尝试。其中最具代表性并形成成熟理论体系的在金融界得到广泛应用的在险价值(Value at Risk，VaR)方法。VaR 是指在一定置信水平下，市场波动导致整个资产或组合在未来某个时期内可能出现的最大损失值。它可以简单清晰地表示金融资产头寸的市场风险，因此得到了广泛认可。巴塞尔委员会也利用 VaR 模型所估计的市场风险来确定银行以及其他金融机构的资本充足率。

(六)基金(组合)业绩评估

1. 基金业绩评估的核心内容

基金业绩评估就是对基金投资效果进行统计、分析和评价，是经济管理中的重要环节。基金业绩评估分为外部评估和内部评估。外部评估包括会计师事务所出具的基金的资产负债表、收益表等会计报告，以及一些评估机构对基金管理的评估，评估内容包括收益率、风险水平、波动性、成本等，并根据同类基金的绩效进行排名。内部评估是指基金管理过程中的内部审核和评估，包括对各个投资经理的评估和基金整体评估。总之，基金业绩评估中的核心部分包括三个方面：收益水平、风险水平和成本，现将这三个指标简述如下。

1) 基金的收益水平

评估基金收益的指标有净资产值(又称基金净值)和收益率，计算公式分别为

$$净资产值 = \frac{基金拥有的全部净资产价值 - 负债}{(尚未收回的)基金单位总数}$$

$$收益率 = \frac{期末净资产值 - 期初净资产值}{期初净资产值} \times 100\%$$

2) 基金的风险水平

基金的风险取决于两个方面：一是基金资产的分散程度；二是基金目标市场的风险水平。风险度量通常用 β 表示，其计算公式为

$$\beta_p = \frac{\text{cov}(r_p, r_m)}{\sigma_m^2}$$

3) 基金成本

基金成本是基金管理过程中发生的费用，在外部评估中通常使用成本比率衡量，其计算公式为

第十四章 证券市场投资组合理论

$$成本比率 = \frac{经营费用}{资产净值} \times 100\%$$

2. 基金业绩评估定量指标

从表面看,对基金业绩评价的标准很简单:收益水平越高的组合便是越优秀的组合。但是如果某拙劣的组合管理建立了一个高风险组合,并且恰好市场处于牛市之中,该组合为其带来了很高的风险补偿,那么,是否可以认为该组合是个很好的组合,该管理者是个高水平的管理人呢?答案是否定的。因为一旦市场转入熊市,该组合必将大受损失,而且亏损额甚至可能超过其在牛市中赚的钱。因此,为评价证券投资基金的投资业绩,需要从两个方面进行评价,即同时评价报酬率和与这些报酬相关的风险水平。而资本资产定价模型所建立的风险收益均衡原理则为上述的证券组合收益评价提供了途径。基于 CAPM 框架对基金证券组合业绩评价主要有三种定量测定法:夏普指数、詹森指数、特雷诺指数。

1) 夏普指数

夏普指数的计算公式为

$$夏普指数 = \frac{r_p - r_f}{\sigma_p}$$

1990 年度诺贝尔经济学奖得主威廉·夏普以 CAPM 为出发点发展了夏普比率(Sharpe Ratio),又被称为夏普指数,用以衡量金融资产的绩效表现。夏普指数的思想实际上非常朴素,简单来说,就是在获得同样收益的情况下,投资者承受风险的情况。例如,两只同类基金的同期业绩表现相近,累计净值增长率都是 50%,而一只基金表现大起大落,另外一只稳步攀升、波动较小。理性的投资者会选择后者来规避波动的风险。夏普比率的核心思想是,理性的投资者将选择并持有有效的投资组合,即那些在给定的风险水平下使期望回报最大化的投资组合,或那些在给定期望回报率的水平上使风险最小化的投资组合。他认为投资者在建立有风险的投资组合时,至少应该要求投资回报达到无风险投资的回报,或者更多。因此,夏普指数越高越好。

2) 詹森指数

詹森指数的计算公式为

$$詹森指数 = r_p - [r_f + \beta_p(r_m - r_f)]$$

1968 年,美国经济学家迈克尔·詹森(Michael C. Jensen)发表了《1945—1964 年间共同基金的业绩》一文,提出了这个以 CAPM 为基础的业绩衡量指标——詹森指数。通过比较考察期基金收益率与由 CAPM 得出的预期收益率之差,来评估基金的业绩优于基准的程度,即基金的实际收益超过它所承受风险对应的预期收益的部分,此差额部分就是与基金经理业绩直接相关的收益。詹森指数所代表的就是基金业绩中超过市场基准组合所获得的超额收益。即詹森指数>0,表明基金的业绩表现优于市场基准组合,大得越多,业绩越好;反之,如果詹森指数< 0,则表明其绩效不好。投资者可以参考詹森指数,来对基金投资的期望收益与证券市场的期望收益进行比较。投资基金可能在某一段时期收益是一个负值,但这并不表示这个基金不好。只要在这一阶段詹森指数为正,尽管基金的收益是一个负值,我们还是可以认为这个基金是一个优秀的开放式基金;相反,即使某一段时期投资者所购买的开放式基金有显著的现金收益,但如果它的詹森指数是一个负值,那么就表示投资者

所购买的开放式基金是一个劣质的开放式基金,因为别的投资者每 100 元能赚 20 元,而这个基金管理人只能帮投资者赚 10 元,投资者应当考虑重新选择新的基金。

3) 特雷诺指数

特雷诺指数的计算公式为

$$特雷诺指数 = \frac{r_p - r_f}{\beta_p}$$

杰克·特雷诺(Jack Treynor)认为,基金管理者通过投资组合应消除所有的非系统性风险,因此特雷诺用单位系统性风险(而不是夏普比率中使用的总风险)系数所获得的超额收益率来衡量投资基金的业绩。特雷诺指数衡量的是组合每单位系统风险所带来的超过无风险利率的超额收益率。特雷诺指数以基金收益的系统风险作为基金绩效调整的因子,反映基金承担单位系统风险所获得的超额收益。该指数数值越大,承担单位系统风险所获得的超额收益越高,基金的表现就越好;反之,基金的表现越差。

本 章 小 结

本章介绍了证券市场投资组合的含义、类型、意义和特点;证券组合管理的方法和步骤;传统证券市场投资组合理论;现代证券市场投资组合理论,包括马科维茨投资组合理论、资本资产定价模型、套利定价模型;现代证券市场投资组合理论在金融实证研究和实践中的应用等内容。

第十四章自测题请扫描右侧二维码。

第五篇　证券市场发展成就篇

第十五章　上海证券交易所市场发展状况

【学习目标】

通过本章的学习，读者应了解上海证券交易所(以下简称"上交所")市场的发展现状和成就；了解上交所市场的构成、主要交易品种以及市场总貌；了解上交所市场总体规模、投资者情况和市场活跃度情况；了解上交所上市公司数量及市值的行业分布和区域分布情况。

【案例导读】具体内容请扫描右侧二维码。

第一节　上海证券交易所市场构成与主要交易品种

上海证券交易所市场构成与主要交易品种.mp4

从 1990 年到 2023 年，上交所从最初的 8 只股票、22 只债券，发展为拥有 2 263 家上市公司、2 302 只股票、46.31 万亿元股票市值的股票市场，拥有 3.01 万只债券现货、托管量达 17 万亿元的债券市场，拥有 ETF、LOF、基础设施公募 REITs 等 687 只产品的基金市场，以及拥有上证 50ETF 期权的衍生品市场。近年来，股票市场持续壮大，股票衍生品市场初步建立，债券市场渐进发展，基金市场稳步推进。上交所已初步形成了覆盖股票、债券、基金、金融衍生品的产品体系，成为跨期现市场的综合性交易所市场。

一、股票市场

1990 年 11 月 26 日，经中国人民银行批准，上交所宣告成立，并于 12 月 19 日正式开业，标志着我国股票集中交易市场的正式建立。初创时期的上交所具有明显的地域特征，上市证券以本地公司股票为主，上市数量和交易规模都很小。上交所开业当天上市股票仅 7 只[包括延中实业(600601)、真空电子(600602)、飞乐音响(600651)、爱使股份(600652)、申华实业(600653)、飞乐股份(600654)、浙江凤凰(600656)]，加上后来上市的豫园商场(600655)，这 8 只股票被称为上海"老八股"。成立之后的上交所很快进入了发展的快车道，市场规模不断扩大，市场辐射面也从本地很快扩展至全国，但在 2019 年以前仍保留单一主板市场的结构。2019 年 1 月 23 日，中央全面深化改革委员会第六次会议审议通过《在上海证券交易所设立科创板并试点注册制总体实施方案》《关于在上海证券交易所设立科创板并试点注册制的实施意见》。2019 年 7 月 22 日，首批 25 家公司在上交所科创板市场挂牌上市，标志着酝酿多年的股票发行注册制落地。至此，经过近30年的建设，上交所股票市场形成了包括主板和科创板的多层次格局。

(一)主板市场

上交所主板是一个综合性的板块，该板块形成于上交所成立之时。主板市场覆盖了我国实体经济的所有行业，定位为"大盘蓝筹"，重点支持业务模式成熟、经营业绩稳定、规模较大、具有行业代表性的优质企业。截至2023年12月31日，主板市场共有1736家上市公司，总市值为40.15万亿元。这些上市公司以大型、特大型企业为主，金融类、资源类、制造业类的上市公司占据了大多数，且在总市值、营业收入、总资产、净资产、总利润、净利润等市场指标方面都成为主板公司的主力。此外，主板市场还包括B股(人民币特种股票)市场，它是在我国外汇短缺和人民币不能自由兑换的背景下，为了吸引国际资本进入中国市场，由上交所于1991年年底推出的。截至2023年12月31日，上交所共有44只B股，总市值为816.91亿元。总体上看，沪市主板上市公司已经成为资本市场和国家经济建设的主要力量。

(二)科创板市场

科创板是独立于现有主板市场的新设板块，并在该板块内进行注册制试点。2019年6月13日，科创板正式开板。与主板不同，科创板的服务范围主要是科技创新型企业，坚持面向世界科技前沿、面向经济主战场、面向国家重大需求，主要服务于符合国家战略、突破关键核心技术、市场认可度高的科技创新企业。重点支持新一代信息技术、高端装备、新材料、新能源、节能环保以及生物医药等高新技术产业和战略性新兴产业，推动互联网、大数据、云计算、人工智能和制造业深度融合，引领中高端消费，推动质量变革、效率变革、动力变革。科创板根据板块定位和科创企业特点，设置多元包容的上市条件，允许符合科创板定位但尚未盈利或存在累计未弥补亏损的企业在科创板上市，允许符合相关要求的特殊股权结构企业和红筹企业在科创板上市。科创板相应设置投资者适当性要求，以防控好各种风险。截至2023年12月31日，科创板市场共有566家上市公司，总市值为6.06万亿元。

科创板的另一个显著特点是试点了注册制，开了我国资本市场的先河。在科创板试点注册制，合理制定科创板股票发行条件和全面深入精准信息的披露规则体系。中国证监会和上交所在发行人股票发行注册中各司其职，上交所负责科创板发行上市审核，中国证监会负责科创板股票发行注册。中国证监会加强对上交所审核工作的监督，并强化新股发行上市事前、事中、事后全过程监管。注册制改革让市场发挥资源配置的决定性作用，什么样的企业可以上市、以什么样的价格上市，都由市场来决定。同时，注册制改革适应了资本市场发展的实质性要求，体现了市场是资源配置的决定性力量这一基本规律，意味着中国资本市场迈入了市场化时代。

二、债券市场

上交所债券市场与股票市场同日诞生，历经多年稳步发展，始终坚持深化改革创新，坚持服务实体经济，坚持践行国家战略，已成为政府和企业直接融资的主要场所，是我国债券市场的重要组成部分。截至 2023 年 12 月 31 日，上交所债券托管量已突破 17.07 万亿元，全年债券交易量达 43.98 万亿元。上交所债券市场凝聚了银行、保险、证券公司、基金公司、QFII、RQFII、个人等投资者群体，形成了匹配成交、点击成交、询价成交、竞买成交、协商成交等交易方式，推出了国债、地方政府债、政策性金融债、铁道债、公司债、可转债、可交换债、债券回购等交易品种。上交所债券市场是中国债券市场的重要组成部分，是资本市场大力提高直接融资比重的重要抓手，已成为经济高质量发展的助推器、防范化解金融风险的重要堡垒以及金融对外开放的重要阵地。

三、基金市场

自 2004 年第一只 ETF 产品上证 50ETF 在上交所上市以来，场内指数基金市场高速发展。在此期间，上交所不断丰富指数产品体系，推动基金行业的创新发展，在吸引中长期资金，推进高质量发展彰显投资价值方面取得了积极的成绩。截至 2023 年年底，上交所共有基金 687 只，全年基金成交量达 21.75 万亿元。上交所基金市场的产品体系包括 ETF、LOF、基础设施公募 REITs 等品种。其中 ETF 市场总市值达 1.55 万亿元，共有 539 只产品。沪市宽基的 ETF 持续吸金，沪深 300、科创 500 指数等产品规模超过 2 000 亿元，成为中长期资金配置资本市场的一个重要工具，在居民财富管理、服务实体经济方面发挥了重要作用。与此同时，上交所基金市场保持着较高的活跃度，2023 年全年成交约 21.66 万亿元，居亚洲第一。持有 ETF 账户数超过 600 万户，投资者数量近 5 年来的年化增长率超过 60%，初步形成健康有序、充满活力的基金市场。

四、衍生品市场

2015 年 2 月 9 日，上证 50ETF 期权上市仪式在上海举行，我国资本市场首个股票期权产品正式推出。上证 50ETF 期权在上交所上市交易，开启了我国期权市场发展的序幕，这也是我国资本市场的第一个上市期权品种，填补了我国证券交易所的期权产品空白。2023 年 6 月 5 日，经中国证监会批准，上交所科创 50ETF 期权在上交所上市交易。科创 50ETF 期权是全面注册制背景下首次推出的股票期权新品种，是科创板首只金融衍生品，也是我国首只挂钩科创 50 指数的场内期权品种。目前，上交所衍生品市场交易品种包括上证 50ETF、科创 50ETF 等 5 只股票期权产品。上交所挂牌的股票期权合约为上交所统一制定的、规定买方有权在将来特定时间以特定价格买入或者卖出约定股票或者跟踪股票指数的 ETF 等标的物的标准化合约。作为一种金融衍生品，期权具有多达数十种交易策略，可以应对多种不同的市场走势和风险管理对冲与避险的需要。截至 2023 年年末，上交所期权市场成交量保持着快速增长的趋势，日均权利金成交额超过 18 亿元，账户数超过 63 万户，已经发展成一个非常活跃的场内期权市场。

第二节　上海证券交易所市场规模

上海证券交易所
市场分布情况.mp4

一、上市公司数量和市值

上市公司是证券市场的基石。30 年来，上交所市场规模扩张惊人，上市公司数量已从最初的"老八股"增长至 2023 年年底的 2 263 家，平均每年新上市约 68 家。上交所市场以比一些成熟资本市场快数倍的速度经历了萌芽、起步、发展阶段，为一批又一批的中国企业提供了筹集资金的平台，帮助公司转换经营机制、建立现代企业制度，也为投资者开拓了投资渠道，扩大了投资的选择范围，并提供了实现财富增长的可能性。

截至 2023 年 12 月 31 日，上交所总市值为 46.31 万亿元，与 2002 年 12 月 31 日 2.53 万亿元的市场规模相比，增加了近 17 倍多；上市公司数量达到 2 263 家，接近 2002 年的 3 倍。在 2005 年股权分置改革前，上交所上市公司总市值增长十分缓慢，且流通市值占总市值的比重较低，很长一段时间内保持在 30%以内；股权分置改革后，上交所市场流通市值占比显著增加，虽然不能接近总市值的 100%，主要是受限售股暂不流通的影响，但已经与股权分置改革前存在严重制度缺陷的股权分置状态有根本性的差异。与此同时，上市公司总市值迅速上升，中间虽受到 2008 年金融危机、2015 年股市危机等影响，经历过几次较大幅度的调整，但从整体上仍保持快速增长的态势，与上市公司数量增加的趋势基本保持一致(见图 15-1)。

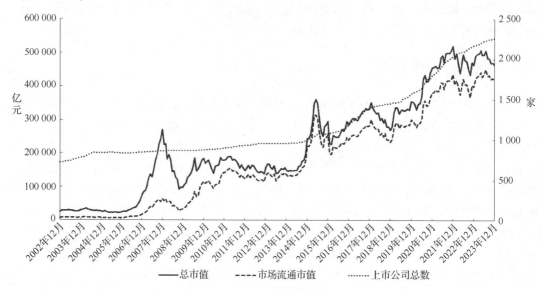

图 15-1　2002—2023 年上交所总市值、市场流通市值和上市公司总数变化情况

(资料来源：同花顺 iFinD 金融数据终端.)

二、募资规模

自成立以来，上交所市场累计实现股权融资规模超过 10 万亿元，其中 IPO 和再融资规模占主要地位。从历年 IPO 融资规模和家数来看,上交所发行市场的发展较不稳定,走走停停。据统计,上交所历史上共经历了 9 次 IPO 暂停,每次暂停时间短则 3 个月,长则 15 个月,最后一次暂停是 2015 年 7—11 月。股权分置改革前,每年 IPO 和再发的募资规模及家数一直保持在较低水平,且 IPO 募资规模和家数长期高于再发的募资情况。股权分置改革后,IPO 募资规模和家数受政策变化影响较大,波动较大,再发的募资规模和家数整体上呈现上升趋势。特别是自 2011 年开始,企业上市后再融资规模明显增加,每年再发的募资规模和家数基本上都要明显高于 IPO 募资规模和家数,占据了市场股权融资的首要地位(见图 15-2)。

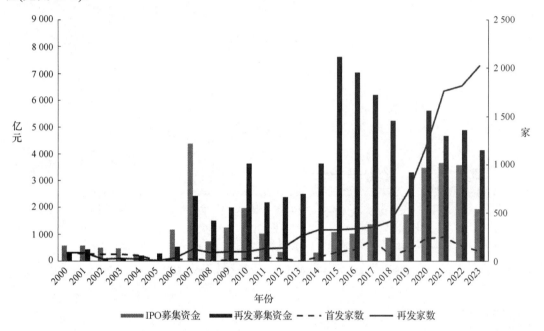

图 15-2 2000—2023 年上交所市场 IPO 募资规模和家数与再发的募资规模和家数变化情况

(资料来源:同花顺 iFinD 金融数据终端.)

第三节 上海证券交易所投资者情况

经过 30 多年的发展,上交所市场投资者数量不断增加,并初步形成了多元化的格局。除了个人投资者外,机构投资者队伍日益壮大,包括证券投资基金、保险公司、社保基金、养老金、企业年金、证券公司、信托公司等,以及境外投资主体[合格境外机构投资者(QFII)、人民币合格境外机构投资者(RQFII)、沪港通]。以下主要从投资者开户数量和投资者结构来介绍上交所市场的投资者情况。

一、投资者开户数量

自上交所成立以来,证券投资者开户总数从最初的 423.5 万户迅速增加至近 3.2 亿户,其中个人投资者数量占据主要地位,长期保持在 99%以上。每年新增投资者开户以个人投资者开户为主,经历了两次较大幅度的快速增长阶段,分别是 2006 年和 2014 年两次股市突破历史最高点位的牛市阶段,其巨大的财富效应点燃了全国人民的热情。新增开户数在2015年股市危机后迅速下降,随后每年新增开户数在2 500万户上下波动,而机构投资者每年新增开户数量维持在6万~8万户。考虑到个人投资者中仅有10%~20%的用户处于活跃状态,估计市场上有2000万~3000万活跃的个人投资者,在投资者构成中占据绝对主力地位,说明普通居民对财富增长的需求十分强烈,而机构投资者则以较小的基数持有市场中一半左右的股票,成为市场投资的重要力量(见图15-3)。

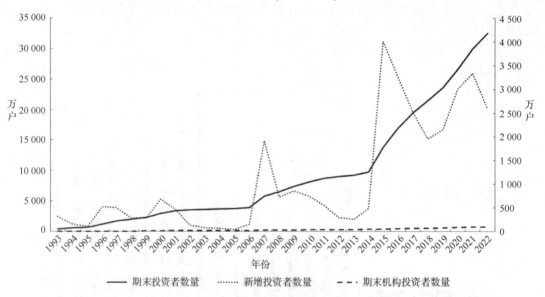

图15-3　1993—2022年上交所证券开户期末投资者数量(左轴)与新增投资者数量(右轴)变化情况

(资料来源:历年《上海证券交易所统计年鉴》.)

二、投资者结构

近10年来,上交所市场各类投资者持股市值结构处于相对稳定状态,各类投资者数量稳步增长。截至2022年年末,自然人投资者账户共3.25亿户,机构投资者账户共101.3万户,其中自然人投资者持股市值占比为23.19%。机构投资者包括一般法人和专业机构投资者。一般法人是指具有产业资本属性的法人单位,包括一般法人团体和非金融类上市公司。该类投资者主要是持有企业IPO之前股份的法人单位,往往是上市公司的控制人等大股东,是股票市场中最大的投资者。2022年年末,上交所一般法人投资者持股市值占比为55.12%。专业机构投资者可分为境内机构投资者和境外机构投资者。境内机构投资者包括公募基金、私募基金、各类证券机构资管计划、基金专户等,这部分投资者持股市值占比自2014年以后逐年扩大,截至2022年年底,境内机构投资者持股市值占比为19.01%;而境外机构投资者包括QFII、RQFII和通过沪港通渠道进入上交所市场的境外投资者,其中沪港通是外资进入上交所市场的主要渠道,其持股市值占比保持快速稳定增长的势头,从2014年年末的0.39%稳步上升到2020年的3.34%,近几年受到美元强周期的影响有所回落,到2022年年底下降至2.68%。截至2022年年底,上交所专业机构投资者持股市值占比为21.69%。

总的来看,上交所市场各类机构投资者(包括自然人法人)持股市值总和保持稳定增长,到 2022 年年底达 35.56 万亿元，占总市值的比重保持在 75%左右(见图 15-4)。一般来说，机构投资者较自然人投资者具有更专业的分析、投资和风险管理能力，因此机构投资者主导的证券市场相对更加理性，且具有更强的市场有效性，资产价格的形成机制也更加完善。从上交所市场 30 多年的发展历程可以看出，一方面，市场参与者总量不断增加；另一方面，投资者构成趋于复杂，机构持股比重大幅增加，境外投资者投资规模逐渐扩大，这是维持市场健康发展的必然要求，也是市场长期发展的必然趋势。

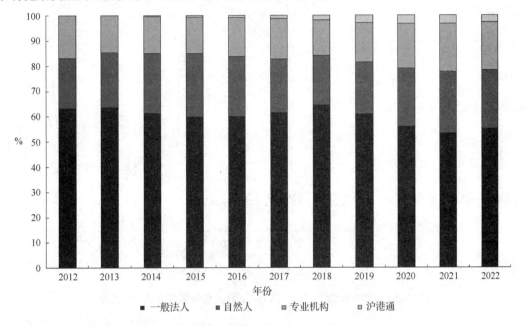

图 15-4　上交所市场各类投资者年末持股总市值占比

(资料来源：历年《上海证券交易所统计年鉴》.)

第四节　上海证券交易所市场活跃度

一、成交量

资本市场的流动性水平提升对经济增长有积极促进的作用。2005 年股权分置改革前，上交所市场股票月成交量一直保持在较低水平，市场活跃度较低；股权分置改革后，上交所市场股票成交量显著提升。在 2014 年股市走强的一段时间内，股票成交量呈现井喷式增长，月成交量最高达 1.3 万亿股。随后回调到正常水平，并保持上升趋势。2020 年上半年受到新冠疫情冲击，股票成交量出现一定程度的下滑，但随着经济形势稳中向好，股票成交量也呈现稳步上升的态势。2023 年上交所市场月平均成交量为 6 100 亿股，整体上反映出上交所市场较高的市场活跃度(见图 15-5)。

二、换手率

从换手率角度来看，尽管 2020 年上半年上交所市场受新冠疫情冲击较大，出现了一定程度的下滑，但随着疫情防控措施优化调整，上交所市场逐步复苏，市场交易活跃度保持在较高水平。2022 年最低日成交金额为 2 281.54 亿元，最高为 6 239.48 亿元，全年平均日成交额为 3 965.45 亿元。如图 15-6 所示，自 2003 年起，上交所市场年换手率一直保持较高水平，市场流动性整体上有所上升。与日本、中国香港等发达证券交易所市场相比，上交所年换手率长期高于中国香港股票市场，2008 年以前与日本接近，之后则明显高于东京证券交易所。

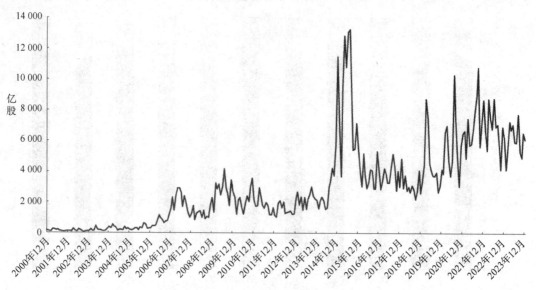

图 15-5　2000 年 12 月至 2023 年 12 月上交所股票市场月成交量

(资料来源：同花顺 iFinD 金融数据终端.)

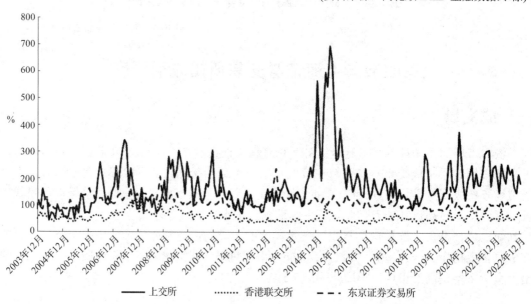

图 15-6　2003 年 12 月至 2022 年 12 月上交所、香港联交所、东京证券交易所市场年换手率对比

(资料来源：同花顺 iFinD 金融数据终端.)

第十五章 上海证券交易所市场发展状况

【拓展阅读 15.1】上海证券交易所市场上市公司行业分布状况
请扫描右侧二维码。

本 章 小 结

本章介绍了上交所的市场结构、主要交易品种和市场总貌；上交所市场规模、投资者情况和市场活跃度；以及上交所市场上市公司数量和市值的行业分布和区域分布情况，使读者对上交所总体发展状况和成就有一个初步的认识。

第十五章自测题请扫描右侧二维码。

第十六章　深圳证券交易所市场发展状况

【学习目标】

通过本章的学习，读者应当了解深圳证券交易所(以下简称"深交所")市场的基本现状和发展成就；了解深交所市场的主要交易品种和发展概况；了解深交所市场的总体规模、投资者情况等；了解深交所上市公司数量及市值的行业分布情况。

【案例导读】具体内容请扫描右侧二维码。

深圳证券交易所
主要交易品种.mp4

第一节　深圳证券交易所主要交易品种

深交所成立于1990年12月1日，是中国第一个设立在经济特区的证券交易所，目前是中国市场规模较大的证券交易所之一，是经国务院批准设立的全国性证券交易场所，受中国证监会监督管理。

深交所的主要交易品种为股票、债券、基金和期权。截至2023年12月31日，各市场的市值分别为4 110.56亿元、2 575.76亿元、212.73亿元和7.54亿元。可见，股票市场在深交所的交易市场中占据主导地位。

一、股票市场

深交所成立初期具有鲜明的区域特色，以本地企业股票为主体，交易规模相对较小。深交所开业之初仅有几只股票上市，随着时间的推移，深交所迅速发展，市场规模不断扩大，市场影响力从地方迅速扩散到全国范围。2004年5月，深交所在主板内设立中小企业板，开辟了中小企业进入资本市场的新渠道。2020年8月24日，深交所创业板改革并试点注册制正式落地。至此，深交所形成了包括主板、中小企业板和创业板的多层次市场结构，但随着中小板在主板制度框架下运行，其在市值规模、业绩表现、交易特征等方面逐渐与主板趋同，2021年4月6日，深交所的主板和中小板实施合并。合并后，深交所形成了以主板、创业板为主体的市场格局，为处在不同发展阶段、不同类型的企业提供融资服务，进一步提高服务实体经济能力。

(一)主板市场——市场蓝筹的主阵地

深交所主板市场诞生于1990年，自成立以来，坚持以服务实体经济为根本宗旨，支持上市公司利用资本市场做优做强，涌现一批影响力大、创新力强、竞争力强的蓝筹企业和细分行业冠军。在全面实行注册制下，深市主板定位将进一步突出大盘蓝筹市场特色，重点支持业务模式成熟、经营业绩稳定、规模较大、具有行业代表性的优质企业。截至2023年12月31日，主板市场共有1511家上市公司，总市值为19.63万亿元。为了解决外资直接购买中国公司的问题,深交所于 1992 年创立了 B 股市场,2001 年 2 月 19 日前仅限外国投资者买卖,此后,B 股市场逐步对国内投资者开放。截至 2023 年 12 月 31 日,深交所共有 41 只 B 股,总市值为 479.64 亿元。

(二)创业板市场—创业创新的主引擎

创业板于 2009 年 10 月设立,致力于服务国家创新驱动发展战略,支持创新型、成长型企业发展,是全球成长最快的服务创业创新的市场之一,创业板市值及成交金额在全球创业板市场居领先地位。创业板主要是为无法在主板上市的创业型企业、中小企业和高科技产业企业等需要进行融资和发展的企业提供融资途径和成长空间的证券交易市场,是对主板市场的重要补充。在创业板市场上市的公司大多从事高科技业务,具有较高的成长性,但往往成立时间较短、规模较小,业绩也不突出,但有很大的成长空间。可以说,创业板是一个门槛低、风险较大、监管严格的股票市场,也是一个孵化科技型、成长型企业的摇篮。自 2009 年创业板首批 28 家企业上市至 2023 年 12 月 31 日的 14 年期间,创业板成功培育了多家市值超千亿元的上市公司,上市公司的数量达 1333 家,总市值达 11.37 万亿元。

二、债券市场

2023 年,深交所债券全年交易量为 64.87 万亿元。深交所债券市场凝聚了银行、保险、证券公司、基金公司、QFII、RQFII、个人等投资者群体,形成了匹配成交、点击成交、询价成交、竞买成交、协商成交等交易方式,推出了国债、地方政府债、公司债、可转债、可交换债、通用质押式回购等交易品种。深交所的债券市场在实体经济的发展中扮演着重要角色。在深交所的监管下,企业和政府获得了规范的债券融资,并得到了深入挖掘创新的空间,进而带动了社会的发展和进步。同时,投资者也能够获取相对稳定的投资回报,确保了自己的资产增值和风险控制。

三、基金市场

2004 年,我国第一只 LOF 基金(南方积极配置基金)在深交所上市;2006 年,深交所首只 ETF 基金(易方达深证 100ETF)上市。经过多年发展,深交所基金市场已形成较为完整的产品线,覆盖股票、债券、商品、货币等多种资产及境内外主要市场,包括多种类型的基金产品,如股票型基金、债券型基金、混合型基金、指数基金和货币市场基金等。打造了创业板 ETF、创 50ETF、芯片 ETF 等一批特色鲜明、具有一定影响力的基金产品。

四、期权市场

近年来,深交所不断推动期权市场的发展,引入更多种类的期权产品,如深证 100ETF(159901)、创业板 ETF(159915)、沪深 300ETF(159919)、中证 500ETF(159922)等,以此来增加市场的深度和流动性,为投资者提供更丰富的交易选择和策略。

第二节 深圳证券交易所市场规模

一、上市公司数量及市值

30 多年来，深交所作为证券市场的中流砥柱，经历了惊人的市场规模扩张。最初仅有的"老五股"上市公司数量在这个时期内迅速增长，截至 2023 年年底已达到 2 844 家。截至 2023 年 12 月 31 日，深交所的总市值达 29.40 万亿元，与 2003 年 12 月 31 日的 1.27 万亿元相比，市场规模增长了约 22 倍。上市公司的数量也实现了显著增长，接近 2003 年的 5.6 倍。在 2005 年股权分置改革之前，深交所上市公司总市值的增长相对较为缓慢，而且流通股市值占总市值的比重一直保持在较低水平，很长一段时间内未能超过 30%。股权分置改革后，深交所上市公司总市值迅速上升。尽管在此过程中，市场经历了几次较大幅度的调整，如 2008 年金融危机和 2015 年股市危机的影响，但总体上仍然保持着快速增长的态势。这种增长趋势与上市公司数量的增加基本保持一致。深交所的发展成就了其在中国证券市场的重要地位，上市公司的蓬勃发展为整个证券市场注入了活力，为经济的发展提供了有力支撑(见图 16-1)。

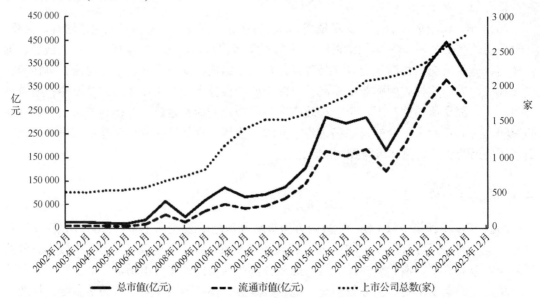

图 16-1　2002 年 12 月至 2023 年 12 月深交所市场总市值、流通市值及上市公司总数变化情况

(资料来源：同花顺 iFinD 金融数据终端.)

二、募资规模

深交所市场在股权融资方面取得了显著的成就，累计实现的股权融资规模已超过 10 万亿元，其中 IPO 融资规模和增发融资规模占据主导地位。在股权分置改革之前，IPO 募资规模和家数与增发的募资规模和家数一直维持在相对较低水平。股权分置改革后，IPO 募资规模和家数与增发的募资规模和家数受政策变化的影响较大，上下波动较为显著。特别是

第十六章 深圳证券交易所市场发展状况

增发的募资规模和家数整体呈现先上升后下降的趋势。历史上，监管部门多次暂停和重启IPO，这被视为加强宏观调控手段的尝试之一。然而，发行市场受政策不确定性的影响较大，市场对资源配置的力量相对较弱，导致发行市场的发展与经济增长之间存在不匹配。

截至 2023 年，深交所的增发家数达 570 家，是 2010 年的近 7 倍。首次公开发行的募集资金与 2010 年相比，增长了 2.5 倍。这表明深交所的发行市场在近年来取得了显著的增长，尽管仍受政策影响，但市场规模和融资规模均呈现积极的发展态势(见图 16-2)。

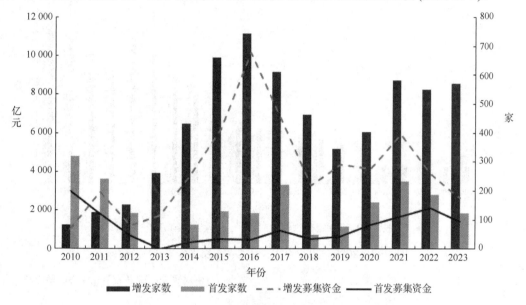

图 16-2   2010—2023 年深交所市场 IPO 募资规模情况

(资料来源：同花顺 iFinD 金融数据终端.)

第三节 深圳证券交易所投资者情况

经过 30 多年的发展，深交所市场的投资者结构呈现多元化的特征。从 2002 年年末到 2022 年年末，投资者年末开户总数从 3 319 万户上升至 30 055.5 万户，增长了 8 倍。与上交所相似，深交所的投资者群体包括个人投资者和各类机构投资者。个人投资者数量在过去几十年稳步增长，长期保持在 99%以上，占据市场的主体地位。机构投资者方面，深交所也吸引了包括证券投资基金、保险公司、社保基金、养老金、企业年金、证券公司、信托公司等在内的多种类型投资者，还包括了合格境外机构投资者、人民币合格境外机构投资者以及通过深港通等渠道的境外投资者。

就机构投资者而言，他们在深交所中的持股市值和市场影响力随时间稳步增长，从 2002 年年末的 10.02 万户上升至 2022 年年末的 79.02 万户。机构投资者不仅增强了市场的专业投资研究能力和财富管理能力，还对市场稳定性发挥了积极作用。虽然与国际成熟市场如美国相比，中国机构投资者的市场占比仍有提升空间，但其影响力和参与度正在逐渐增强。在这个过程中，政策上鼓励养老金、企业年金、保险资金等长期资金进入股市，并且加强基金、私募股权等资产管理公司的投资管理能力和市场监管。

在个人投资者方面，深交所的账户开户数量也呈现显著增长，截至 2022 年年末，个人投资者达 29976.49 万户。尽管只有一小部分个人投资者保持活跃状态，但他们在市场中的作用不容小觑，体现了普通居民对财富增长的强烈需求。总体而言，深交所的投资者结构反映了中国资本市场的多元化和成熟化趋势，展现了个人和机构投资者并存的市场特点(见图 16-3)。

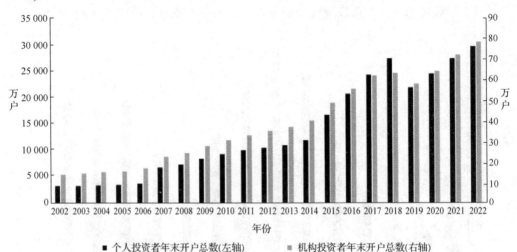

图 16-3　2002—2022 年深交所各类投资者年末开户总数

(资料来源：同花顺 iFinD 金融数据终端.)

第四节　深圳证券交易所市场活跃度

当探讨资本市场的活跃程度时，股票换手率是一个关键指标。这一指标反映了股票在特定时期内买卖的频繁程度，通常与市场的流动性和投资者信心紧密相关。2003～2022 年，深交所的股票换手率经历了显著的波动，这反映了中国经济的快速增长和市场环境的变化(见图 16-4)。在这段时间里，中国股市经历了多次重要的调整和发展阶段。例如，2007 年的股市繁荣期，2015 年的股市泡沫及随后的调整，以及 2020 年受新冠疫情影响的市场动荡。每个阶段的股票换手率都有其独特的表现，反映了市场参与者的情绪和对经济前景的预期。

如图 16-4 所示，特别是 2020 年新冠疫情暴发期间，尽管全球经济遭受重创，但中国股市显示出惊人的韧性。面临严峻的外部挑战，但其流动性水平仍保持稳定，显示出投资者对中国经济长期增长潜力的信心。这种趋势在后疫情时期更加明显，市场逐渐恢复，交易量和换手率稳步增长，说明投资者对市场的信心逐渐恢复。

【拓展阅读 16.1】深圳证券交易所市场行业分析请扫描右侧二维码。

第十六章 深圳证券交易所市场发展状况

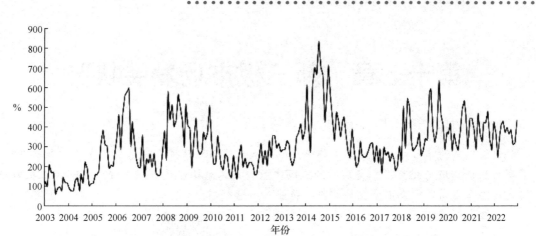

图16-4 2003—2022年深交所股票换手率

(资料来源：同花顺 iFinD 金融数据终端.)

本 章 小 结

本章讲解了深交所市场的基本状况和发展成就，详细讲述了其主要的交易品种并从市场规模、投资者情况、市场活跃度等方面详细介绍了市场状况。最后进行了行业分析。

第十六章自测题请扫描右侧二维码。

第十七章 新三板市场发展状况

【学习目标】

通过本章的学习,读者应该了解中国新三板市场与北京证券交易所的发展状况与成就;了解新三板市场与北京证券交易所的市场定位、市场结构以及市场规模;了解新三板市场与北京证券交易所中上市企业的概况、行业与地域分布。

【案例导读】 具体内容请扫描右侧二维码。

第一节 新三板市场运行状况

新三板市场运行状况.mp4

一、新三板市场结构

2016年,全国中小企业股份转让系统有限责任公司(以下简称"全国股转公司")发布《全国中小企业股份转让系统挂牌公司分层管理办法(试行)》,正式对新三板内挂牌企业实行市场分层管理,其市场结构由基础层、创新层和两网及退市公司构成。市场被划分为基础层和创新层两个层级,符合不同标准的挂牌公司分别纳入基础层或创新层管理。

(一)基础层

基础层是新三板市场的核心组成部分,对公司挂牌要求较低,许多规模较小、市值较小的中小企业选择在此挂牌。正因如此,基础层的挂牌公司数量较多,更能发挥出直接融资降低中小企业融资成本的作用。此外,当原属基础层的挂牌公司在经营水平、盈利水平等指标达到一定要求时,可以申请转至创新层,从而获得更多的市场关注和投资者认可。

自新三板施行分层制度以来,基础层的挂牌企业数量一度在2018年达到11 000家,随后基础层中的挂牌企业数量逐年下降。部分挂牌企业经过多年的经营,业绩未达到创新层或其他股票板块的上市要求,转板至其他市场,导致基础层挂牌企业数量减少。截至2023年年末,基础层市场挂牌企业数量为4 358家(见图17-1)。基础层挂牌企业成交额自2016年至2022年年底存在较大的波动,2022年后则保持平稳态势,截至2023年年末,基础层股票累计成交金额为206.17亿元。

(二)创新层

创新层是指由新三板市场中符合一定经营业绩、股票市场表现及信息披露要求的企业所组成的市场层。与基础层相比,创新层对申请的挂牌公司有更高的要求。具体来说,创新层中公司发行股票的公众化程度与市场化程度更高,因此对其信息披露要求更加严格;创新层中企业的规模较大,因此对其发行的股票数量及市值也均有更高的要求。此外,若创新层中的企业营业收入、净资产数额下降至一定数额,全国股转公司会将其调整至基础层。

第十七章 新三板市场发展状况

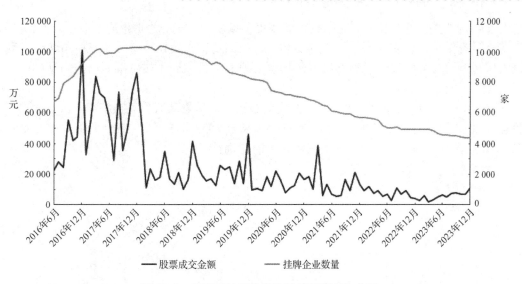

图 17-1 基础层挂牌企业数量及股票成交金额

(资料来源：同花顺 iFinD 金融数据终端.)

经过新三板基础层的多年培育，诸多中小企业持续发展，达到了进入创新层的要求，创新层中挂牌企业数量不断增长，由 2016 年的 953 家增长至 2023 年的 1 793 家(见图 17-2)。此外，创新层的股票成交金额波动较大，截至 2023 年年末，创新层的累计股票成交金额为 271.48 亿元。

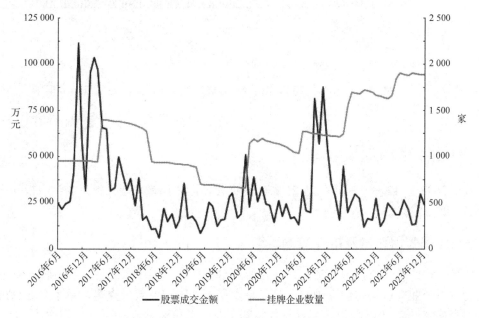

图 17-2 创新层挂牌企业数量及股票成交金额

(资料来源：同花顺 iFinD 金融数据终端.)

(三)两网及退市公司

两网及退市公司是指从"老三板"市场挂牌上市的公司，包括从 STAQ 系统、NET 系统退下来的"两网股"股票和从主板市场终止上市后退下来的"退市股"股票。2013年,随着全国股份转让系统即新三板市场的建立,两网及退市公司被纳入新三板市场中。新三板为两网及退市公司提供了继续融资的场所,但其交易规则、投资准入门槛与基础层、创新层有所不同。

自2014年5月以来,两网及退市公司的股票交易数量和股票只数持续上升。股票交易数量从2014年5月的5 680万股(见图17-3)增长至2023年8月的27.61亿股,股票数量由52只增加至196只,新三板市场的包容性显著提高。

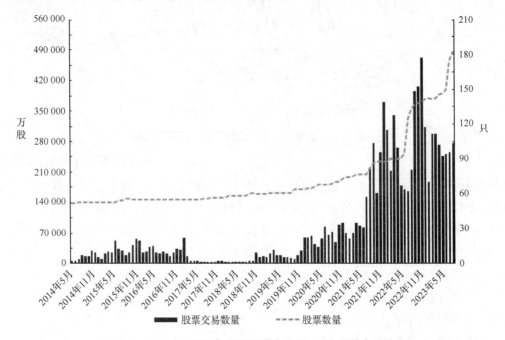

图17-3 2014—2023年两网及退市公司(A类)股票交易数量

(资料来源:同花顺iFinD金融数据终端.)

二、新三板市场规模

截至2023年12月,总市值达21 970.75亿元。近3年来,新三板市场各项指标均保持平稳的发展态势。

(一)挂牌公司数量及市值

挂牌公司是新三板市场的基石,其数量及市值往往体现了市场的总体规模。新三板市场是为中小企业提供挂牌融资的平台,其特点在于挂牌企业数量众多,单个企业总市值相对较小。首先,自2014年以来,新三板挂牌企业数量快速增长,2015年增速达341%,挂牌企业总数首次突破1000家。这表明在成立初期,新三板满足了全国中小企业巨大的直接融资需求,挂牌融资受到众多中小企业的欢迎。新三板挂牌企业数量在2017年达到峰值,为11 630家,随后逐渐回调至正常水平。

其次,新三板市场的总市值整体呈扩张趋势。在2013年新三板成立初期,总市值仅为4 591.42亿元。经过10年的发展,新三板市场为中国中小企业提供了筹资平台,帮助挂牌企业建立现代企业制度、提高企业经营绩效,也为有需求的投资者提供了多元化的投资渠道(见图 17-4)。截至 2023 年 12 月,股票总市值达 21 970.75 亿元,是成立之初的近 5 倍,同比 2022 年增长了 3.72%。

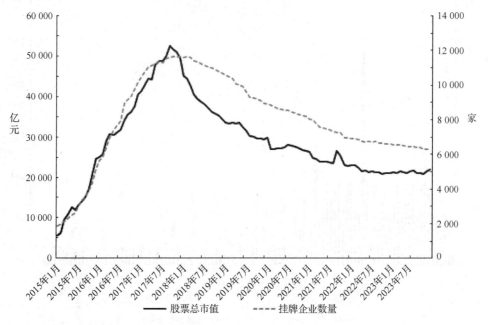

图 17-4　2015—2023 年新三板市场挂牌企业数量及股票总市值变化情况

(资料来源:同花顺 iFinD 金融数据终端.)

(二)发行募资规模

自 2015 年以来,新三板市场的股票发行次数与募资金额呈现波动上涨的趋势,2015 年 11 月,新三板市场募集金额达到小高峰,为 211.59 亿元,随后回调至正常水平。2016 年年初,募资金额及发行次数继续攀升,直至 2016 年 12 月,单月募资金额为 340.71 亿元,创造了历史新高,同时本月完成发行次数为 399 次,也达到历史峰值。此后,募资金额及发行次数呈现下降趋势(见图 17-5)。截至 2023 年年末,新三板市场累计发行募集金额为 5 832.06 亿元,发行次数为 573 次。

(三)新三板市场指数运行状况

1. 三板指数历年运行状况

2015 年,全国转股公司正式发布两只指数,分别为全国中小企业股份转让系统成分指数(以下简称"三板成指")、全国中小企业股份转让系统做市成分指数(以下简称"三板做市")。三板成指以覆盖全市场的表征性功能为主,包含协议、做市等各类转让方式的股票;三板做市聚焦于相对活跃的股票,兼顾表征性与投资功能需求。

自 2015 年指数发布以来,三板成指一直保持平稳态势,其收盘价围绕 1000 点附近上下小幅波动。而三板做市由于聚焦于交易活跃的股票,其波动性相对较大,但收盘价总体保持在 1 100 点附近。此外,对比三板成指与上证指数,发现两者的变动趋势大致相同,但三板成指波动性更小，上证指数波动性更大，这可能意味着三板成指运行更加平稳。2016至 2023 年新三板指数及上证指数情况(见图 17-6)。

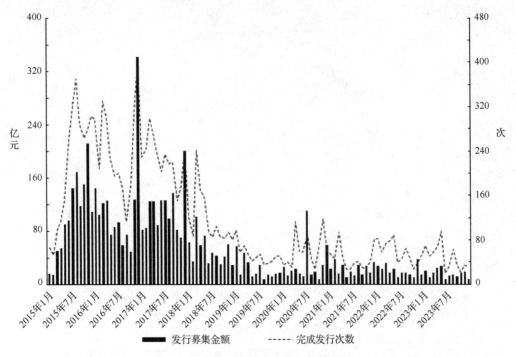

图 17-5　2015—2023 年新三板市场股票发行次数及募资情况

(资料来源：同花顺 iFinD 金融数据终端.)

图 17-6　2016—2023 年新三板指数及上证指数情况

(资料来源：同花顺 iFinD 金融数据终端.)

2. 2023年各板块指数运行状况

2023年，除了三板制造指数之外，其他指数均有小规模的下跌。三板制造指数不仅规模较大，而且一直保持上涨态势。综合来看，2023年三板制造、三板研发及三板医药的指数收盘点位较高，说明新三板市场内制造业、医药行业的企业实力强劲，具有良好的经济韧性，新三板对医药行业、制造行业等实体经济的服务成效也十分显著(见图17-7)。

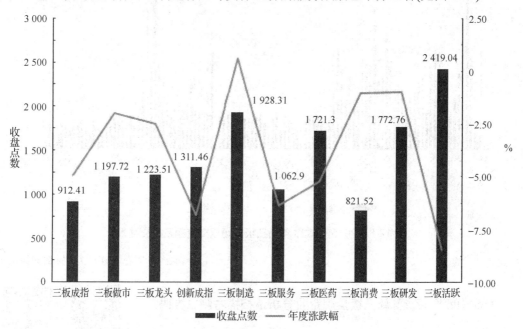

图17-7　2023年三板各指数收盘点数及涨跌幅状况

(资料来源：新三板2023年市场统计快报.)

三、新三板市场活跃度

(一)成交金额及成交数量

总体来看，新三板股票成交金额与股票成交量呈现一致的变动态势。在2021年9月北京证券交易所设立时，两项数据迅速上升至峰值，股票成交金额达498.31亿元，成交数量为60.51亿股，随后回调至正常水平(见图17-8)。截至2023年年末，新三板市场的成交金额累计为12 571.41亿元，共计成交2 470.46亿股。

(二)股票换手率

2013年新三板成立之初，股票换手率仅为4.47%，随后迅速上升至2015年的53.88%，然后回调至正常水平。而在2021年，新三板股票换手率有显著上升，随后在2022年返回正常区间(见图17-9)。

近年来，新三板市场股票换手率处于低位，这是新三板市场定位所决定的——新三板市场是一个"股权转让"场所，是众多机构投资者进行"股权投资"或"价值投资"的市场，而不是普通股民进行投机的市场。因此，新三板市场内并不追求高换手率。

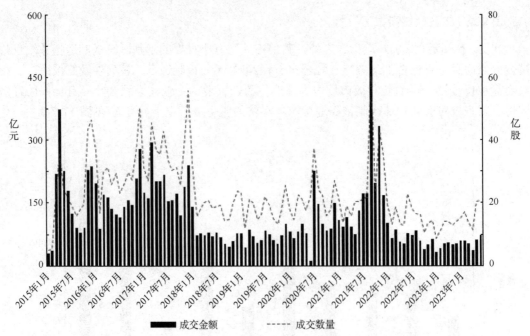

图 17-8 2015—2023 年新三板市场成交金额及成交数量

(资料来源：同花顺 iFinD 金融数据终端.)

【拓展阅读 17.1】新三板挂牌企业分析请扫描右侧二维码。

新三板挂牌企业分析.mp4

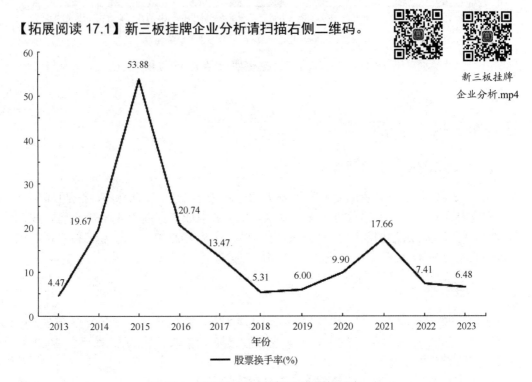

图 17-9 2013-2023 年新三板股票换手率

(资料来源：新三板历年市场统计快报.)

第二节 北京证券交易所总况分析

北京证券交易所(以下简称"北交所")于2021年9月3日注册成立,是经国务院批准设立的我国第一家公司制证券交易所,受中国证监会监督管理。经营范围为依法为证券集中交易提供场所和设施、组织和监督证券交易以及提供证券市场管理服务等业务。北交所建立的主要目标之一就是服务创新型中小企业,培育一批"专精特新"中小企业,补齐资本市场服务中小企业方面的短板。

【拓展阅读17.2】北京证券交易所总况分析请扫描右侧二维码。

一、北交所市场结构

(一)股票市场

北交所是为中小企业融资提供服务的市场,市场内的上市公司以成长期的创新型公司为主。与主板市场中的大型成熟企业相比,北交所上市公司体量更小,所处行业发展阶段更早,未来机会更大。2021年,北交所首批上市公司共81家,总股本为122.69亿股,总市值为2 722.75亿元,其中有10家为北交所新股,另外71家直接从新三板市场的精选层平移而来。上市公司行业主要集中在高技术制造业、高技术服务业和战略性新兴产业。2022年,北交所市场运行稳中向好,上市公司数量达到162家,几乎是2021年的两倍,其他市场数据与2021年相比也有所增长。2023年,北交所上市公司达239家,总市值达4 496.41亿元,成交金额达7 272.23亿元,总体来看,北交所市场服务中小企业和实体经济高质量发展的能力显著增强。

(二)债券市场

目前,北交所的债券以国债、地方政府债券等品种为主要交易产品。北交所于2022年7月启动地方政府债券发行业务,于同年9月启动国债发行业务,以政府债券为突破口,实现了债券市场建设的平稳起步,目前国债和地方政府债均已实现常态化发行。截至2023年年末,北交所累计发行国债44 335亿元、地方政府债券4 355亿元,合计48690亿元(见图17-10)。

未来北交所将持续推动企业债券的发行。2023年9月1日,证监会发布的《关于高质量建设北京证券交易所的意见》提出,高标准建设北交所政府债券市场,支持北交所推进信用债市场建设。该意见为今后北交所债券业务建设指明了方向,企业信用债业务也迎来正式启航。2023年10月20日,北交所正式发布公司债券(含企业债券)发行上市审核、发行承销、上市、交易、投资者适当性管理相关5项基本业务规则,同时配套发布了12项指引和4项指南。2023年10月23日,北交所正式启动公司债券(含企业债券)受理审核工作。

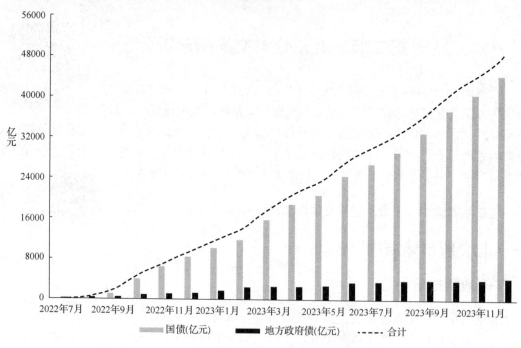

图17-10 北交所政府债券累计发行规模

(资料来源:北交所历年市场统计快报.)

二、北交所市场运行状况

(一)市场规模状况

1. 上市公司数量及总市值

在2021年北交所成立之初,市场内仅有81家公司。2022年年初,北交所定下了实现新股发行上市常态化的目标。发挥北交所与新三板一体发展优势,建立企业培育、上市辅导、审核注册、股票发行梯次供给机制,企业上会、新股上市均有所增长,市场得以进一步扩容。

2022年,北交所新增81家上市公司,覆盖6大行业的22个细分行业,除先进制造业之外,还出现了包括农业、纺织业等行业在内的创新型中小企业。2023年,北交所持续扩容,上市公司数量达到239家,与去年相比增加了77家(见图17-11)。

从总市值的角度来看,自2021年年初,北交所总市值随着市场扩容而持续上升,并在2021年年末达到小高峰,总市值为2 500亿元规模,随后略有下调。但在短暂下调后,2022年初北交所总市值继续攀升,并在2023年10月至12月上升速度明显加快。最终,截至2023年,北交所总市值为4 496.41亿元。

2. 上市公司股票发行及募资状况

北交所自成立以来,一直处于高速发展阶段,市场内上市公司股票发行次数不断增长,募集金额也随之持续上升。

第十七章 新三板市场发展状况

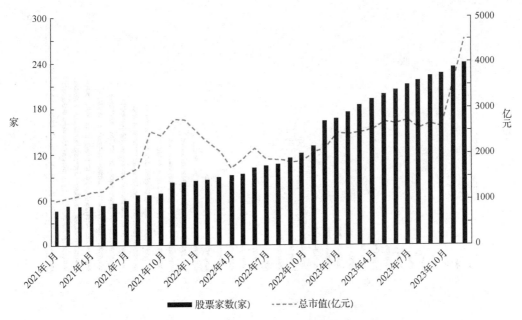

图 17-11　北交所上市公司数量及市值图

(资料来源：北交所历年市场统计快报.)

具体来看，2021 年，北交所股票发行次数仅为 41 次，募集资金规模为 75 亿元。随着市场内上市公司增长，2022 年年初，北交所募集金额突破 80 亿元，随后持续上升。2022 年年末，北交所股票累计发行 127 次，募集资金达 242 亿元，是 2021 年年末的三倍有余。值得注意的是，同年 12 月，单月股票发行 32 次，募资 64 亿元，创历史新高。截至 2023 年年末，北交所市场募集金额为 396.54 亿元，发行次数为 205 次(见图 17-12)。

(二)市场指数状况

为了给市场各方跟踪观察、投资操作提供重要参考，便于投资者了解北交所上市证券整体表现，满足指数化投资需求，2022 年 9 月，北交所编制了北证 50 指数，以 2022 年 4 月 29 日为基日，基点为 1 000 点。北证 50 样本股按照市值规模和流动性选取排名靠前的 50 只证券，兼具代表性与成长性。首发样本股总市值占比为 71%，营业收入、净利润、研发支出占比均超过 65%；覆盖 16 个细分领域。

自 2022 年 4 月北证 50 指数编制以来，北证 50 总体保持平稳运行态势。北证 50 指数在 2022 年 6 月一度达到 1167.12 的高位，随后收盘点位略有下降，至 12 月末下降至 942.09 点。2023 年，北证 50 呈现波动下降趋势，但收盘点位在最后两个月迅速拉高，截至 2023 年年末，北证 50 收盘点位为 1082.68，较前月增长 12.65%(见图 17-13)。

此外，北证 50 盘中成交股数与成交额呈现增长态势。尤其在 2023 年 11 月，成交股数突破百亿股，成交金额突破千亿元，与前期历史数据相比，均有较大增幅(见图 17-14)。截至 2023 年年末，北证 50 的盘中总成交股数为 612.5 亿股，总成交额为 7245.99 亿元。

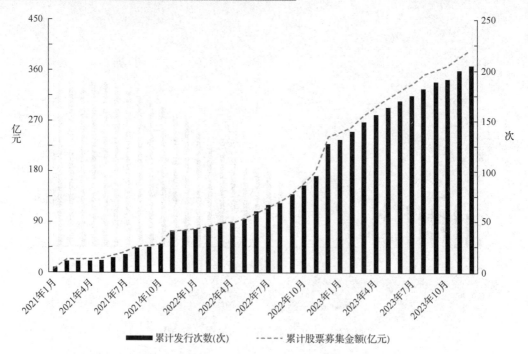

图 17-12　北交所累计发行次数及累计募资金额

(资料来源：同花顺 iFinD 金融数据终端.)

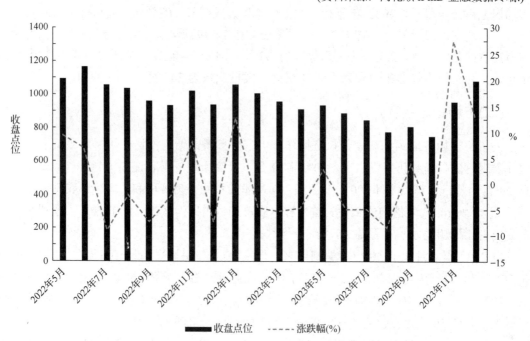

图 17-13　北证 50 指数运行情况

(资料来源：北交所历年市场统计快报.)

第十七章 新三板市场发展状况

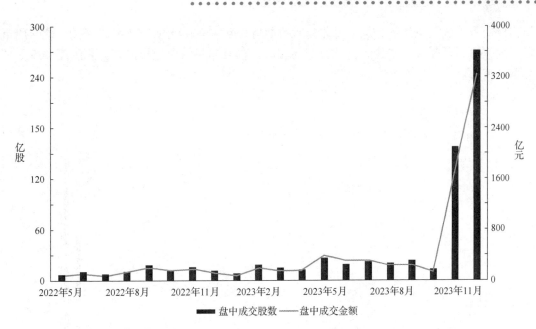

图 17-14 北证 50 盘中成交股数及成交额

(资料来源：北交所历年市场统计快报.)

(三)市场活跃度与开放程度

1. 市场活跃度

换手率是股票成交量与流通股本的比值，是衡量股票市场活跃度的重要指标。首先，北交所 2021 年、2022 年与 2023 年 1～10 月的换手率分别为 206.50%、172.95% 与 419.20%。整体来看，北交所市场内换手率保持较高的增长幅度，说明有较多的投资者关注并买卖北交所内发行的股票，场内股票的交易活跃度十分高，市场内的流动性很好。较高的换手率也能体现出投资者对北交所上市的中小企业的认可度较高，市场内交易者的投资热情高涨。

其次，从股票成交量与成交金额方面来看，北交所早期成交数量及成交金额虽保持小幅度上涨，但整体规模较小。而 2023 年 11 月与 12 月，市场中的成交数量及成交金额突飞猛进。2023 年 12 月，成交数量突破 250 亿股，成交金额突破 3 200 亿元，几乎是前期的 20 余倍(见图 17-15)。未来，随着北交所市场内的上市公司数量与合格投资者数量持续增长，北交所的成交数量及成交金额将具有更大的上升空间。

2. 市场开放程度

一方面，北交所的投资准入门槛不断降低，支持中国境内有意愿、有能力的投资者投资北交所市场。个人投资者参与北交所股票交易，需满足以下两个条件：申请权限开通前 20 个交易日账户人民币达 50 万元；参与证券交易 24 个月以上。与原来精选层中需要投资者账户拥有 100 万元的投资门槛相比，北交所对于个人投资者的准入有所降低。

另一方面，北交所积极拓展国际投资渠道。2023 年 9 月 1 日，中国证监会发布的《关于高质量建设北京证券交易所的意见》指出，支持北交所不断拓展和深化国际交流，探索建立企业、投资者、产品等方面的对外合作；支持合格境外机构投资者、人民币合格境外机构投资者等各类境外资金加大对北交所的参与力度。争取经过3~5年的努力，北交所市场开放程度、活跃度、稳定性等均有显著提升，契合市场特色定位的差异化制度安排更加完善，市场活力和韧性增强。

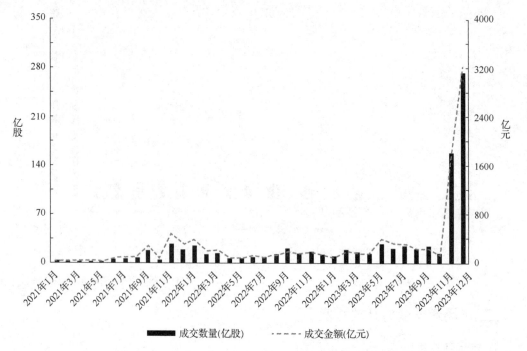

图 17-15　北交所市场 2021-2023 年股票成交数量及金额

(资料来源：同花顺 iFinD 金融数据终端.)

【拓展阅读 17.3】北交所上市公司状况请扫描右侧二维码。

本 章 小 结

本章介绍了新三板市场与北交所市场，包括新三板市场结构、市场规模、市场活跃度、市场中的主要参与者、市场的现状；新三板市场中挂牌企业的地域分布、行业分布、挂牌企业总数量及总市值；北交所的市场制度、市场现状、市场结构；北交所市场中上市公司的数量与总市值、上市公司的地域与行业分布特征。

第十七章自测题请扫描右侧二维码。

参 考 文 献

[1] 吴晓求. 证券投资学[M]. 6 版.北京：中国人民大学出版社，2024.
[2] 李锦生. 证券投资学[M]. 北京：北京大学出版社，2024.
[3] 陈文汉. 证券投资学[M]. 3 版.北京：人民邮电出版社，2023.
[4] 王德宏. 证券投资分析：理论、实务、方法与案例[M]. 北京：机械工业出版社，2023.
[5] 贾荣言. 证券投资学[M]. 北京：清华大学出版社，2023.
[6] 芦梅，陈红. 证券投资理论与实务[M]. 3 版. 北京：清华大学出版社，2023.
[7] 赵锡军，魏建华. 证券投资分析[M]. 7 版. 北京：中国人民大学出版社，2023.
[8] 霍文文. 证券投资学[M]. 6 版. 北京：高等教育出版社，2021.
[9] 中国证券业协会. 证券投资分析[M]. 北京：中国金融出版社，2012.
[10] 杨德勇，葛红玲. 证券投资学[M]. 3 版. 北京：中国金融出版社，2016.
[11] 崔功豪，魏清泉，刘科伟，等. 区域分析与区域规划[M]. 3 版. 北京：高等教育出版社，2018.
[12] 丁忠明. 证券投资学[M]. 2 版. 北京：高等教育出版社，2013.
[13] 中国证券业协会. 金融市场基础知识[M]. 北京：中国财政经济出版社，2023.
[14] 中国证券业协会. 证券市场基本法律法规[M]. 北京：中国财政经济出版社，2023.
[15] 中国证券业协会. 发布证券研究报告业务[M]. 北京：中国财政经济出版社，2024.
[16] 中国证券业协会. 证券投资顾问业务[M]. 北京：中国财政经济出版社，2024.
[17] 中国证券投资基金业协会. 证券投资基金[M]. 2 版. 北京：高等教育出版社，2024.
[18] 中国证券投资基金业协会. 股权投资基金[M]. 北京：中国金融出版社，2017.
[19] 中华人民共和国财政部. 企业会计准则(2024 年版)[M]. 上海：立信会计出版社，2024.
[20] 中华人民共和国财政部. 企业会计准则应用指南(2024 年版)[M]. 上海：立信会计出版社，2024.
[21] 张新民，钱爱民. 财务报表分析[M]. 2 版. 北京：中国人民大学出版社，2024.
[22] 陆正飞. 财务报告与分析[M]. 3 版. 北京：北京大学出版社，2020.
[23] 刘姝威. 上市公司虚假会计报表识别技术[M]. 北京：机械工业出版社，2011.
[24] 徐经长，孙蔓莉，周华. 会计学[M]. 7 版. 北京：中国人民大学出版社，2023.
[25] 吴晓求. 中国资本市场三十年：探索与变革[M]. 北京：中国人民大学出版社，2021.
[26] 刘逖. 上海证券交易所史(1910—2010)[M]. 上海：上海人民出版社，2010.
[27] 王汀汀，杜惠芬，季仙华. 中国证券市场发展研究[M]. 北京：人民出版社，2019.
[28] 马广奇.金融理论与政策[M].上海：复旦大学出版社，2021.
[29] 蒋先玲. 货币金融学[M]. 3 版. 北京:机械工业出版社，2021.
[30] 杨晓兰，张雪芳等. 行为金融学[M]. 北京：清华大学出版社，2019.
[31] 饶育蕾，彭叠峰，盛虎. 行为金融学[M]. 2 版. 北京：机械工业出版社，2018.
[32] 崔巍.行为金融学案例[M].北京：中国发展出版社，2013.
[33] 饶兰兰.行为金融学讲义及案例分析[M].武汉：武汉大学出版社，2023.
[34] 曹凤岐，贾春新. 金融市场与金融机构[M].2 版. 北京：北京大学出版社，2014.
[35] 中国期货业协会. 场外衍生品[M]. 2 版. 北京：中国财政经济出版社，2023.
[36] 刘玄. 场内外金融衍生品的功能、效应与监管[M]. 北京：中国财富出版社，2023.

[37] 任翠玉. 衍生金融工具基础[M]. 北京：机械工业出版社，2018.

[38] Benjamin Graham. The Intelligent Investor，Rev. Ed[M]. New York: HarperBusiness，2005.

[39] Benjamin Graham，David Dodd. Security Analysis. The Sixth Edition[M]. New York: McGraw-Hill，2008.

[40] Philip A. Fisher. Common Stocks and Uncommon Profits and Other Writings[M]. New Jersey: John Wiley & Sons，2003.

[41] Peter Lynch，John Rothchild. Learn to Earn: A Beginner's Guide to the Basics of Investing and Business[M]. New Jersey: John Wiley & Sons，2007.

[42] Jack Welch，John A. Byrne. Jack: Straight From the Gut[M]. Dublin: Business Plus，2007.

[43] Jack Welch. Winning[M]. New York: HarperBusiness，2005.

[44] Benjamin Franklin. Wit and Wisdom from Poor Richard's Almanack[M]. New York: Modern Library，2000.

[45] Peter Bevelin. Seeking Wisdom: From Darwin to Munger[M]. 3rd Edition. Sweden: Printing Malmo AB. 2005.

[46] Fred Schweb. Where Are the Customers' Yachts: or A Good Hard Look at Wall Street[M]. New Jersey: John Wiley & Sons，2006.

[47] Lawrence A. Cunningham.The Essays of Warren Buffett: Lessons for Investors and Managers[M]. 4th Edition. New Jersey: John Wiley & Sons，2013.

[48] Mills T.C.，Markellos R.N.. The Econometric Modelling of Financial Times Series，3rd edition[M]. Cambridge: Cambridge University Press，2008.

[49] Linter J. The Valuation of Risk Assets and the Selection of Risky Investments in Stock Portfolios and Capital Budgets[J]. Review of Economics and Statistics，1965，47(1):13-37.

[50] Markowitz H. Portfolio Selection[J]. Journal of Finance，1952，7(1):77-91.

[51] Mossin J. Equilibrium in a Capital Asset Market[J]. Econometrica，1966，34(2):768-783.

[52] Ross S. The Arbitrage Thoery of Capital Asset Pricing[J]. Journal of Economic Theory，1976，13(3):341-360.

[53] Sharpe W. Capital Asset Prices: A Theory of Market Equilibrium under Conditions of Risk[J]. Jounal of Finance，1964，19(3):425-442.

[54] Fama，E.. Efficient Capital Markets: A Review of Theory and Empirical Work[J]. Journal of Finance，1970，25(2): 383-417.

[55] Fama E.，French K.R.. Business Conditions and Expected Returns on Stocks and Bonds[J]. Journal of Financial Economics，1989，25(1): 23-49.

[56] Fama E.，French K.R.. Common Risk Factors in the Returns on Stocks and Bonds[J]. Journal of Financial Economics，1993，33(1): 3-56.